René Riedl, Thomas Auinger (Hrsg.)

Herausforderungen der Wirtschaftsinformatik

WIRTSCHAFTSINFORMATIK

René Riedl, Thomas Auinger (Hrsg.)

Herausforderungen der Wirtschaftsinformatik

Deutscher Universitäts-Verlag

Bibliografische Information Der Deutschen Bibliothek
Die Deutsche Bibliothek verzeichnet diese Publikation in der Deutschen Nationalbibliografie;
detaillierte bibliografische Daten sind im Internet über <http://dnb.ddb.de> abrufbar.

1. Auflage Juni 2004

Alle Rechte vorbehalten
© Deutscher Universitäts-Verlag/GWV Fachverlage GmbH, Wiesbaden 2004

Lektorat: Ute Wrasmann / Britta Göhrisch-Radmacher

Der Deutsche Universitäts-Verlag ist ein Unternehmen von Springer Science+Business Media.
www.duv.de

Umschlaggestaltung: Regine Zimmer, Dipl.-Designerin, Frankfurt/Main

Gedruckt auf säurefreiem und chlorfrei gebleichtem Papier

ISBN-13:978-3-8244-2179-4   e-ISBN-13:978-3-322-81236-0
DOI: 10.1007/978-3-322-81236-0

Vorwort

Anlass der Veröffentlichung dieses Sammelbandes ist die Emeritierung von o. Univ.-Prof. Dipl.-Ing. Dr. Lutz J. Heinrich. Mit diesem Buch würdigen die Herausgeber den Wissenschaftler und Menschen Lutz J. Heinrich für seine Initiativen zur Etablierung der Wirtschaftsinformatik als eigenständige Wissenschaftsdisziplin im deutschsprachigen Raum; zudem sei Lutz J. Heinrich für die Zusammenarbeit und Förderung gedankt. Die Beziehung der aus Wissenschaft und Praxis stammenden Autorengruppe zu Lutz J. Heinrich reicht von Kollegen/innen über Schüler/innen bis hin zu Mitarbeitern/innen. Diesem Umstand entsprechend sind auch die Themen dieses Bandes breit gefächert – zudem verbinden sie Aktualität und wissenschaftliche und/oder praktische Relevanz.

Lutz J. Heinrich begann im Jahr 1955 das Studium des Wirtschaftsingenieurwesens an der Technischen Universität Berlin und promovierte 1963 an der Universität Karlsruhe, wo er auch im Jahr 1968 in Betriebswirtschaftslehre habilitierte. Im Jahr 1970 initiierte Lutz J. Heinrich die Errichtung des Stiftungslehrstuhls „Organisationstheorie und Datenverarbeitung" an der Universität Karlsruhe, noch im gleichen Jahr nahm er einen Ruf auf den Lehrstuhl für Betriebswirtschaftslehre an der Universität Linz an, von wo aus er maßgeblichen Einfluss auf die Entstehung und Entwicklung der Wirtschaftsinformatik als Wissenschaft im deutschsprachigen Raum nahm. Er lehnte mehrere Rufe anderer Universitäten ab, nahm aber Gastprofessuren in Wien, Halle, Oxford (GB), Eugene (USA) und Atlanta (USA) an. Lutz J. Heinrich war Dekan der Sozial- und Wirtschaftswissenschaftlichen Fakultät der Universität Linz, Vorstandsmitglied des Verbandes der Hochschullehrer für Betriebswirtschaft e.V. und Sprecher der Wissenschaftlichen Kommission Wirtschaftsinformatik dieses Verbandes.

Im Jahr 1978 gründete Lutz J. Heinrich das ipo – Institut für Personal- und Organisationsentwicklung in Wirtschaft und Verwaltung an der Universität Linz, dessen Mitglieder Persönlichkeiten aus Wirtschaft, öffentlicher Verwaltung und Wissenschaft sowie etwa 60 namhafte Wirtschaftsunternehmen, Organisationen der öffentlichen Verwaltung und soziale Organisationen sind. Seit dem Jahr 1994 betreibt das ipo auf Initiative von Lutz J. Heinrich ein Kompetenzzentrum, in dem Praktiker/innen, Wissenschaftler/innen und Studierende im Rahmen dauerhafter, interdisziplinärer Kooperation wissenschaftlich fundierte Problemlösungen für Wirtschaft und Verwaltung entwickeln.

Lutz J. Heinrich wurde von den Herausgebern nicht über das Buchprojekt informiert, um ihn zu überraschen und um ihm zu zeigen, dass er nicht nur hinsichtlich der wissenschaftlichen Arbeitsweise, sondern auch hinsichtlich der konsequenten Umsetzung des „eigenen Weges" ein Vorbild für die Herausgeber ist.

Der Dank der Herausgeber gilt insbesondere der Autorengruppe, die der Leserschaft mit ihren Beiträgen einerseits neue wissenschaftliche Erkenntnisse darlegt und andererseits Einblicke in ihren Erfahrungsschatz aus der beruflichen Praxis gibt. Außerdem danken die Herausgeber dem ipo für die finanzielle Unterstützung des Buchprojekts.

René Riedl, Thomas Auinger

Inhaltsverzeichnis

Abkürzungsverzeichnis

Abb.	Abbildung
ggf.	gegebenenfalls
vgl.	Vergleich, vergleiche
z.B.	zum Beispiel
usw.	und so weiter
f.	folgend
ff.	folgende
o.ä.	oder ähnlich, oder ähnliche, oder ähnliches
u.ä.	und ähnlich, und ähnliche, und ähnliches
u.a.	und andere, und anderes
dgl.	dergleichen
udgl.	und dergleichen
Tab.	Tabelle

EBPP-Systeme im Konsumentenbereich

Armin Heinzl, Stefan Wittenbeck

Universität Mannheim
Lehrstuhl für Wirtschaftsinformatik I
heinzl@uni-mannheim.de
wittenbeck@uni-mannheim.de

Inhalt

Der Beitrag beschäftigt sich mit Electronic Bill Presentment and Payment (EBPP), einem Ansatz, der das integrierte Präsentieren und Bezahlen von Rechnungen und ähnlichen Dokumenten auf elektronischem Wege ermöglicht. Um herauszufinden, welche Motive, Barrieren, Einsatzformen sowie Einführungs- und Nutzungserfahrungen mit EBPP-Systemen verbunden sind, wurden fünf Unternehmen im Telekommunikations- bzw. Finanzdienstleistungsbereich diesbezüglich eingehend analysiert. Die wichtigsten Ergebnisse der Studie stellen sich wie folgt dar:

- Die Haupteinsatzmotive sind Kostenreduzierung, Kundenbindung und Intensivierung des Kundenkontaktes.
- Die Haupteinsatzbarrieren sind psychologische Barrieren und zu geringe Nutzenstiftung bei Konsumenten als Rechnungsempfänger.
- Am häufigsten wurde das Biller Direct Model angetroffen. Konsolidierte Ansätze spielen eine untergeordnete Rolle. Eine integrierte Bezahlfunktion findet sich in keinem Unternehmen.
- Die Systemeinführung wird über nicht-monetäre Anreize oder durch die Erhöhung der Gebühren für den papiergestützten Belegverkehr flankiert.
- Die im Einsatz befindlichen Systeme werden bis dato noch kaum als Marketing-Instrument genutzt. Entsprechende Pläne sind jedoch vorhanden.

1   Einleitung

Systeme für das elektronische Präsentieren von Rechnungen mit integrierter Bezahlfunktion (engl. Electronic Bill Presentment and Payment (EBPP)) sind mittlerweile in einem technologisch einsatzfähigen Stadium angelangt und bieten Unternehmen zahlreiche interessante Möglichkeiten. Dennoch erfolgt die Adoption dieser Systeme nur zögerlich. Viele Kunden sind aufgrund psychologischer Barrieren nicht dazu bereit, diese Systeme zu benutzen. Rechnungssteller zögern aus diesem Grund mit dem Einsatz dieser Systeme.

In der vorliegenden Arbeit sollen die zentralen Fragestellungen, die sich aus dieser Situation ergeben, identifiziert und analysiert sowie der Status Quo des Einsatzes von EBPP-Systemen in Deutschland erhoben werden. Zu diesem Zweck werden nach Schaffung der entsprechenden Begriffsgrundlagen die mit dem Einsatz verbundenen Ziele und mögliche Einsatzbarrieren untersucht. Anschließend werden bisherige Einführungs- und Einsatzerfahrungen analysiert. Abschließend erfolgt eine Diskussion der wichtigsten Befunde vor dem Hintergrund bestehender Theorien. Dem Leser sollen auf diese Weise grundsätzliche Einflussfaktoren auf die Adoptionsentscheidung sowie wertvolle Hinweise für die Einführung und Nutzung von EBPP-Systemen vermittelt werden.[1]

2   Begriffsgrundlagen und elementare Konzepte des EBPP

EBPP ist ein Schlagwort, für das viele Definitionsansätze existieren [EiSc99]. Weitgehende Einigkeit besteht darüber, dass ein Prozess beschrieben wird, der die elektronische Rechnungsstellung und die integrierte elektronische Bezahlung von Rechnungen beschreibt. Die Abkürzung „EBPP" wurde erst im Zusammenhang mit der Verbreitung des Internets bzw. des TCP/IP-Protokolls eingeführt. Doch auch vor 1995 gab es speziell bei großen Mengen an Rechnungsdaten bereits Bestrebungen, eine elektronische Fakturierung, beispielsweise über EDI, durchzuführen [SpPf01]. Für diesen Beitrag wird der prozessualen Begriffsauslegung gefolgt, wobei dem Internet als Trägermedium eine große Bedeutung beigemessen wird.

Im amerikanischen Sprachraum wird zwischen EBPP und „Electronic *Invoice* Presentment and Payment" (EIPP) unterschieden. Während EBPP den Business-to-Consumer (B2C)-Bereich betrifft [CEBP01, 5ff.], ist EIPP im Business-to-Business (B2B)-Bereich angesiedelt. Eine derartige Unterscheidung erscheint konzeptionell sinnvoll, da beide Systemtypen unterschiedliche Zielsetzungen aufweisen können. Während im gewerblichen Bereich unter anderem eine Reduktion der Prozesskosten verfolgt wird, können im Konsumentenbereich zusätzlich Fragen der Kundenbindung eine wichtige Rolle für die Einführung

---

[1] Großer Dank gebührt Frau Dipl.-Kffr. Birte Autzen für die wertvollen inhaltlichen und formalen Hinweise zu diesem Beitrag.

solcher Systeme spielen. Dennoch hat sich die begriffliche Unterscheidung zwischen „Bill" und „Invoice" im deutschsprachigen Raum nicht durchsetzen können. Daher wird in der folgenden Betrachtung auf diese feine begriffliche Nuancierung verzichtet, nicht aber auf die Unterscheidung in B2B und B2C. Der Schwerpunkt dieses Beitrags liegt im B2C-Bereich.

Der Gesamtprozess EBPP lässt sich, wie der Name nahe legt, in zwei Teilprozesse zerlegen: Das *Bill Presentment* umfasst sowohl den Versand als auch das Präsentieren der Rechnung [SpPf01, 509f.]. Unter *Bill Payment* versteht man die Bezahlung der Rechnung [Scha02, 89]. Damit man von einem integrierten EBPP-System sprechen kann, muss jedoch die Bezahlfunktion integrativ mit dem Bill Presentment verknüpft sein. Das Bill Payment ist im Vergleich zum Bill Presentment wesentlich komplexer: Zusätzliche Akteure wie Finanzdienstleister sind in den Leistungsprozess einzubinden, und eine für den sicheren Zahlungsverkehr erforderliche technische Infrastruktur ist zwangsläufig komplex. Charakteristisch für die Bezahlfunktion ist dabei die Interaktivität. Dem Rechnungsempfänger wird eine Kontrollfunktion eingeräumt, da er den Zahlungszeitpunkt und mögliche Abschläge selbst bestimmen kann. Aus der Kontrolle resultierende Streitigkeiten („Disputes") zwischen dem Rechnungssteller und -empfänger können als ein eigener Teilprozess aufgefasst werden [CEBP01, 5ff.].

Bei bestehenden EBPP-Ansätzen kann zwischen einem direkten Modell (Direct Model) und einem konsolidierten Modell (Consolidated Model) unterschieden werden. Das *Direct Model* bildet einen Rechnungsstellungsprozess ab, der ohne Intermediäre zwischen dem Rechnungssteller und dem Rechnungsempfänger realisiert wird. Es kann vom Rechnungssteller (*Biller Direct Model*) oder vom Rechnungsempfänger (*Buyer Direct Model*) bereitgestellt und damit auch kontrolliert werden [CEBP01, 4ff.]. Es hat sich bis dato primär das Biller Direct Model etabliert, da bisher vor allem die Rechnungssteller bereit waren, Investitionen in die hierfür erforderliche Infrastruktur zu leisten.

Im *Consolidated Model* ist zwischen dem Unternehmen und dem Rechnungsempfänger ein Intermediär – der so genannte Konsolidator – zwischengeschaltet, der den Konsumenten die Rechnungsdokumente im Auftrag der rechnungslegenden Unternehmen präsentiert. Dieses Modell hat aus Konsumentensicht im Vergleich zum Direct Model den Vorteil, dass ein Rechnungsempfänger nicht unterschiedliche Systeme zu mehreren Rechnungsstellern nutzen und pflegen muss, sondern nur mit dem System eines zwischengeschalteten Intermediärs arbeitet [AnBi01, 510]. Umgekehrt stehen die Rechnungssteller diesem Ansatz oftmals skeptisch gegenüber, da sie befürchten, dass nicht sie selbst, sondern der Intermediär den direkten Kundenkontakt erhält.

Neben den Eigenschaften der EBPP-Lösung selbst erscheint es zweckmäßig, die Position der Unternehmen auf deren spezifischer EBPP-Erfahrungskurve zu erfassen. Dazu wird ein EBPP-Lebenszyklusmodell entwickelt, das sämtliche

Phasen von der erstmaligen Wahrnehmung der Technologie durch ein Unternehmen bis zur Nutzung dieser Technologie abbildet. Es werden dabei in Anlehnung an [Thom65] sowie [Hein93] folgende Phasen berücksichtigt:

⇒ *Identifikationsphase*: Das Unternehmen erlangt Kenntnis über EBPP als Systemkonzept.

⇒ *Inkubationsphase*: Das Unternehmen stellt erste Vorüberlegungen zum Technologieeinsatz an, wie z.b. Lastenheft, Kosten/Nutzen-Analysen, Machbarkeitsstudien etc.

⇒ *Konzeptionsphase*: Das Unternehmen artikuliert seine konkreten Zielsetzungen und entwickelt Einsatzkonzepte, die sich u. a. in Pflichtenheften, Aufwandschätzungen, Aufgabenträgern, Wirtschaftlichkeitsanalysen etc. niederschlagen.

⇒ *Entscheidungsphase*: Das Unternehmen bereitet die Entscheidung zur Einführung des finalen System-Konzepts vor; anhand der Entscheidung lassen sich die geplanten Einsatzformen und die verantwortlichen Aufgabenträger erkennen.

⇒ *Einführungsphase*: Das Unternehmen hat ein System-Konzept verabschiedet und führt das EBPP-System ein; damit können erste Aussagen hinsichtlich der Zufriedenheit mit den beteiligten Aufgabenträgern getätigt werden.

⇒ *Einsatzphase*: Die Einführung des Systems ist abgeschlossen, man geht in die Nutzungs- bzw. Postimplementierungsphase über.

3   Forschungsdesign

Zum Einsatz von EBPP ist speziell für den deutschsprachigen Raum wenig fundierte Literatur und damit nur beschränkt Erkenntnisse zur Adoption derartiger Systeme vorhanden. Diese nur ungenügende Verfügbarkeit von fundiertem Wissen in diesem Bereich legt eine qualitativ-explorative Untersuchungsmethodik nahe.

Bei einer hypothetisch-deduktiven Untersuchungslogik werden anwendbare Theorien und Theoriefragmente ermittelt. Mit dieser konzeptionellen Vorleistung wird die Grundlage für einen geschlossenen, integrierten Bezugsrahmen gelegt [Woll73]. Dieses Vorgehen setzt aber bereits fundierte Kenntnisse über den zu untersuchenden Gegenstand voraus. Da jedoch bis dato keine ausführliche Beschreibung des Phänomens „EBPP" existiert, dürfte es schwierig sein, einen geschlossenen Bezugsrahmen zu entwickeln. Ein interpretatives Vorgehen erscheint daher wesentlich zweckmäßiger, um ein grundsätzliches Verständnis für das Phänomen EBPP zu entwickeln. Gerade die (explorative) Durchdringung der Phänomenologie ist daher der Gegenstand dieses Beitrags. Dieses Vorgehen vermag die Komplexität der Situation weitaus besser zu erfassen als eine streng positivistische Vorgehensweise [KlMy99].

Die Erhebung erfolgte mit Hilfe *teilstrukturierter* Interviews, da erste Anhalts-punkte zum Themenkomplex des EBPP bereits vorhanden waren (vgl. [EiSc99] sowie [SpPf01]). Zudem besteht bei diesem Instrument die Möglichkeit des Nachfragens und der Aufnahme von Zusatzinformationen. Die mündliche Be-fragung wurde gewählt, da der Interviewer bei dieser Methode eine direkte Interaktion wahrnehmen kann und für den Befragten einen planbaren Aufwand bedeutet. Um den Interviewprozess zielführend zu gestalten und um einen ge-wissen Grad an Strukturierung a priori erlangen zu können, wurde ein *Inter-viewleitfaden* entwickelt und eingesetzt [Atte95]. Dies erleichterte zudem die Kontaktaufnahme mit den Unternehmen, da diese bereits vorher einsehen konn-ten, welche Themenkomplexe in der Untersuchung von zentraler Bedeutung sein würden und eigene Vorbereitung zur Beantwortung der Fragen tätigen konnten. Der Interviewleitfaden wurde im Vorfeld der Untersuchungen bei zwei EBPP - Anbietern einem Pre-Test unterzogen und daraufhin geringfügig ange-passt.

Um zu vergleichbaren und spezifischeren Aussagen zu gelangen, wurde die Datenerhebung branchenspezifisch durchgeführt. Dabei wurden zwei Branchen betrachtet: der Telekommunikationssektor und der Finanzdienstleistungssektor. Die Wahl begründet sich dadurch, dass Unternehmen in diesen Branchen viele Rechnungen und rechnungsähnliche Dokumente versenden sowie die erforderli-che finanzielle Stabilität aufweisen, um EBPP-Systeme zu konzipieren und einzuführen.

Da die ausgewählten Unternehmen hinsichtlich der Umsetzung ihrer EBPP-Projekte in unterschiedlichen Erfahrungsstadien waren, in denen verschiedene spezifische Fragen von Interesse sind, wurde als Strukturierungsrahmen das o.g. EBPP-Lebenszyklusmodell verwendet. Dieses ermöglichte eine Einordnung der befragten Unternehmen in den jeweiligen Abschnitt dieses Modells und gab wertvolle Hilfestellungen zur Strukturierung des Interviewleitfadens. Im An-schluss an die Datenerhebung wurden die Erkenntnisse aus den einzelnen Inter-views auf Basis der erstellten Transkripte verknüpft und verdichtet, um so inte-ressante Phänomene und verallgemeinerbare Muster zu identifizieren.

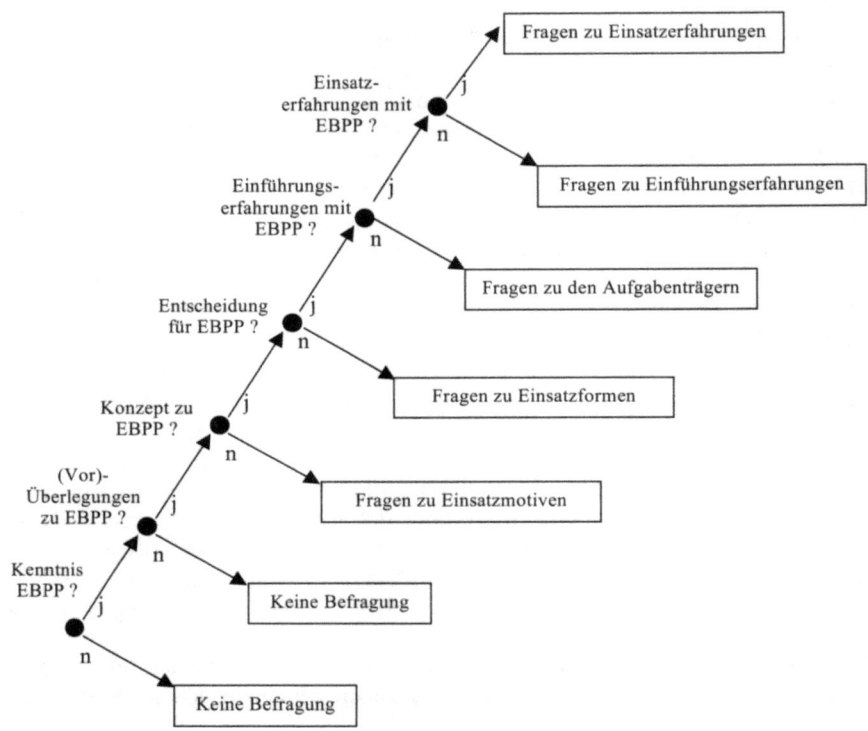

Abbildung 1: Struktur des Interviewleitfadens

4   Befunde

Zwei Telekommunikationsunternehmen und drei Finanzdienstleister wurden im
B2C-Bereich für die Studie als Untersuchungsobjekte herangezogen. Die Tele-
kommunikationsunternehmen hatten bereits ein Electronic Bill Presentment-
System eingeführt, wobei eine explizite „Electronic Payment"-Option fehlte.
Die Unternehmen der Finanzdienstleistungsbranche waren in unterschiedlichen
Bereichen (Großbank, Direktbank, Zahlungssystemanbieter) tätig, womit ein
relativ breites Spektrum abgedeckt wird. Im Folgenden werden die Befunde der
Studie entsprechend des Analyserahmens dargestellt, der in Anlehnung an den
EBPP-Lebenszyklus strukturiert ist.

Alle befragten Unternehmen hatten bereits vor Beginn der Studie ein EBPP-
System eingeführt oder bereiteten zum Zeitpunkt der Untersuchung den Einsatz
eines solchen vor. Alle Unternehmen versendeten eine hohe Anzahl an Rechnungen bzw. rechnungsähnlichen Dokumenten. Das hohe Volumen erklärte sich

dabei entweder durch eine hohe Anzahl an Kunden oder durch eine hohe Anzahl an Rechnungen bzw. rechnungsähnlichen Dokumenten pro Kunde.

4.1   Einsatzmotive und -barrieren

4.1.1   Einsatzmotive

Das vorrangige Ziel der befragten Unternehmen war es, durch die Einführung eines EBPP-Systems die *Kosten der Rechnungserstellung und des Rechnungsversands* nachhaltig zu verringern. Solche Kostenreduktionen können durch Einsparung von Porto-, Papier- und Druckkosten erzielt werden und greifen umso schneller, je kürzer die Zeitspanne von der Verabschiedung des System-Konzepts bis zur Nutzung der Systemplattform ist. Dieser Aspekt beeinflusst häufig die Frage, ob das System selbst erstellt oder auf der Basis von Standardsoftware extern beschafft werden soll. Im Gegensatz zum B2B-Bereich spielt im vorliegenden Kontext die Reduktion der Kosten des Rechnungslegungsprozesses eine untergeordnete Rolle.

Ein zweites wichtiges Motiv für die Einführung war die Erhöhung der *Bindung der Kunden* an das eigene Unternehmen. Insbesondere für die Telekommunikationsunternehmen stellen elektronische Rechnungen die einzige Möglichkeit dar, mit den Kunden in regelmäßigen Abständen in einen Dialog zu treten. Bei Rechnungen in Papierform erfolgt dies dagegen nur dann, wenn der Kunde eine Rückfrage oder Beanstandung zur Rechnung hat. Prinzipiell bietet eine elektronische Rechnung durch Einbettung entsprechender Banner oder Hyperlinks die Möglichkeit zum Angebot und Verkauf komplementärer Produkte (Cross-Selling) oder auch höherwertigerer Produkte (Up-Selling).

Die befragten Unternehmen wiesen aber darauf hin, dass ihre Kunden einen *Mehrwert* bzw. zusätzlichen Nutzen gegenüber der alten Methode des Papierversandes erwarteten. Mehrwert manifestiert sich dabei durch monetäre und nicht-monetäre Anreize der rechnungslegenden Unternehmen wie beispielsweise reduzierte Kontoführungsgebühren, die Nichteinbeziehung bei Gebührenerhöhungen oder die Gewährung von Freiminuten beim Telefonieren. Einige Unternehmen gaben an, dass die Einführung des EBPP-Systems auch als Reaktion auf explizite Kundenwünsche erfolgte. Insbesondere im Bereich der Finanzdienstleister gab es bereits eine nennenswerte Anzahl an Online-Kunden, die eine papiergestützte Rechnung als überflüssig erachteten.

Weiterhin wurde dargelegt, dass elektronische Rechnungen und Dokumente mit dem Konzept des Customer-Self-Service einhergehen. Hierbei kommt der *Senkung der Vertriebskosten* eine große Bedeutung zu. Wenn Kunden die „Self-Services" online nutzen, können Kundenberater im Call Center eingespart werden. Hierdurch kann ein weiterer Kundenbindungseffekt entstehen, indem die Kunden, nachdem sie mit dem System vertraut geworden sind, den Komfort und Service schätzen und damit eine niedrigere Bereitschaft besitzen, auf weniger vertrauten Plattformen der Konkurrenz zu agieren. Generell erscheinen für die interaktive Kundenselbstbedienung besonders solche Prozesse geeignet, die online angestoßen und während des gesamten Geschäftsablaufs über das Internet abgewickelt werden können (z.B. Online-Brokerage). Die elektronische Rechnungslegung und Bezahlung stellt in diesem Fall den letzten Schritt einer derartigen Kundeninteraktion dar und passt sich auf diese Weise gut in den gesamten Prozess ein. EBPP-Systeme können damit einen wertvollen Beitrag zur *Intensivierung der Kundeninteraktion* liefern, dessen Potenzial durch die Personalisierung von Angeboten insbesondere im Bereich des After-Sales-Marketing erheblich ist.

Als weiteres Ziel wurde von einigen Unternehmen der *Umweltschutz* genannt. Wenn man sich vergegenwärtigt, dass einige Rechnungssteller jeden Monat mehr als eine Million Rechnungen versenden, werden die mit der Einsparung an Papier verbundene Schonung natürlicher Ressourcen sowie die infolge des verminderten Transportaufwands entstehenden Energieeinsparungen und Emissionssenkungen schnell plausibel.

4.1.2   Einsatzbarrieren

Eine maßgebliche Einsatzbarriere stellt die im Rahmen der Einführung und Nutzung eines EBPP-Systems erforderliche *Rechtssicherheit* dar. Der Gesetzgeber schreibt vor, dass eine persönliche Signierung jedes rechnungsähnlichen empfängerspezifischen Dokuments erforderlich ist. Die Verwendung einer qualifizierten Signatur ist zudem die Voraussetzung zum Vorsteuerabzug beim Finanzamt. Das deutsche Signaturgesetz [SigG01] bietet hierfür zwar prinzipiell einen adäquaten rechtlichen Rahmen, besitzt aber noch Schwächen in der praktischen Umsetzung. Die Verknüpfung eines Rechnungsdokuments mit einer qualifizierten Signatur ist bei Verfügbarkeit der hierfür erforderlichen technischen Infrastruktur zwar möglich. Bei Unternehmen im Finanzdienstleistungs- und Telekommunikationsbereich, die monatlich bis zu eine Million Dokumente oder mehr versenden, ist die Signierung jedes individuellen Dokuments mit der Chipkarte jedoch sicherlich unpraktikabel. Die betroffenen Unternehmen arbeiteten deshalb mit Hilfslösungen: Zur Vermeidung der Signaturinfrastruktur versendeten mehrere der befragten Unternehmen am Ende eines Jahres ein papierbasiertes Dokument, das alle monatlichen Rechnungs- bzw. Kontopositionen als Aufstellung nochmals auswies. Dieses Vorgehen reduziert jedoch die intendierten Kosteneinsparungen. Ein Unternehmen im Telekommunikationsbereich vermied dies durch eine einfache Vorgehensweise: Die elektronischen Rechnungsdokumente wurden zunächst von einem Faxserver signiert. Dann wurden sie jedoch nicht per Fax versendet, sondern als elektronisches Dokument in ein Archiv eingestellt. Da gefaxte Dokumente vom Gesetzgeber und den Finanzbehörden als authentisch, zugestellt und zum Vorsteuerabzug anerkannt werden, braucht der Kunde bei dieser Vorgehensweise das elektronische

Dokument nur noch an seinem Arbeitsplatz auszudrucken, um es z.b. bei einer Steuererklärung anzufügen. Auf dem Ausdruck ist die Signatur des Faxservers des Rechnungsstellers sichtbar, jedoch nicht, wie das Dokument zugestellt wurde. Ähnlich gingen andere Unternehmen vor, die auf eine Signierung durch einen Faxserver verzichteten, jedoch die Authentizität der elektronischen Rechnungsdokumente gegenüber den Papierversionen so hoch wie möglich gestalteten, um bei einem Ausdruck die Unterschiede zu verwischen.

Da zudem die Gesetzgebung der Europäischen Union bezüglich einer digitalen Signatur wesentlich lockerer ist als die deutsche Gesetzgebung, erachteten die Unternehmen eine Anpassung der Rechtsnomen in Deutschland im Zuge der EU-Rechtsharmonisierung als wahrscheinlich. In diesem Kontext strebte ein Teil der befragten Unternehmen eine Zertifizierung durch die Regulierungsbehörde für Telekommunikation und Post (RegTP) im Rahmen des Signaturgesetzes an, um nach außen den Eindruck eines sicheren, von behördlicher Seite anerkannten Vorgehens bei der elektronischen Rechnungslegung zu dokumentieren.

Neben den Vorbehalten der Unternehmen existierten auch psychologische Barrieren gegenüber einer Nutzung bei den Konsumenten, welche durch Ängste und Unsicherheiten bezüglich des neuen Mediums verursacht wurden. Vor allem das *fehlende haptische Moment* einer Papierrechnung und einige seiner Folgeerscheinungen sahen einige der befragten Unternehmen als Einsatzbarriere bei den Nutzern. Der Tatbestand, dass ein ausgedrucktes Dokument angefasst, weitgehend ohne technische Hilfsmittel gelesen, aufbewahrt und bei Bedarf mit geringem Aufwand vervielfältigt und versendet werden kann, beeinflusst die Akzeptanz der Rechnungsempfänger. Bedenken wurden häufig im Hinblick auf eine dauerhafte, d.h. über mehre Jahrzehnte während Speicherung der Dokumente artikuliert, mit der im EBPP-Kontext noch keine vergleichbaren Erfahrungen vorliegt. Technisch ist eine Archivierung von elektronischen Dokumenten zwar kein nennenswertes Problem, die befragten Unternehmen antizipierten jedoch Unsicherheiten bzw. Vorbehalte ihrer Kunden im Hinblick auf die Langlebigkeit von Datenformaten bzw. Speichermedien und den Datenschutz. Diese Aspekte stachen vor allem im Hinblick auf den Dokumentenversand bei der Vermögensanlage hervor, da es dort zum Teil um erhebliche monetäre Werte geht. Diesen haptischen Gewohnheiten wurde auf technischer Ebene durch ergonomische Browser-Anwendungen und Demoversionen begegnet. Das Persistenz- und Datensicherheitsproblem wurde durch das Einbeziehen von Archivierungslösungen, Sicherheitsmerkmalen und verbindlichen Regularien zur Rückmigration auf papierbasierte Dokumente zu lösen versucht.

4.2 Einsatzformen

Die Mehrheit der Unternehmen setzte das *Biller Direct Model* ein. Die Rechungsempfänger müssen sich hierbei zur Rechnungs- und Dokumentenansicht auf die Web-Seiten des Rechnungslegers begeben. Die betreffenden Unternehmen erhofften sich dadurch zudem eine verstärkte Nutzung anderer Inhalte und Angebote auf den eigenen Web-Seiten.

In einem Fall wurden die Dienste eines Konsolidators genutzt, wobei als konkrete Einsatzform das so genannte *Thick Consolidation* zu Tage trat. Bei dieser Form werden durch den Rechnungsleger alle Rechnungsdaten einem Dienstleister zugänglich gemacht, der diese den Konsumenten zusammen mit den Rechnungen anderer Unternehmen präsentiert. Hierfür besucht der Rechnungsempfänger nicht mehr die Web-Seiten des rechnungslegenden Unternehmens, sondern die internetbasierte Plattform des Dienstleisters. Die Rechnungsleger empfinden diesen „Verlust" der Kunden oft als Nachteil. Das *Thin Consolidation* versucht dieses Problem zu vermeiden, indem der Dienstleister nur aggregierte Rechnungsdaten wie beispielsweise die Rechnungsendsumme oder den Kontostand am Monatsende präsentiert. Für weitergehende Informationen wird der Rechnungsempfänger bei Anklicken des Endbetrags auf die Web-Seite des Rechnungsstellers weitergeleitet, auf der die Rechnungsdetails archiviert werden. Diese Einsatzform wurde jedoch in keinem der befragten Unternehmen angetroffen.

Erwähnenswert ist der Tatbestand, dass jene Finanzdienstleister, die im Zahlungsverkehr eines ihrer Kerngeschäfte sahen, selbst die Rolle eines Konsolidators anstrebten. Dennoch konnte diese Einsatzform nur einmal angetroffen werden. Insgesamt wurden folgende stichhaltigen Gründe für die Adoption des Direct Models genannt:

⇒   Das Medium stellt ein bedeutsames Marketing-Instrument dar, da es direkt beeinflussbar und relativ kostengünstig ist, reichhaltig, interaktiv und grafisch ansprechend gestaltet werden kann (*Media Richness*, [DaBaW89]) und einen regelmäßigen Kontakt zu involvierten Kunden ermöglicht. Ein Konsolidator kann dies nur bedingt erreichen, da dessen Design per se neutral gehalten werden muss, um subjektiv wahrgenommene Benachteiligungen einzelner Unternehmen zu vermeiden. Weiterhin sind interaktive Rechnungen bzw. Dokumente, die auf Produkte bzw. Seiten der Rechnungsleger verweisen, nur mit einem höheren technischen Aufwand realisierbar. *„Die Seite [des Konsolidators] muss möglichst neutral gehalten sein, damit sich die verschiedenen Marken nicht gegenseitig die Wirkung aufheben. Zudem geht die Kommunikationsplattform zum Kunden verloren. Das fällt für jedes beteiligte Unternehmen weg."* [Unternehmen der Telekommunikationsbranche]

⇒   Ähnlich wurde bezüglich des Portalgedankens argumentiert. Die befragten Unternehmen strebten an, dass sich der Kunde bei jedem Kommunikationskontakt auf einer Plattform bewegt, die alle verfügbaren Produkte und Dienste als Selbstbedienungsfunktion (Customer-Self-Service) anbietet. Die Kunden sollten an dieses Portal gewöhnt und mit entsprechenden Informationen und Werbebotschaften geführt werden. Daher war auch *Thin Conso-lidation* für die befragten Unternehmen kaum interessant, weil sich der Kunde hier nur teilweise in der angestrebten Umgebung bewegt.

⇒ Einige Unternehmen wollten ihre elektronischen Rechnungen so gestalten, dass sie den Papierrechnungen optisch entsprechen. Dies sollte helfen, den haptischen Aspekt zu überwinden und den Wechsel zu EBPP für den Kunden einfacher und intuitiver gestalten, wodurch Rückfragen und Fehlinterpretationen reduziert werden sollten. Konsolidatoren wurde diese Fähigkeit nur bedingt zugetraut.

⇒ Ebenso wünschten die Unternehmen EBPP-Lösungen, die auf sich ändernde Bedürfnisse schnell reagieren können. Konsolidatoren wurde nur eingeschränkt zugesprochen, ein hohes Maß an Flexibilität zu vergleichbaren Kosten gewährleisten zu können.

⇒ Die Preismodelle von Konsolidatoren sind dokumentenbasiert und im Wesentlichen variabel. Lösungen auf der Basis des Direct Models repräsentieren – unabhängig ob selbst erstellt oder eingekauft – fixe Kosten, die weitgehend unabhängig von der Anzahl der versendeten Menge an Dokumenten sind. Ab einer bestimmten Domentenmenge wird daher der Break-Even zugunsten des Direct Models erreicht. Bei großen Dokumentenmengen lassen sich Skaleneffekte hier besser realisieren, da im Gegensatz zum Consolidator Model weniger Gemeinkosten (wie z.B. für Geschäftsleitung, Vertrieb, Marketing, Rechtsfragen und Verwaltung) anfallen.

⇒ Zudem argumentierten die befragten Unternehmen, dass kaum qualifizierte Konsolidatoren mit ausreichend Erfahrungen vorhanden seien. Vor allem der eigentliche Vorteil, dass Konsolidatoren die Rechnungen unterschiedlicher Unternehmen präsentieren, könne nicht realisiert werden, da es an der erforderlichen kritischen Inhaltsmasse fehle.

⇒ Einige Unternehmen gaben an, dass die Einbettung der zur Rechnungskonsolidierung erforderlichen Daten aufwändig und komplex sei. Der Konsolidator sei in einem Fall nur unter großen Schwierigkeiten und bei signifikanten Risiken im Hinblick auf Stabilität des Kundensystems zur Rechnungslegung in der Lage gewesen. Andere Unternehmen berichteten, dass die Komplexität der Datenintegration neben den zu beachtenden Sicherheitsanforderungen vor allem aus den betagten und proprietären Altsystemen (Legacy-Systems) resultiert.

Besonders interessant ist der Tatbestand, dass eine integrierte Bezahlfunktion von *keinem* der befragten Unternehmen realisiert wurde. Stattdessen wurde das Lastschriftverfahren eingesetzt, welches als kostengünstigste und verlässliche Bezahlungsform angesehen wurde. Durch einen weitgehenden Wegfall des Mahnwesens und den termingerechten bzw. planbaren Eingang der Rechnungsbeträge sind die Prozesskosten gering. Daher strebten alle befragten Unternehmen in der Untersuchung an, das Lastschriftverfahren beizubehalten. In der untersuchten Stichprobe waren allerdings ausschließlich Unternehmen vertreten, die periodisch ihre Abrechnungen erstellen. Inwiefern EBPP-Systeme in Unternehmen diffundieren, die ihre Rechnungen transaktionsbezogen stellen, wie z.B. im Versandhandel, lässt sich derzeit nur schwer sagen. Anhaltspunkte für Einsatzbeispiele mit integrierter Zahlungsfunktion konnten nicht gefunden werden. Nach Einschätzungen der Teilnehmer könnte das bedeutend niedriger ausfallende Rechnungsvolumen eine Diffusionsbarriere für die elektronische Rechnungslegung darstellen. Ohne elektronische Rechnung macht eine integrierte, interaktive Bezahlfunktion wenig Sinn. Im Bankensektor dagegen ist die Bezahlfunktion immanent in den Produkten enthalten.

Das Lastschriftverfahren ist ein Spezifikum der deutschen Geldinstitute, so dass eine Übertragung auf andere Länder nur in Ausnahmefällen möglich ist. Das Beispiel der aperiodischen, transaktionsbezogenen Abrechnung macht jedoch zudem deutlich, dass die Realisierung einer integrierten Bezahlfunktion und der damit verbundenen technischen Infrastruktur komplexer und aufwändiger ist als die der Rechnungspräsentation. Aufgrund der nicht feststellbaren Verbreitung der Bezahlfunktion müsste man eigentlich fortan von Systemen zur Präsentation elektronischer Rechnungen (Electronic Bill Presentment, EBP) bzw. von Systemen zur Präsentation elektronischer Dokumente (Electronic Document Presentment, EDP) sprechen.

Ein weiterer interessanter Aspekt ist, dass alle Unternehmen die Möglichkeit zum Widerspruch nicht im System integriert hatten, sondern außerhalb über synchrone Kommunikationskanäle (insbesondere über Call Center) anboten. Dies wurde dadurch begründet, dass die aufgetretenen Fehler zu selten und zu komplex seien, um sie im System abbilden zu können.

Aufgrund der sich bietenden Möglichkeit zum Cross- und Up-Selling wurde vermutet, dass die im Einsatz befindlichen EBPP-Systeme eng mit den betrieblichen Customer-Relationship-Management (CRM)-Systemen gekoppelt sind.

Diese Vermutung wurde jedoch nicht bestätigt. CRM-Systeme waren in den befragten Unternehmen der elektronischen Präsentation von Rechnung vorgelagert. Nach Aussage der befragten Unternehmen sollte CRM als integrierter Bestandteil einer EBPP-Lösung nur für Konsolidator-Lösungen genutzt werden, da erst aus dem Zusammenhang verschiedener Rechnungssteller weitere Informationen für das Marketing gewonnen werden könnten.

4.3   Aufgabenträger

Im Rahmen dieser Studie war auffallend, dass bei der Entwicklung der Systemplattform in mehreren Fällen auf externes Know-how zurückgegriffen wurde, beim Betrieb der Plattform dagegen nur in einem Fall. Offensichtlich versuchten die Unternehmen, mögliche Ressourcendefizite bei der Systementwicklung durch Auftragsentwicklungen zu umgehen, das fehlende Know-how aber ins Unternehmen zu transferieren. Spätestens beim Systembetrieb wurden die Aufgaben wieder internalisiert, um die volle Kontrolle über das System ausüben und mögliche Skaleneffekte selbst abschöpfen zu können.

Die Unternehmensleitung war an der Entscheidung in allen Fällen beteiligt und fungierte in den meisten Fällen als Machtpromotor. Da die elektronische Rechnungsstellung ein abteilungsübergreifender Prozess ist, an dem verschiedene Entscheidungsträger beteiligt sind, erscheint es für die Planung und Durchführung von EBPP-Projekten ratsam, hierarchisch übergeordnete Stellen einzubinden. Die Rolle des Innovators, d.h. derjenigen Instanz, die die EBPP-Überlegungen initiierte, war dagegen uneinheitlich. Hier traten wechselseitig die Bereiche Marketing, Rechnungswesen, Informationsverarbeitung und – sofern vorhanden – E-Business in Erscheinung.

4.4 Einführungserfahrungen

Alle befragten Unternehmen hatten vor einer breit angelegten Systemeinführung *Pilotprojekte* durchgeführt. Hierfür wurden bis zu zwanzig Personen angeworben, vornehmlich eigene Mitarbeiter, aber auch Kunden. Die Pilotprojekte führten zu Änderungen im Design und Layout der elektronischen Rechnungen sowie zu Verbesserungen der Anwenderhilfen.

Im Rahmen der Interviews konnten grundsätzlich zwei *Einführungsstrategien* festgestellt werden. Die *Zwangsumstellung* der Kunden bietet für die Unternehmen den Vorteil, Einsparungseffekte schneller erzielen zu können. Diese Strategie geht aber auch mit höheren Risiken wie beispielsweise die einer Kundenabwanderung einher. Die wesentlich häufiger anzutreffende *Strategie eines sukzessiven Aufbaus des Systems* birgt dagegen Probleme der Realisierung von Kosteneinsparungen sowie der korrekten Skalierung des EBPP-Systems.

Die befragten Unternehmen beurteilten ihre Einführungserfahrungen weitgehend positiv. Als Indikator diente beispielsweise, dass Kunden von dem Angebot, nach der Einführung des EBPP-Systems auf einen papierbasierten Dokumentenverkehr zurückzugehen, nur in geringem Maße Gebrauch machten. Als Probleme im Rahmen der Einführung wurden lediglich die unterschiedliche technische Ausstattung der Kunden sowie die sich daraus ergebenden Anwendungsprobleme genannt. Im Wesentlichen waren dies veraltete Browser-Versionen sowie zu betagte Hardware-Konfigurationen.

4.5 Einsatzerfahrungen

Die mit der Einführung von EBPP-Systemen verbundenen Zielsetzungen konnten nach Aussage der untersuchten Unternehmen größtenteils erreicht werden. Dies galt insbesondere für die verfolgten Kostensenkungsziele, die maßgeblich von den zur Amortisation der Investitionen benötigen Nutzerzahlen sowie von der Einhaltung der Investitionsbudgets abhängen. Die in den Projekten vorgesehenen Zeiträume zur Erreichung der gewünschten Penetrationszahlen wurden nur in einem Fall überschritten. Welchen Mehrwert die eingeführten Systeme für den Kunden bieten, wurde von keinem der befragten Unternehmen gemessen. Die Nutzung von EBPP-Systemen als Marketing-Instrument wurde ebenfalls von keinem Unternehmen realisiert. Dies erscheint umso erstaunlicher, da interaktive Medien gerade die Personalisierung von Angebotsleistungen ermöglichen. Einige Unternehmen planten jedoch im Zuge der Erhöhung der Nutzerzahlen die Einbettung dieser Funktionalität.

Probleme in der Einsatzphase stellten weiterhin die bereits genannte veraltete technische Ausstattung der Kunden sowie die Skalierbarkeit der Systemarchitektur dar. Letzteres führte insbesondere zu Nachteilen im Antwortzeitverhalten der Systeme. Zu den artikulierten Wünschen der Nutzer der EBPP-Systeme gehörten zusätzliche Funktionalitäten wie z.B. statistische Auswertungsfunktionen oder mehr Komfort bei der Bedienung. Der größte Wunsch der Anbieter waren größere Nutzerzahlen. So ließe sich die Gruppe der Internet-affinen Nutzer zwar relativ schnell erschließen, der Großteil der Kunden könne jedoch nur mit starken Anreizen und erhöhtem Marketing-Aufwand zum Übergang auf den beleglosen Rechnungs- und Dokumentenverkehr bewegt werden.

5   Diskussion

Zu Beginn der Studie wurde erwartet, dass das Consolidator Model mittelfristig die am häufigsten verbreitete Systemform darstellt, da Konsumenten in einer einzigen Internet-Plattform die Dokumente mehrerer Unternehmen empfangen, ansehen und archivieren können. Insofern wurde vermutet, dass die Standardisierung der Datenformate, die zum Rechnungs-Import beim Konsolidator erforderlich sind, sowie Mechanismen zur Umsetzung des Netzeffektes vordringliche Problemstellungen darstellen würden.

Diese Erwartungen konnten nicht bestätigt werden, da alle befragten Unternehmen bis auf eine Ausnahme auf dem Biller Direct Model basierende Systeme einsetzten und keine Austauschbeziehungen mit Konsolidatoren und/oder anderen Rechnungslegern anstrebten. In diesem Modell stellen sich besonders Fragen des (ökonomischen) Nutzens für die Rechnungssteller sowie der Systemakzeptanz von Seiten der Rechnungsempfänger. Um diese Phänomene stringenter in einen theoretischen Kontext einordnen zu können, sollen die Befunde dieser Studie im Licht von zwei Theorien bzw. Konzepte näher interpretiert werden. Diese sind die *Transaktionskostentheorie* und das *Technology Acceptance Model.*

5.1 Ökonomischer Nutzen von EBPP-Systemen aus der Sicht der Unternehmen

Aus Unternehmenssicht ist das dominierende Ziel des Einsatzes von EBPP-Systemen die Erzielung eines messbaren finanziellen Vorteils. In der Studie wurde entsprechend die Kostenreduzierung als Hauptziel jedes EBPP-Vorhabens genannt. Aus Sicht der Transaktionskostentheorie (vgl. [Willi85] sowie [Jost01]) betrifft dies die *Produktionskosten*, da die Rechnungslegung integraler Bestandteil der angebotenen und durchgeführten Leistung des Unternehmens ist (z.B. Bereitstellung eines Telefonanschlusses, Ermöglichen des Führens von Telefongesprächen, Bereitstellung eines Girokontos und das Abwickeln von Transaktionen im Zahlungsverkehr). Die im Zuge der Einführung eines EBPP-Systems verbundenen *Transaktionskosten* beziehen sich auf die Suche nach internen und/oder externen Aufgabenträgern zur Entwicklung und zum Betrieb eines EBPP-Systems (=Anbahnungsphase), den Abschluss eines internen oder externen Dienstleistungsvertrags mit den verantwortlichen Systementwicklern bzw. Systembetreibern (=Vereinbarungsphase) sowie auf die Überwachung der mit der Aufgabenerfüllung betrauten Aufgabenträger zur Entwicklung und zum Betrieb der EBPP-Lösung (=Kontrollphase).

Ein Unternehmen wird aus Sicht der Transaktionskostentheorie dann die Einführung eines EBPP-Systems ins Auge fassen, wenn die daraus resultierenden Produktionskostenvorteile mindestens genauso hoch sind wie die aus der Systementwicklung und dem Systembetrieb resultierenden Transaktionskosten.

Will man nun erklären, warum Unternehmen das stärker unternehmensintern ausgerichtete Biller Direct Model favorisierten, so kann man unter Rückgriff auf die Transaktionskostentheorie argumentieren, dass die Gesamtkosten dieses Modells niedriger als beim externen Consolidator Model geschätzt wurden. Für diesen komparativen Kostenvorteil des Biller Direct Model können entweder Vorteile bei den Produktionskosten und/oder eine relative Einsparung bei den Transaktionskosten verantwortlich sein. Eine entscheidende Rolle nimmt hier die Spezifität der zu erbringenden Leistung ein. Dibbern [Dibb03] hat in seiner Arbeit nachgewiesen, dass insbesondere die interne Erfüllung spezifischer Aufgaben häufig zu relativen Kostenvorteilen gegenüber vom Markt bezogenen Lösungen führt. Spezifische Leistungen liegen beispielsweise dann vor, wenn das Rechnungslayout den individuellen Bedürfnissen des Unternehmens fortwährend angepasst werden soll, Hyperlinks zur Werbung für weiterer Produkte des betreffenden Unternehmens in die elektronischen Rechnungen eingefügt und verändert werden sollen, der Datenimport aus sensitiven Altsystemen erfolgt und/oder das EBPP-System eine bedeutsame Rolle in der Steigerung der Nutzerakzeptanz des Internetauftritts eines Unternehmens einnimmt. Prinzipiell können diese Anforderungen auch über einen externen Konsolidator umgesetzt werden, jedoch geht dies zu Lasten der Produktionskosten. Beim Consolidator Model sind die relativen Transaktionskosten aufgrund der Komplexität des

Vertragswerks und zu regelnden datenschutzrechtlichen Tatbeständen in der Regel höher als beim Direct Model. Die Absicherung gegen drohendes opportunistisches Verhalten verstärkt diesen Effekt zudem.

Das Consolidator Model kommt daher vor allem für Unternehmen mit geringerem Rechnungsaufkommen in Betracht, die auch bereit sind, weniger spezifische Funktionen (z.b. ein Standard-Rechnungslayout) zu akzeptieren. Ob sich das Consolidator Model besser verbreiten wird, hängt jedoch vor allem von den damit verbundenen Entwicklungs- und Betriebskosten ab. Die bisher im Markt befindlichen Ansätze (z.b. memIQ oder Viper) konnten die ökonomischen Vorteile dieses Modells bisher nicht abbilden.

5.2   Technologieakzeptanz aus der Sicht der Konsumenten

Im vorigen Abschnitt wurde erörtert, dass Unternehmen nur bei einem potenziellen finanziellen Vorteil bereit sind, in EBPP-Lösungen und damit in die erforderliche Basisinfrastruktur zu investieren. Die Existenz einer technischen Infrastruktur ist jedoch nur eine notwendige, aber keine hinreichende Bedingung für den Einsatz von EBPP-Systemen. Die hinreichende Bedingung stellt erst die Akzeptanz von Seiten der Konsumenten dar. Diese soll mit Hilfe des Technology-Acceptance-(TAM)-Modells analysiert werden (vgl. [Davis89]).

Eine zentrale Größe in diesem Modell nimmt das Konstrukt „Perceived Usefulness" ein. Es beschreibt das geschätzte Ausmaß, in dem eine Person seine Arbeitsergebnisse mit Hilfe der Technologie verbessern kann. Nur wenn die angebotene Lösung als nützlich eingestuft wird, wird sie akzeptiert und genutzt werden. Die vorliegende Studie macht deutlich, dass die Konsumenten die Verfügbarkeit eines EBPP-Systems allein als nicht ausreichend „useful" erachten. Vielmehr müssen die einführenden Unternehmen zusätzliche Funktionalitäten wie z.B. Archivierungs- oder Auswertungsfunktionen einbetten, die die „job performance" der Konsumenten steigern bzw. auf dem Niveau der papiergestützten Vorgehensweise halten. Aufgrund des starken haptischen Moments der Papierform bedarf es zudem zusätzlicher ökonomischer Anreize (wie z.B. Freiminuten beim Telefonieren) oder der Ankündigung von Strafen (z.B. monatliche Gebühren für den papierbasierten Dokumentenverkehr), um eine "Perceived Usefulness" bezüglich der Nutzung der EBPP-Systeme bei den Konsumenten in ausreichendem Ausmaß hervorzurufen. Auch die Anerkennung der elektronischen Dokumente vom Finanzamt ist ein Aspekt, der die Usefulness eines EBPP-Systems aus Sicht der Konsumenten beeinflusst.

Neben der angenommen Nützlichkeit spielt die wahrgenommene Einfachheit der Anwendung („Perceived Ease of Use") eine wichtige Bedeutung für die Akzeptanz einer Technologie. Damit wird der mit der Nutzung verbundene Aufwand ausgedrückt, der vom Nutzer aufgebracht werden muss, wenn er das EBPP-System anwendet. Darunter fallen zum Beispiel die Einfachheit der Systembedienung oder das Treffen zusätzlicher Sicherheitsvorkehrungen. Je geringer der mit der Nutzung des EBPP-Systems verbundene Aufwand ist, desto wahrscheinlicher ist die Adoption von Seiten der Konsumenten.

Da EBPP-Systeme im Konsumentenbereich nahezu ausschließlich über das Internet als System- und Kommunikationsplattform realisiert werden, muss davon ausgegangen werden, dass sowohl der wahrgenommene Nutzen als auch die eingeschätzte Einfachheit der Nutzung erheblich von dem bisherigen Nutzungsverhalten der Konsumenten des Internets abhängig ist. Dies ist vor allem für jene Unternehmen von Vorteil, deren Kunden Internet-affin sind, wie z.B. von Internet-Banken oder Discount-Brokern. Daher besitzen solche Unternehmen einen komparativen Vorteil beim Aufbau einer Nutzerbasis ihrer EBPP-Systeme.

Aus dem eingeschätzten Nutzen und der wahrgenommenen Einfachheit der Nutzung einer Technologie bildet der Konsument gemäß des TAM-Modells seine Einstellung gegenüber der Nutzung der Technologie, welche letztendlich ausschlaggebend für die tatsächliche Nutzung des Systems ist. Nur wenn der Konsument durch Abwägen der persönlichen Vor- und Nachteile zu einer positiven Einstellung gegenüber der Nutzung eines EBPP-Systems kommt, wird er bereit sein, dieses auch tatsächlich zu nutzen.

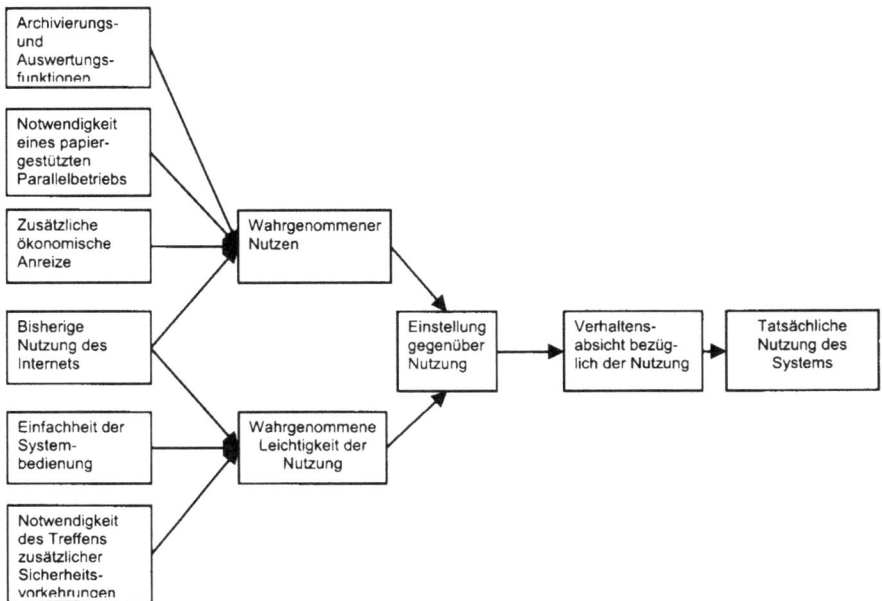

Abbildung 2: Einflussfaktoren auf die Akzeptanz eines EBPP-Systems von Seiten der Konsumenten

6 Zusammenfassung und Ausblick

Die vorliegende Studie macht deutlich, dass die Diffusion von EBPP-Systemen noch am Anfang steht. Das Haupteinsatzmotiv der Anbieter stellen hohe Kosteneinsparungspotenziale dar. Aus Nutzersicht stoßen EBPP-Systeme dann auf eine Akzeptanz, wenn funktionale und monetäre Anreize zur Systemnutzung angeboten werden. Das Biller Direct Model ist derzeit die dominante Formausprägung. Konsolidatoren im Sinne eines klassischen Intermediärs spielen dagegen keine bedeutende Rolle. Der Hauptgrund für die relative Vorteilhaftigkeit des Biller Direct Models wird in komparativen Kostenvorteilen bei hohen Rechnungsvolumina und spezifischen Anforderungen gesehen.

Von nachgelagerter Bedeutung ist die integrierte Bezahlfunktion. Es konnte kein Unternehmen identifiziert werden, das eine integrierte und interaktive Bezahlung über das Internet ermöglicht. Als Grund hierfür wird die Effizienz des Lastschriftverfahrens gesehen, welche sich durch die geringen Infrastrukturanforderungen und die relativ hohe Sicherheit ergibt.

Berücksichtigt werden muss jedoch, dass in der vorliegenden Studie Unternehmen mit hohen Umsätzen sowie hohen und periodischen Rechnungsvolumina untersucht wurden. Dieser Tatbestand war unumgänglich, da EBPP bei kleineren und mittleren Unternehmen noch kaum verbreitet ist. Wie in der Diskussion gezeigt wurde, könnten jedoch gerade diese eine interessante Zielgruppe für das Consolidator Model darstellen, da sie bereit sein könnten, auf spezifische Funktionen zu verzichten, um hohe Investitionen in eine eigene Infrastruktur zu vermeiden.

Einen weiteren spannenden Ansatz stellen die so genannten Aggregatoren (vgl. z.B. *www.yodlee.com*) dar. Diese aggregieren unterschiedliche Konten sowie die darin enthaltenen Informationen (z.B. Bank, Kreditkarte, Telefon, Gas, Wasser, Fluggesellschaften, E-Mails, etc.) und integrieren die Bezahlfunktion. Klickt der Konsument auf einen saldierten Kontostand, so wird er direkt auf die Web-Seiten des rechnungslegenden Unternehmens weitergeleitet. Dieses Modell ähnelt somit einem Thin-Consolidation-Ansatz, da alle Rechnungen der angeschlossenen Unternehmen von dort aus eingesehen werden können. Den rechnungslegenden Unternehmen bietet es die Möglichkeit, die Dokumente nach wie vor in den eigenen Internet-Auftritt einzubetten. Insofern erscheinen Konto-Aggregatoren auf den ersten Blick als Win-Win-Situation, die einzig und allein durch die Akzeptanz der Nutzer ermöglicht wird. Während das Modell in den USA ein großer Erfolg ist, scheinen der Ausbreitung in Deutschland Sicherheitsbedenken noch Grenzen zu setzen. Schließlich müssen der Software des Aggregators alle Zugangsdaten zu den betreffenden Konten mitgeteilt werden.

Quellenverzeichnis

[Atte95]
Atteslander, P.: Methoden der empirischen Sozialforschung. 8.A., Berlin 1995.

[DaBaW89]
Davis, F. D.; Bagozzi, R. P.; Warshaw, P. R.: User Acceptance of Computer Technology: A Comparison of Two Theoretical Models. In: Management Science 35 (1989) 8, S. 982-1003.

[Davi89]
Davis, F. D.: Perceived Usefulness, Perceived Ease of Use, and User Acceptance of Information Technology. In: MIS Quarterly, September 1989, S. 319-340.

[Dibb03]
Dibbern, J.: The Sourcing of Application Software Development and Maintenance – Empirical Evidence of Cultural, Industry and Functional Differences, Dissertation, Bayreuth 2003.

[EiSc99]
Eicker, S.; Schwichtenberg, H.: Internet Bill Presentment and Payment als neue Form des Electronic Billing. In: *Scheer, A. W.; Nüttgens, M. (Hrsg.):* Electronic Business Engineering, Heidelberg 1999.

[Hein93]
Heinzl, A.: Die Ausgliederung der betrieblichen Datenverarbeitung – Eine emprische Analyse der Motive, Formen und Wirkungen. 2.A., Stuttgart 1993.

[Jost01]
Jost, P.-J.: Vorwort. In: *Jost, P.-J. (Hrsg.):* Der Transaktionskostenansatz in der Betriebswirtschaftslehre. Stuttgart 2001, S. 1-5.

[KlMy99]
Klein, H. K.; Myers, M. D.: A Set of Principles for Conducting and Evaluating Interpretive Field Studies in Information Systems. In: MIS Quarterly 23(1999) 1, S. 67-94.

[SigG01]
Gesetz über Rahmenbedingungen für elektronische Signaturen und zur Änderung weiterer Vorschriften vom 16. Mai 2001. In: Bundesgesetzblatt Jahrgang 2001 Teil I Nr. 22, ausgegeben zu Bonn am 21. Mai 2001, S. 876-884. Alternativ:
http://www.regtp.de/imperia/md/content/tech_reg_t/digisign/28.pdf, Abruf am 2004-01-28.

[SpPf01]
Spann, M.; Pfaff, D.: Electronic Bill Presentment and Payment (EBPP). In: DBW 2001 (4), S. 509-512.

[Thom65]
Thompson, V. A.: Bureaucracy and Innovation. In: Administration Science Quarterly 10 (1965) 1, S. 1-20.

[Willi85]
Williamson, O. E.: The Economic Institution of Capitalism: firms, markets, relational contracting. New York 1985.

[Woll73]
Wollnik, M.: Die explorative Verwendung systematischen Erfahrungswissens – Plädoyer für einen aufgeklärten Empirismus in der Betriebswirtschaftslehre. In: *Kubicek, H. (Hrsg.); Wollnik, M. (Hrsg.):* Zur empirischen Grundlagenforschung in der Organisationstheorie. Köln 1973. Alternativ: ww.unikoblenz.de/~iwi/wissenschaftstheorie/wwt/1Wollnik.pdf, Abruf am 2004-01-28.

Qualitätsunsicherheit am ASP-Markt –
Befunde einer empirischen Untersuchung in Österreich

Reiner Buchegger, René Riedl

Universität Linz, Institut für Volkswirtschaftslehre,
Abteilung Ökonomische Theorie und Quantitative Wirtschaftsforschung
reiner.buchegger@jku.at
Universität Linz, Institut für Wirtschaftsinformatik – Information Engineering
rene.riedl@jku.at

Inhalt

Der weltweite Application-Service-Providing(ASP)-Markt entwickelte sich nicht gemäß den Prognosen vieler Marktforscher. In empirischen Untersuchungen wurden viele Ursachen dieser zögerlichen Entwicklung identifiziert. Qualitätsunsicherheit im Sinne von George Akerlof wurde jedoch bisher in der Fachliteratur kaum thematisiert. In diesem Beitrag werden die theoretischen Grundlagen von Qualitätsunsicherheit sowie Befunde über deren Existenz am österreichischen ASP-Markt beschrieben. Wesentliche Erkenntnisse dieses Beitrags sind:

-   Die Feststellung von Qualitätsunsicherheit kann anhand verschiedener methodischer Ansätze erfolgen.
-   ASP-Qualität setzt sich aus den Teilqualitäten verschiedener Merkmale zusammen, deren Bedeutung und Leistungsfähigkeit aus Sicht potenzieller Kunden untersucht wurde.
-   Qualitätsunsicherheit ist eine Ursache der bisher zögerlichen Entwicklung des österreichischen ASP-Marktes.

Die Ergebnisse des Beitrags dienen für ASPs als Anhaltspunkte, um der bisher zögerlichen Marktentwicklung entgegenzuwirken. Für potenzielle ASP-Kunden stellen sie eine Entscheidungsunterstützung dar, wenn über den Einsatz von ASP-Lösungen nachgedacht wird bzw. aus der Vielzahl von Anbietern der passende ausgewählt werden soll.

1   Einleitung

1.1   *Ausgangssituation*

In den Jahren 1999 und 2000 prognostizierten Marktforscher hohe Wachstumsraten für die ASP-Umsätze. Stellvertretend für viele Studien zur Entwicklung des ASP-Marktes sollen Prognosen des britischen Marktforschungsinstituts OVUM aus dem Jahr 2000 angeführt werden (vgl. [c-qu01, 12]). Demnach sollten die Umsätze im Jahr 2006 eine Höhe von US$ 140 Milliarden erreichen. Dies entspricht – bei prognostizierten Umsätzen von US$ 6,5 Milliarden für das Jahr 2001 – einer durchschnittlichen jährlichen Wachstumsrate von 85 %! Grundlage des damals vorherrschenden Optimismus waren Aussagen renommierter Marktanalysten zu Faktoren, welche die positive Entwicklung der ASP-Branche beeinflussen. [Klem99, 142] unterscheidet ökonomische Treiber (z.B. der zunehmende globale Wettbewerb und sinkende IT-Budgets, die eine Senkung der Total Cost of Ownership von IT-Systemen sowie eine Erhöhung der Kostentransparenz notwendig machen) und technische Treiber (z.B. die Verringerung der Bandbreitenkosten zur Datenübertragung).

Im Jahr 2000 verbreitete sich – ausgehend von Nordamerika – zunehmende Skepsis gegenüber dem ASP-Modell. Mit Ende des ersten Quartals setzte ein Verfall der Aktienkurse nordamerikanischer ASPs ein, der weit über den durchschnittlichen Kursverlusten von Technologieindizes lag. Abbildung 1 zeigt, dass die Aktienkurse von drei Anbietern (USinternetworking Inc., USIXQ, www.usi.net; Interliant Inc., INIT, www.interliant.com; Corio Inc., CRIO, www.corio.com) – deren Wertentwicklung in einem gemeinsamen kapitalgewichteten Index dargestellt ist – im Vergleich zum allgemeinen Abschwung der Technologiewerte (NASDAQ-100-Stock-Index) deutlich stärker an Wert verloren haben. Ausgenommen davon ist lediglich ein kurzer Zeitraum zum Jahreswechsel 1999/2000.

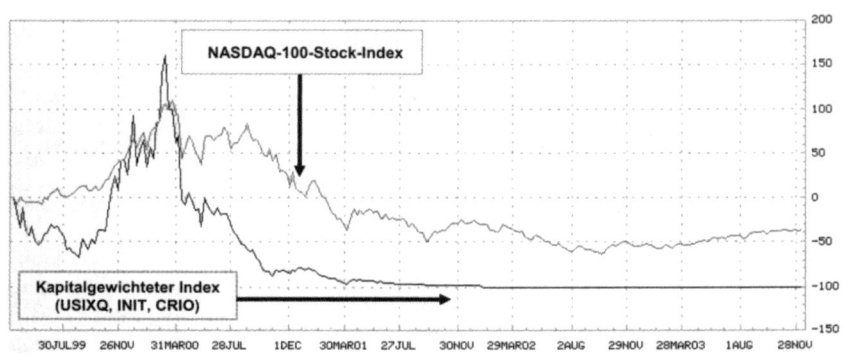

Abbildung 1: Aktienkursentwicklung [Scho03]

Auch in Europa – und hier speziell im deutschsprachigen Raum – schwand Mitte des Jahres 2000 das Vertrauen vieler Marktteilnehmer in das ASP-Modell. Die folgende Schlagzeile aus der Zeitschrift INFORMATIONWEEK, Nr. 20 (2000) ist Ausdruck der zunehmenden Skepsis [Info00, 50]: *„Application Service Providing (ASP) – Wunderkind oder Totgeburt? Noch vor kurzem allseits hochgejubelt, gerät das neue Geschäftsmodell ASP nun unter Druck. Noch bevor die Geschäfte richtig losgegangen sind."*

Ursache der Skepsis waren Studien zur Bekanntheit und Nutzung von ASP. Das Ergebnis einer Studie von [Pmpr00] aus dem Jahr 2000 zum europäischen ASP-Markt – Untersuchungsobjekte waren nachfrageseitig 868 in Europa ansässige Unternehmen – spiegelt den damaligen „Status Quo" wider – die zentrale Erkenntnis lautete [Pmpr00, 2]: *„The market for application service providers is still in an ascent stage. Awareness of the phrase and concept is low, and usage is almost non-existent."* Lediglich eine Studie zu Bekanntheit und Nutzung von ASP zeichnete ein gänzlich anderes Bild: Die Untersuchung von [Günt01, 559] aus dem Jahr 2001 – Untersuchungsobjekte waren nachfrageseitig 56 Unternehmen des deutschen Börsensegments „Neuer Markt" – kommt zu dem Ergebnis, dass über 90 % der Unternehmen mit dem Begriff „ASP" und seiner Bedeutung vertraut sind, 60 % der Unternehmen die Einsatzmöglichkeiten von ASP-Lösungen bereits untersucht haben und 12 % der Unternehmen bereits ASP-Lösungen nutzen. Der in dieser Studie festgestellte hohe Bekanntheits- und Nutzungsgrad unterscheidet sich von anderen ASP-Studien [IFES02, 8; IFES03, 1; Pmpr00, 2]. Eine Ursache hierfür liegt vermutlich in der Struktur der Stichprobe: Die bei [Günt01, 559] befragten Unternehmen stammen aus der New Economy (z.B. Technologie, Internet, Telekommunikation, Software, IT-Services). Die Vertrautheit mit neuen Begriffen wie „ASP" ist bei solchen Unternehmen eher gegeben als bei Unternehmen der „Old" Economy (z.B. Industrie). Zudem stellen Unternehmen der New Economy aufgrund ihres Unternehmensprofils (geringe Mitarbeiteranzahl und Notwendigkeit eines raschen Wachstums) die Hauptzielgruppe für ASPs dar.

Im Folgenden werden auszugsweise Ergebnisse von Forschungsarbeiten zur zögerlichen Entwicklung des ASP-Marktes dargestellt. Eine Studie von [Itaa00, 13] aus dem Jahr 2000 über die nordamerikanische ASP-Nachfrage – Untersuchungsobjekte waren 350 in den USA ansässige Start-Up- bis Fortune-1000^{TM}-Unternehmen – kommt zu dem Ergebnis, dass Sicherheitsaspekte, Kontrollverluste und die Integration der ausgelagerten Applikation(en) mit den intern betriebenen Applikationen die Hauptgründe gegen die Auslagerung an einen ASP sind. Die bereits erwähnte Studie von [Günt01, 560] kommt zu einem ähnlichen Ergebnis. Als Hauptgrund gegen die Auslagerung an einen ASP wurde von den Befragten Datensicherheit (über 80 %) angeführt. Auch die finanzielle Stabilität eines ASPs ist ein entscheidendes Kriterium für die Auslagerung (60 %). Eine Studie von FORRESTER RESEARCH aus dem Jahr 2000 identifiziert folgende Gründe gegen die Auslagerung von IT-Systemen an einen ASP [Info00, 50]:

Software ist beim potenziellen Kunden schon vorhanden (75 %), keine Kosten-ersparnis (50 %), großes Know-How im eigenen Unternehmen vorhanden (45 %), Kontrolle über die eigenen Daten (30 %), Support (20 %), Software ist zu spezifisch (20 %). Der erstgenannte Grund wird in der Fachliteratur unter dem Begriff „Sunk Costs" subsummiert, der nach [Itaa03, 19] wie folgt definiert wird: „Sunk costs in this context refer to investments already made in the in-sourcing alternative. These investments take many forms: hardware, software, infrastructure and personnel."

Uns ist lediglich eine Arbeit bekannt, die Informationsasymmetrie als Ursa-che der schleppenden Marktentwicklung identifiziert. [Tamm03, 223] überträgt das von *Williamson* entwickelte „Organizational Failure Framework" auf den ASP-Markt, um die vorherrschende Informationsasymmetrie zu bestimmen. Die Erkenntnis lautet [Tamm03, 24]: „Aus den Ergebnissen der Studien kann eine Informationsasymmetrie zwischen Angebot und Nachfrage abgeleitet werden und die Theorie des Marktversagens nach Akerlof bestätigt werden."

1.2   Problemstellung

Die Evaluation der Qualität des Leistungsbündels eines Application Service Providers (kurz: ASP-Qualität) ist für potenzielle Kunden ex ante (d.h. vor Abschluss des Outsourcing-Vertrages) schwierig. Ursachen dafür sind die Intransparenz des Angebots am ASP-Markt [CuSe01, 130; Günt01, 555], die Komplexität der ASP-Wertschöpfung [c-qu01, 20; Groh02, 66; Schä01, 81] und die Tatsache, dass potenzielle Kunden noch keine empirische Erfahrung mit der ASP-Qualität haben [Susa03, 97].

[Aker70] konnte nachweisen, dass ungleich verteilte Informationen hinsicht-lich der Qualität von Gebrauchtwagen – der Verkäufer ist über die Qualität eines Gebrauchtwagens besser informiert als der Käufer – zu einer Verringe-rung der Markttransaktionen führt. Überträgt man dieses Marktphänomen auf den ASP-Markt, so kann angenommen werden, dass die Schwierigkeit der Ex-ante-Evaluation der ASP-Qualität eine Ursache der bisher zögerlichen Entwick-lung des ASP-Marktes ist. [Aker70, 495] beschreibt diese Qualitätsunsicherheit treffend: „*The purchaser's problem, of course, is to identify quality.*"

1.3   Zielsetzung und Aufbau des Beitrags

Ziel des Beitrags ist es, festzustellen, ob am österreichischen ASP-Markt Quali-tätsunsicherheit vorherrscht. Einleitend werden die theoretischen Grundlagen der Informationsökonomie präsentiert. Danach wird anhand eines Marktmodells gezeigt, dass asymmetrisch – zugunsten des Anbieters – verteilte Informationen eine Ursache der bisher zögerlichen Entwicklung des ASP-Marktes sein könn-ten. Aufbauend auf diesem theoretischen Modell werden Untersuchungsmetho-dik und Befunde einer in Österreich durchgeführten empirischen Studie, die Aufschluss über die vorherrschende Qualitätsunsicherheit gibt, präsentiert.

2   Kernbegriffe

ASP

[Hein04, 75] definiert Application Service Providing bzw. Application Service Provider als eine Dienstleistung bzw. einen Dienstleister, der Anwendern gegen Entgelt Standardsoftware ohne bzw. mit einem geringen Umfang an Customizing zur Verfügung stellt (sog. one-to-many-approach) und in einem Service-Rechenzentrum betreibt. Der Dienstleister sorgt für die Software-Lizenz, die Wartung und die Aktualisierung der Software und stellt in geeigneter Form Unterstützung zur Verfügung (Benutzerservice). Der Zugriff durch die Benutzer erfolgt über verschiedene Verbindungen (insbesondere Internet und Standleitungen sowie Satellitenverbindung). Neuere Technologien wie GPRS (General Packet Radio Service) und UMTS (Universal Mobile Telecommunications Systems) erweitern die Zugriffsmöglichkeit.

ASP-Wertschöpfung

Nach [MüLe03, 369] wird unter Wertschöpfung der Prozess des Schaffens von Mehrwert als Resultat einer Eigenleistung verstanden, die eine Differenz zwischen dem Wert der Abgabeleistungen und der übernommenen Vorleistungen schafft (vgl. dazu auch die Ausführungen von [Port99, 34]). ASPs schaffen für ihre Kunden Wert, indem sie nutzenstiftende Tätigkeiten verrichten, die zu einer oder mehreren von sechs Wertschöpfungsstufen gehören, wie in Abbildung 2 dargestellt [c-qu01, 19]. Aufgrund der Komplexität des Wertschöpfungsprozesses lagern ASPs in der Regel selbst Teile der Wertschöpfung an Partnerfirmen aus (z.B. den Rechenzentrumsbetrieb).

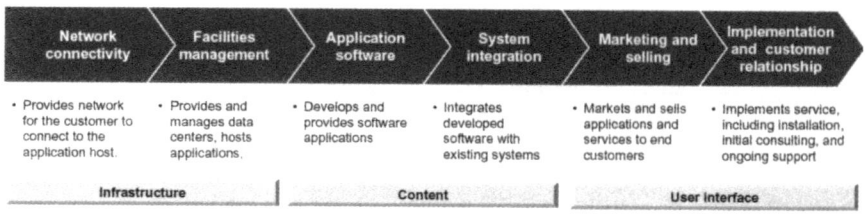

Abbildung 2: ASP-Wertschöpfung [c-qu01, 19]

Dienstleistungsqualität

Nach der Deutschen Gesellschaft für Qualität e.V. (www.dgq.de) bezeichnet Qualität im Allgemeinen die Gesamtheit von Merkmalen (und Merkmalswerten) einer Einheit bezüglich ihrer Eignung, festgelegte und vorausgesetzte Erfordernisse zu erfüllen. Qualität bezeichnet damit die realisierte Beschaffenheit einer Leistungseinheit bezüglich der Qualitätsforderung. Da es sich beim ASP um eine Dienstleistung handelt, ist diesem Beitrag folgende Definition von [Bruh97, 27] zugrunde gelegt: „Dienstleistungsqualität ist die Fähigkeit eines

Anbieters, die Beschaffenheit einer primär intangiblen und der Kundenbeteiligung bedürfenden Leistung gemäß den Kundenerwartungen auf einem bestimmten Anforderungsniveau zu erstellen. Sie bestimmt sich aus der Summe der Eigenschaften bzw. Merkmale der Dienstleistung, bestimmten Anforderungen gerecht zu werden."

Lock-in-Effekt
Nach [Will90, 61] wird damit eine Situation bezeichnet, bei der es durch Transaktionen, die von Investitionen in dauerhafte, transaktionsspezifische Ressourcen gestützt werden, zu einer restriktiven Bindung an den Vertragspartner kommt. Opportunistisches Verhalten des Vertragspartners kann daher durch die andere Partei nur zu hohen Kosten sanktioniert werden.

Qualitätsunsicherheit
Damit wird die Ungewissheit potenzieller Kunden über die Qualitätsfähigkeit von Anbietern vor Abschluss des Kooperationsvertrages bezeichnet.

3   Theoretische Grundlagen der Informationsökonomie

[Haye45] betonte bereits im Jahr 1945, dass das Grundproblem wirtschaftlicher Aktivitäten darin liegt, dass kein Marktteilnehmer über alle Informationen in ihrer Gesamtheit verfügt. Nach [Adle96, 11] beschäftigt sich die Informationsökonomie – die neben der Property-Rights-Theorie, der Transaktionskostentheorie, der Prinzipal-Agenten-Theorie und der Theorie unvollständiger Verträge ein Teilbereich der Neuen Mikroökonomischen Theorie ist – mit der Analyse von Märkten bei asymmetrischer Informationsverteilung und Unsicherheit. Angenommen wird, dass die Beschaffung von Informationen Kosten verursacht. Modelle der Informationsökonomie beziehen sich sowohl auf einzelwirtschaftliche als auch auf markttheoretische Aspekte. Im ersten Fall stehen die Informationsbeschaffung der schlechter informierten Marktteilnehmer (Screening) und die Informationsübertragung der besser informierten Marktteilnehmer (Signalling) im Mittelpunkt der Betrachtung. Im zweiten Fall – der in Kapitel 4 dieses Beitrags thematisiert wird – werden die Auswirkungen asymmetrischer Informationsverteilung auf Marktstruktur, Marktgleichgewicht und Preismechanismus untersucht.

3.1   Qualitätsunsicherheit

Ausgangspunkt der folgenden Überlegungen ist die Delegation einer Entscheidung, die dadurch gekennzeichnet ist, dass eine ausführende Partei – der Agent – von einer anderen Partei – dem Prinzipal – die Erledigung einer Aufgabe übertragen bekommt. Nach [Jost01, 1] sind zeitliche, physische oder kognitive Restriktionen des Prinzipals und/oder komparative Stärken des Agenten die Ursache solcher Delegationsentscheidungen. Bei der Bestimmung der Leistungsfähigkeit des Agenten – in diesem Beitrag ist das der ASP – wird für den Prinzipal – der potenzielle Kunde – das Problem asymmetrischer Informationsverteilung offenkundig. Der Agent kennt seine eigenen qualitätsdeterminierenden Verhaltensmerkmale (z.B. Qualifikationen, Kompetenzen, Fähigkeiten) besser als der Prinzipal. Dieser Informationsvorsprung eröffnet dem ASP die Chance, sein Nutzenniveau – auf Kosten des potenziellen Kunden – durch eine täuschende und unvollkommene Selbstdarstellung dieser Verhaltensmerkmale zu erhöhen. Der potenzielle Kunde wird aufgrund der täuschenden und unvollkommenen Selbstdarstellung des Anbieters falsche Erwartungen an die ASP-Qualität haben. Aufgrund der hohen Erwartungen wird nach [Beer98, 44] eine entsprechend hohe Entlohnung im Outsourcing-Vertrag vereinbart. [Clem00, 27] beschreiben die Problematik treffend: „*With the difficulties in assessing competencies before contracting, clients rely on vendors to reveal their abilities honestly. This provides vendors with strong incentives to misrepresent their abilities to win lucrative contracts.*" In der Fachliteratur wird ein solcher Sachverhalt als Qualitätsunsicherheit bezeichnet. Die Begriffe *Hidden Information, Quality Uncertainty, Hidden Characteristics* und *Hidden Qualities* werden synonym verwendet [Aker70, 499; Jost01, 28; Sche99, 41; Spre90, 566].

[Spre90, 566] unterscheidet verschiedene Informationsasymmetrietypen. Verhaltensmerkmale des Agenten können für den Prinzipal vor Vertragsabschluss (ex ante), während der Vertragslaufzeit (ex post) oder weder ex ante noch ex post beobachtbar sein. Im ersten Fall handelt es sich um die hier thematisierte Qualitätsunsicherheit. Der zweite Fall wird als *Hidden Action*, der dritte als *Hidden Intention* bezeichnet. Nach [Spre90, 563] treten die drei Informationsasymmetrietypen in praktischen Kooperationsbeziehungen meist in Kombination auf. Auf eine Erklärung von Hidden Action und Hidden Intention im Kontext von IT-Outsourcing-Beziehungen wird an dieser Stelle verzichtet.

[Günt01, 557] schreiben, dass die Leistung eines ASPs als Kontraktgut – d.h. als zukünftiges Leistungsversprechen – betrachtet werden kann. Sie sehen daher in der Formulierung von Service Level Agreements (SLAs) eine Möglichkeit, das Qualitätsrisiko auf den Anbieter zu übertragen. Dies geschieht beispielsweise durch die Festsetzung von Vertragsstrafen oder Schadenersatzpauschalen, die bei Nichteinhaltung vereinbarter Qualitätsniveaus durch den ASP an den Kunden zu bezahlen sind [Schr00, 165]. Wir weisen darauf hin, dass [Günt01, 565] selbst – nach Analyse von Webseiten und Dokumenten von 65 Anbietern aus den USA, Europa und Asien – feststellen, dass lediglich 17 % Angaben zu SLAs machen; standardisierte SLAs oder beispielhafte Vorlagen für SLAs waren überhaupt nicht zu finden. Uns sind keine Studien bekannt, die über signifikante Veränderungen dieses Umstands berichten.

Speziell für kleine und mittlere Unternehmen – die von Experten als Hauptzielgruppe von ASPs angesehen werden [Groh02, 18] – ist jedoch die Formulierung von SLAs eine kaum zu bewältigende Aufgabe, weil das hierzu nötige juristische und technische Wissen in der Regel fehlt. Zudem ist die Durchsetzung vertraglicher Ansprüche vor Gericht kostspielig und risikoreich. Bislang liegt kein höchstrichterlicher Rechtsspruch vor, der klärt, um welche Art von Vertrag (Miet-, Dienst- oder Werkvertrag) es sich bei ASP-Kontrakten handelt [BrWa02, 98; RDB04]. Da sich aber aus der Vertragsart Rechte und Pflichten der Parteien ableiten, ist selbst durch die Unterzeichnung eines ASP-Vertrages – dessen wesentlicher Bestandteil SLAs sind – nicht vollständig geklärt, wie sich die Risikoverteilung in der konkreten Vertragsbeziehung gestaltet [BrWa02, 98; Schr00]. Zudem weisen [Clem00, 66] darauf hin, dass speziell beim IT-Outsourcing das Verfassen „vollständiger" Verträge unmöglich ist: *„An inherent difficulty of IT outsourcing is the inability to construct a comprehensive contract. Identifying all possible contingencies and specifying appropriate actions in each contingency is beyond the scope of any reasonable contract."*

[Nels70; DaKa73] entwickelten einen Erklärungsansatz, der drei verschiedene Eigenschaften von Produkten bzw. Dienstleistungen unterscheidet: Such-, Erfahrungs- und Vertrauensqualitäten. Als Suchqualitäten werden solche Eigenschaften bezeichnet, die der Nachfrager vor dem Kauf des Produkts bzw. der Inanspruchnahme der Dienstleistung beurteilen kann. Erfahrungsqualitäten können erst nach dem Kauf des Produkts oder während der Inanspruchnahme der Dienstleistung beurteilt werden. Vertrauensqualitäten sind selbst nach dem Kauf des Produkts bzw. der Inanspruchnahme der Dienstleistung kaum zu beurteilen. Ein Großteil der Teilleistungen der von einem ASP erbrachten Gesamtleistung kann vom Kunden während ihrer Inanspruchnahme beurteilt werden (z.B. Verfügbarkeit der ausgelagerten Applikation). ASP ist folglich eine *Erfahrungsqualität*, von der angenommen werden kann, dass durch Teststellungen die Qualität ex ante beurteilt werden kann. Da sich Anbieter möglicherweise opportunistisch verhalten, indem sie für das Management von Teststellungen einen größeren Aufwand betreiben als für den „Echtbetrieb", ist ein Rückschluss von der „Testqualität" auf die „Echtqualität" nur eingeschränkt möglich. Zudem ist es unmöglich, aufgrund von Teststellungen auf die Leistungsfähigkeit bestimmter Qualitätsmerkmale (z.B. Customizing, Skalierbarkeit, Systemintegration) zu schließen.

Aufgrund obiger Ausführungen kann angenommen werden, dass Qualitätsunsicherheit ein am ASP-Markt relevantes Problem ist. Untermauert wird dies durch [Knol00, 445], der in seiner Argumentebilanz unter „Contra ASP" anführt, dass die Aussagen von Anbietern zur Leistung nicht notwendigerweise der Realität entsprechen, weil aufgrund von Informationsasymmetrien eine Verifizierung nur schwer möglich ist.

3.2   Adverse Selection

Eine negative Auswirkung von Qualitätsunsicherheit auf Marktstruktur und -gleichgewicht ist die Problematik der *Adverse Selection* – in der deutschsprachigen Fachliteratur auch als „negative Auslese" [Vari04, 690] bzw. als „Auswahl eines ungeeigneten Vertragspartners" [Beer98, 45] bezeichnet – die nach [Aube03, 182] wie folgt beschrieben wird: „*Adverse selection will develop when the client cannot observe the characteristics of the supplier and cannot ascertain the validity of its claims. Failure to deal adequately with adverse selection will make it difficult for the client to choose the right supplier. In the worst case scenario, the client attracts bad risks. In outsourcing contracts, the client will have very limited information to select its supplier. All potential suppliers will likely claim superior expertise.*"

Adverse Selection wurde erstmals im Jahr 1970 bei [Aker70] thematisiert. Die Erkenntnis dieser Arbeit ist, dass Qualitätsunsicherheit zur Ineffizienz von Märkten – konkret handelt es sich um einen Gebrauchtwagenmarkt – führen kann, da Anbieter von niedriger Qualität Anbieter von hoher Qualität vom Markt verdrängen.

4 ASP-Marktmodell

Im Folgenden wird anhand eines Marktmodells in beispielhafter Form gezeigt, dass Qualitätsunsicherheit eine mögliche Ursache der bisher zögerlichen Entwicklung des ASP-Marktes ist. Nach unserer Auffassung besteht zwischen dem Gebrauchtwagenmarkt und dem ASP-Markt insofern eine Gemeinsamkeit, als die Frequenzen des Autokaufs und des Vertragsabschlusses mit einem ASP ähnlich sind: Ein Gebrauchtwagen wird typischerweise in mehrjährigem Intervall angeschafft, ASP-Verträge weisen nach [Groh02, 129] in der Regel eine mehrjährige Laufzeit auf. In Anlehnung an [Aker70; Vari04, 687] werden beispielhaft folgende Annahmen getroffen:

1. 100 ASPs bieten ihre Leistungen an, 100 Kunden fragen diese Leistungen nach;
2. alle Marktteilnehmer wissen, dass eine Hälfte der ASPs hohe Qualität (ASP_h), die andere Hälfte niedrige Qualität anbietet (ASP_n);
3. alle ASPs sind über ihre Qualität informiert, die Kunden hingegen nicht – Informationen über die ASP-Qualität sind daher asymmetrisch zugunsten der Anbieter verteilt;
4. ein ASP_n wäre bereit, seine Leistung zu einem Preis von € 100 pro Benutzer und Monat anzubieten, ein ASP_h zu einem Preis von € 200, am Markt bieten jedoch beide zu € 200 an, ihre Qualität ist aus dem Preis für die Kunden nicht erkennbar; alle geben vor, Anbieter hoher Qualität zu sein;
5. die monatliche Zahlungsbereitschaft der Kunden beträgt für niedrige ASP-Qualität € 120 und für hohe ASP-Qualität € 240;
6. Kunden sind risikoneutral;
7. Lock-in-Effekte werden nicht berücksichtigt;
8. zwischen den Kunden findet kein Informationsaustausch statt.

4.1   ASP-Markt ohne Qualitätsunsicherheit

Würde auf diesem Markt keine Qualitätsunsicherheit bestehen, so würde niedrige ASP-Qualität zu einem Preis im Intervall von € 100 bis € 120 und hohe ASP-Qualität zu einem Preis im Intervall von € 200 bis € 240 gehandelt werden. Zu welchem exakten Preis die Markttransaktion stattfinden würde, hängt von der Verhandlungsmacht der Vertragsparteien ab, die wiederum vor allem durch die Größe des ASPs in Relation zum potenziellen Kunden determiniert ist. Man beachte die Schnittpunkte der Angebots- und der Nachfragelinien in Abbildung 3, sie sind eingekreist. Auf der Abszisse ist Anzahl der am Markt stattfindenden Transaktionen aufgetragen, auf der Ordinate der Preis in Euro. Durch die gestrichelte Angebotslinie wird dargestellt, dass bis zu einem Preis von € 99 kein ASP seine Leistungen am Markt anbietet. Bei einem Preis von € 100 bieten 50 ASP_n ihre Leistungen an. Bei einem Preis von € 200 bieten auch die 50 ASP_h ihre Leistungen an (in Abbildung 3 als kumuliertes Angebot, A_{kum}, bezeichnet). Durch die horizontalen Nachfragelinien (N) wird dargestellt, dass Kunden für niedrige Qualität € 120 bezahlen, für hohe Qualität werden € 240 bezahlt.

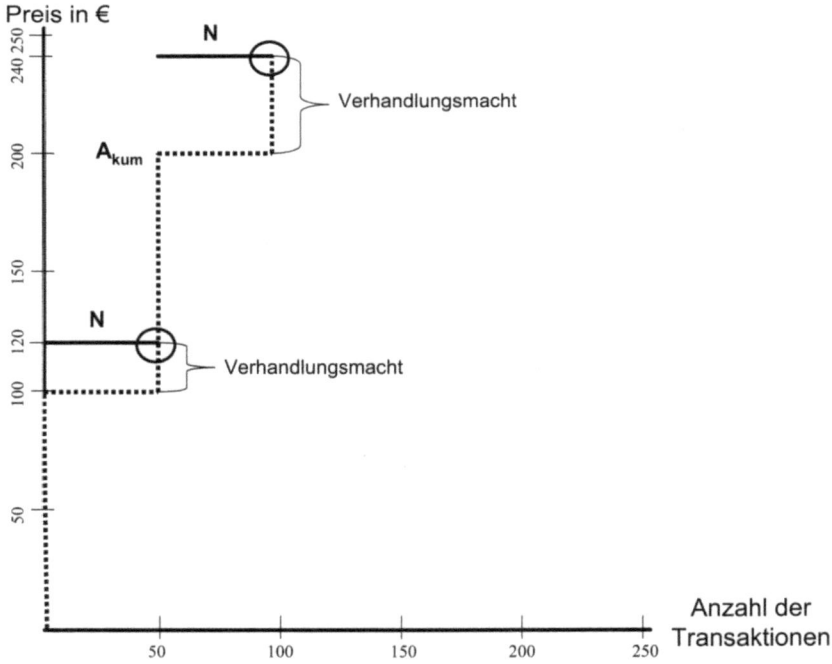

Abbildung 3: ASP-Markt ohne Qualitätsunsicherheit

4.2   ASP-Markt mit Qualitätsunsicherheit und bekannter Qualitätsrelation

Die entscheidende Frage lautet jedoch: Was geschieht auf diesem Markt, wenn die Kunden die ASP-Qualität ex ante nicht beurteilen können? In diesem Fall müssen die Kunden abschätzen, wie viel die von einem ASP angebotene Qualität wert ist. Aus Annahme (2) und (6) folgt, dass ein Kunde bereit ist, den Erwartungswert der ASP-Qualität (€ 120 • 0,5 + € 240 • 0,5 = € 180) zu bezahlen. Bei diesem Betrag sind jedoch nur ASP_n bereit, ihre Leistungen am Markt anzubieten. Andererseits wäre aber ein Kunde nicht bereit € 180 zu bezahlen, wenn er mit Sicherheit wüsste, dass die ASP-Qualität niedrig ist. Als Konsequenz bieten auf diesem Markt nur ASP_n ihre Leistungen an, da die ASP_h vom Markt verdrängt werden bzw. gar nicht in diesen eintreten. Am Markt finden lediglich 50 der 100 möglichen Transaktionen statt. In Abbildung 4 ist dieser Sachverhalt dargestellt. Man sieht, dass die Nachfragelinie lediglich die Angebotslinie ASP_n schneidet, nicht jedoch die Angebotslinie ASP_h, die erst bei einem Preis von € 200 entspringt. Es wird daher die Problematik der *Adverse Selection* offenkundig.

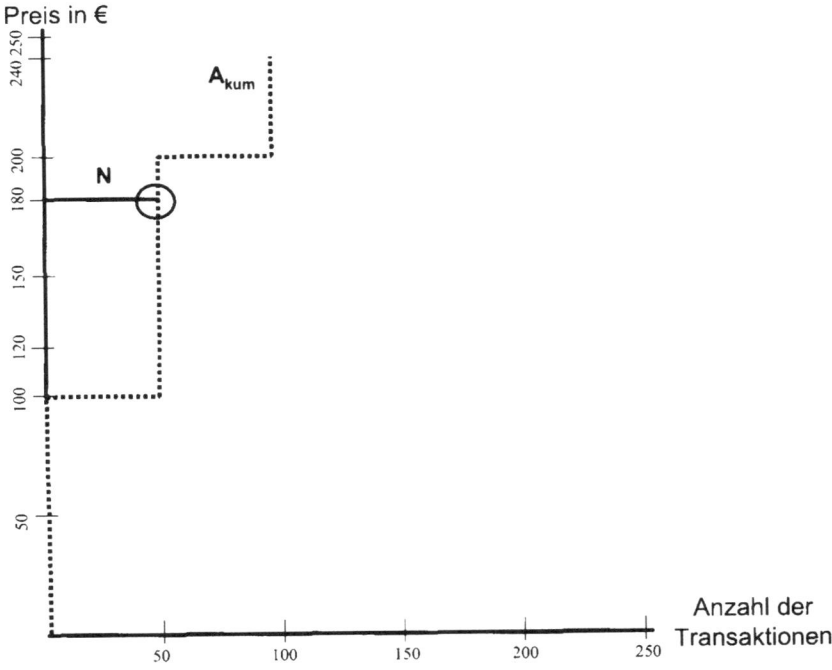

Abbildung 4: ASP-Markt mit Qualitätsunsicherheit und bekannter Qualitätsrelation

4.3   *ASP-Markt mit Qualitätsunsicherheit und unbekannter*
       Qualitätsrelation

Es wurde bislang stets unterstellt, dass den Kunden die Relation von ASP_h zu ASP_n bekannt ist. Wenn Annahme (2) aufgeben und nunmehr – realitätsnäher – postuliert wird, dass jeder potenzielle Kunde diese Relation subjektiv einschätzt, so ergibt sich folglich auch für jeden potenziellen Kunden ein individueller Erwartungswert. Nehmen wir an, dass jede mögliche Relation von ASP_h zu ASP_n mit der gleichen Wahrscheinlichkeit auftritt (d.h. die Erwartungswerte der 100 Kunden sind gleich verteilt). Eine solche Verteilung kommt zustande, wenn $Kunde_1$ die Relation von ASP_h zu ASP_n mit 0 zu 100, $Kunde_2$ mit 1 zu 99, ..., $Kunde_{99}$ mit 98 zu 2 und $Kunde_{100}$ mit 99 zu 1 einschätzt.

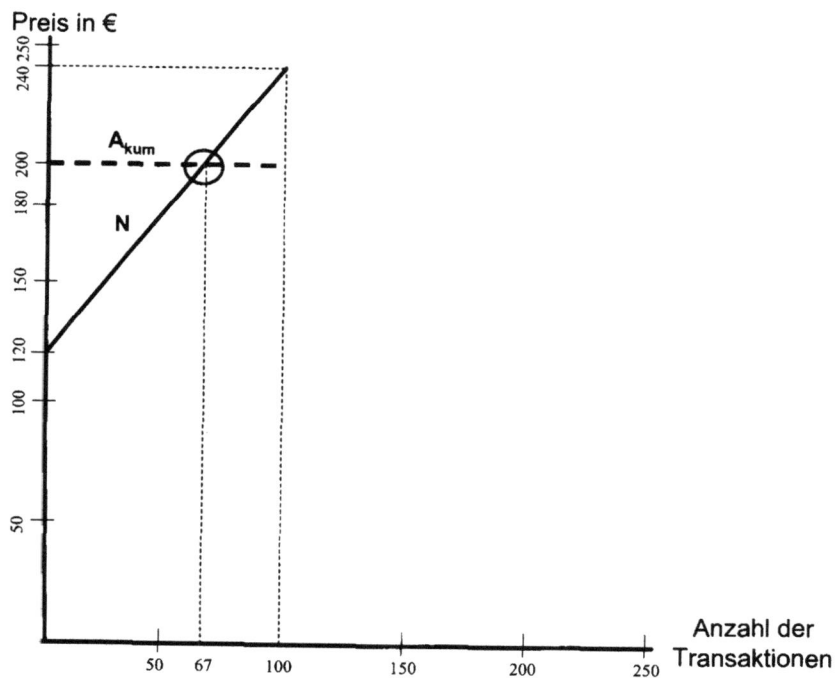

Abbildung 5:   ***ASP-Markt mit Qualitätsunsicherheit und unbekannter Qualitätsrelation***

Dem Zahlenbeispiel folgend wird es demnach bei Qualitätsunsicherheit auch Transaktionen auf dem Marktsegment der ASP_h geben, die jedoch geringer sein werden als bei Sicherheit. Das entspricht der beobachteten zögerlichen Marktentwicklung eher als dem in Abschnitt 4.2 beschriebenen kompletten Verschwinden von ASP_h. Nur jene Kunden, welche die Relation von ASP_h zu ASP_n zumindest mit ⅔ zu ⅓ einschätzen, werden einen Preis von mindestens € 200 bezahlen (€ 120 • (1 - ⅔) + € 240 • ⅔ = € 200). Wie in Abbildung 5 dargestellt, wird von den 100 möglichen Markttransaktionen lediglich ein Drittel zustande kommen. Das sind jene 33 Transaktionen, die zwischen dem Schnittpunkt von N mit A_{kum} und den maximal 100 möglichen Transaktionen liegen. Andere Annahmen hinsichtlich der Verteilung der Erwartungen der Kunden (z.B. normal verteilte Werte) führen zu ähnlichen Ergebnissen, d.h. nicht alle ASP_h werden vom Markt verdrängt.

In Abbildung 6 ist dargestellt, wie sich der Markt in der ersten Vertragsperiode entwickeln wird. In Ebene 1 ist die Ausgangssituation dargestellt – aufgrund der subjektiven Einschätzung des Marktes wird ⅓ der möglichen Markttransaktionen stattfinden. In Ebene 2 ist visualisiert, dass mit einer jeweils 50%igen Wahrscheinlichkeit (P) ein ASP_h oder ASP_n mit einem Kunden kontrahiert, was dann jeweils 1/6 des Gesamtmarktes ist. Ebene 3 zeigt, mit welcher Wahrscheinlichkeit ein Kunde auf die von ihm nachgefragte Qualität stößt. Ebene 4 zeigt, dass vier mögliche Pfade existieren, die im Folgenden beschrieben werden.

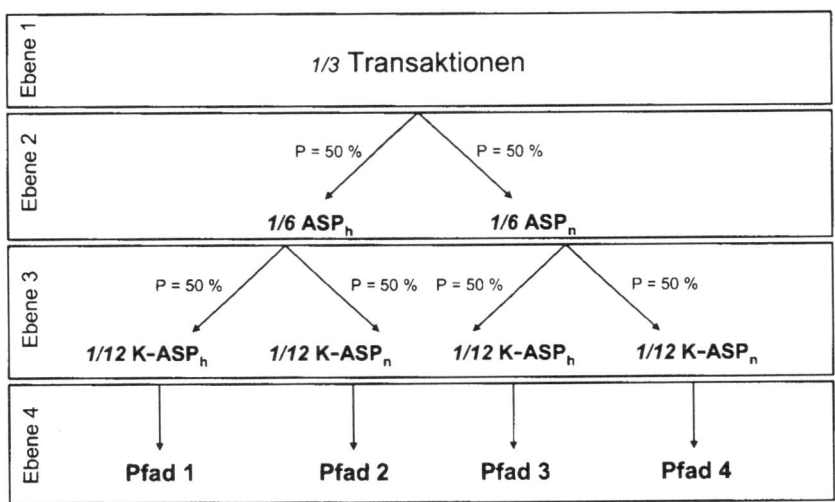

Abbildung 6: Entwicklung des ASP-Marktes in der ersten Vertragsperiode

Pfad 1: Ein Kunde, der hohe Qualität nachfragt, trifft auf einen ASP_h. Nach Ablauf der ersten Vertragsperiode ist zu erwarten, dass der Vertrag zu einem Preis im Intervall von € 200 bis 240 verlängert wird.

Pfad 2: Ein Kunde, der niedrige Qualität nachfragt, trifft auf einen ASP_h. Nach Ablauf der Vertragsperiode wird der Kunde mit einem anderen Anbieter kontrahieren. Der Grund hierfür liegt darin, dass der Kunde für nicht geforderte Leistungen bezahlen muss. Die Wahrscheinlichkeit, in der zweiten Vertragsperiode auf einen passenden (d.h. auf einen ASP_n) zu treffen, beträgt 50 %. Alle Kunden dieses Pfades werden so lange nach Ablauf jeder Vertragsperiode mit einem anderen ASP kontrahieren, bis sie auf einen ASP_n getroffen sind, mit dem sie schließlich zu einem Preis im Intervall von € 100 bis 120 kontrahieren.

Pfad 3: Ein Kunde, der hohe Qualität nachfragt, trifft auf einen ASP_n. Es ist zu erwarten, dass dieser Kunde bei Vertragsende – aufgrund seiner negativen Erfahrung – keine ASP-Lösung mehr nutzen wird; er scheidet aus dem ASP-Markt aus.

Pfad 4: Ein Kunde, der niedrige Qualität nachfragt, trifft auf einen ASP_n. Nach Ablauf der ersten Vertragsperiode ist zu erwarten, dass der Vertrag zu einem Preis im Intervall von € 100 bis 120 verlängert wird.

Langfristig werden auf dem Markt 1/6 der möglichen 100 Transaktionen (in unserem Beispiel ~17 Transaktionen) im Marktsegment niedriger Qualität stattfinden (Summe aus Pfad 2 und 4); 1/12 (~8 Transaktionen) werden im Segment hoher Qualität stattfinden (Pfad 1). Als Fazit wird festgehalten, dass auf diesem ASP-Markt wegen der vorherrschenden Qualitätsunsicherheit bei unbekannter Qualitätsrelation langfristig lediglich 25 der möglichen 100 Transaktionen zustande kommen werden.

5   Qualitätsunsicherheit am österreichischen ASP-Markt

Im Januar 2003 sind das Institut für Personal- und Organisationsentwicklung in Wirtschaft und Verwaltung an der Johannes Kepler Universität Linz (ipo) und die ASP GROUP AUSTRIA[1] eine Forschungskooperation eingegangen. Ein Ziel der Kooperation war, durch eine empirische Untersuchung das Ausmaß der am österreichischen ASP-Markt vorherrschenden Qualitätsunsicherheit zu bestimmen.

5.1   Untersuchungsmethodik

Die Datenerhebung erfolgte mittels Online-Fragebogen, der aufgrund des hohen Standardisierungsgrades, der Zeit- und Ortsunabhängigkeit der befragten Personen sowie der flexiblen und effektiven Auswertungsmöglichkeiten das geeig-

---

[1] Die ASP GROUP AUSTRIA (www.asp-group.at) ist eine Arbeitsgruppe des Verbandes der österreichischen Internetanbieter (Internet Service Providers Austria, ISPA) und fördert die Einführung und Verbreitung des ASP-Modells.

netste Instrument zur Datenerhebung war. Er bestand aus zwei Teilen mit insgesamt 16 Fragen. Im allgemeinen Teil wurden Unternehmensgröße, Sitz der Unternehmenszentrale, Branche, Stellung der befragten Person im Unternehmen sowie Geschlecht, Alter und Ausbildung abgefragt. Zudem wurde die Zeitdauer für das Ausfüllen des Fragebogens erfasst. Optional konnte der Befragte seine E-Mail-Adresse angeben, um Informationen zum Thema „ASP" zu erhalten und zu künftigen ASP-Veranstaltungen eingeladen zu werden. Damit sollte ein Anreiz für die Befragten geschaffen werden, sich an der Befragung zu beteiligen.

Inhaltliches Kernstück des Fragebogens waren sieben Fragen, die Aufschluss über den „Status Quo" der in Österreich nachgefragten und angebotenen ASP-Qualität geben. Neben grundsätzlichen Fragen (Sind Sie bereits ASP-Kunde? Wenn ja, welche Anwendung haben Sie an welchen ASP ausgelagert? Wie ausgeprägt ist Ihr Verhältnis zum Thema „ASP"?) wurde die Bedeutung von 20 Qualitätsmerkmalen sowie die von den Befragten wahrgenommene Leistungsfähigkeit österreichischer ASPs hinsichtlich dieser Qualitätsmerkmale abgefragt. Durch die Gegenüberstellung von Bedeutung und wahrgenommener Leistungsfähigkeit der Qualitätsmerkmale konnten Aufschlüsse über die ASP-Qualität gewonnen werden. Zusätzlich wurde erhoben, welcher der zwei Faktoren „Qualität" bzw. „Preis" die Entscheidung über die Auswahl eines ASPs eher beeinflusst. Abschließend wurde nach einer Einschätzung der wahrgenommenen Qualitätsunterschiede zwischen österreichischen ASPs gefragt, um die Qualitätsunsicherheit direkt zu erfragen.

Die Datenerhebung erfolgte mit Unterstützung der Wirtschaftskammer Österreich über deren Webportal (http://portal.wko.at/) im Zeitraum von 2. April bis 19. Mai 2003. Insgesamt gelangten die Daten von 104 Online-Fragebögen zur Auswertung.

5.2   Struktur der Stichprobe

In Abbildung 7 ist die Verteilung der Beschäftigtenanzahl dargestellt. Mehr als drei Viertel der befragten Unternehmen haben zwischen 10 und 249 Beschäftigte. In etwa jedes fünfte Unternehmen hat weniger als 10 Beschäftigte, jedes zwanzigste mehr als 250 Beschäftigte. Die durchschnittliche Beschäftigtenanzahl beträgt 73 Mitarbeiter (Standardabweichung 109 Mitarbeiter).

Abbildung 8 zeigt die Branchenstruktur der Stichprobe. Beinahe jedes fünfte befragte Unternehmen kommt aus der EDV/Datenverarbeitungs-Branche. Auffällig ist, dass sich wesentlich mehr Unternehmen aus Dienstleistungsbranchen an der Befragung beteiligten als aus Industrie und Produktion. In die Kategorie „Anderes" fallen beispielsweise Baugewerbe, Banken, Gesundheit und Bildung.

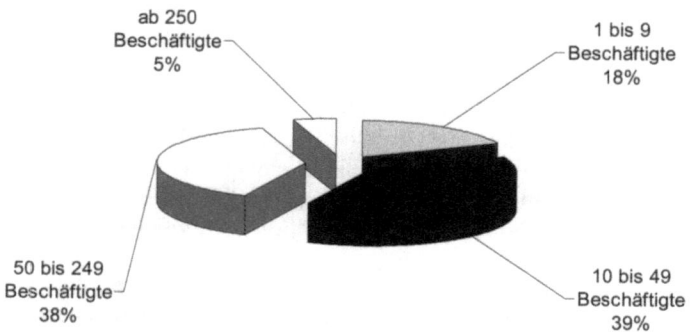

Abbildung 7: Größe der befragten Unternehmen; N = 104

Mehr als drei Viertel der Befragten befinden sich in leitenden Positionen
(76 %), wobei der Großteil Geschäftsführer sind (37 %), gefolgt von EDV-
Leitern (21 %), sonstigen leitenden Positionen (14 %) und Leitern des Controlling (4 %).

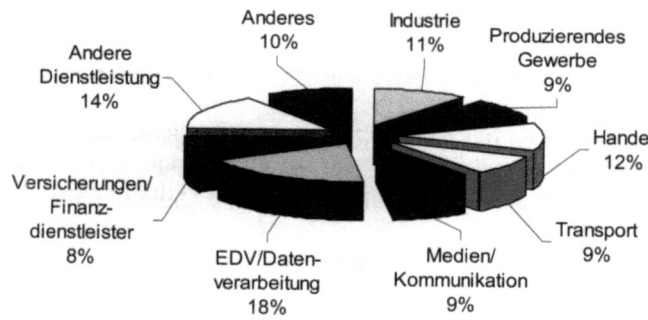

Abbildung 8: Branchenstruktur der Stichprobe; N = 104

5.3   ASP-Qualität-Messmodell

Um Aufschlüsse über die am österreichischen ASP-Markt vorherrschende Qualitätsunsicherheit zu gewinnen, musste ein Modell zur Messung von ASP-
Qualität entwickelt werden. Bei dem entwickelten Messmodell handelt es sich
um ein *multiattributives Messmodell*. Das bedeutet, dass sich die ASP-Qualität
aus den Teilqualitäten verschiedener Qualitätsmerkmale zusammensetzt. Multiattributive Messmodelle folgen nach [Kroe92, 311] dem Muster der folgenden
Funktion:

$$Q_{ij} = f(W_{ij1}, W_{ij2}, ..., W_{ijn})$$

wobei gilt:

Q_{ij} Wahrnehmung der Gesamtqualität der Dienstleistung j durch den Konsumenten i;

W_{ijk} Wahrnehmung des Qualitätsmerkmals k der Dienstleistung j durch den Konsumenten i (k = 1, ..., n).

Das Messmodell basiert auf der *direkten, zufriedenheitsorientierten Qualitätsmessung in der Ausprägung eines Zweikomponentensatzes.* Das bedeutet, dass das positive bzw. negative Qualitätsurteil der Kunden als Diskrepanz zwischen erwarteter und erlebter Leistung abgefragt wird, wobei Bedeutungs- und Eindruckskomponente getrennt erfasst werden [Hent00, 299]. Die Qualitätsmerkmale werden auf zwei vierstufigen ordinalen Skalen gemessen. Auf der Skala „Bedeutung" wird die Wichtigkeit (synonym: Bedeutung oder Relevanz) der Qualitätsmerkmale gemessen. Auf der Skala „Wahrgenommene Leistungsfähigkeit" wird die aus Kundensicht wahrgenommene Leistungsfähigkeit des Anbieters gemessen. Zur Messung werden folgende Skalen verwendet:

Bedeutung	Wahrgenommene Leistungsfähigkeit
1 = irrelevant	1 = sehr schlecht
2 = kaum relevant	2 = eher schlecht
3 = relevant	3 = eher gut
4 = sehr relevant	4 = sehr gut

In Tabelle 1 sind jene 20 Qualitätsmerkmale aufgelistet, deren Bedeutung und Leistungsfähigkeit von den Befragten beurteilt werden sollte. Sie wurden den drei Schlüsselbereichen *Applikation, Sicherheit* und *Services* zugeordnet und in allgemein verständlicher Weise – zu einem Großteil in Anlehnung an [Hein02, 383ff.] – definiert (siehe dazu Tabelle 1).

Die Identifikation der Qualitätsmerkmale erfolgte durch Analyse der folgenden Quellen:

⇒   Bücher, die den Begriff „ASP" im Titel führen: [Scne00], [Köhl01], [Eugs02], [Fact02], [Groh02], [Köhl02];

⇒   Bücher mit Beiträgen, die den Begriff „ASP" im Titel führen: [Küch00], [Stef00], [CuSe02], [KeWi02], [Kuhl02], [Smit02], [Swin02], [Spar03, 227];

⇒   Beiträge in Zeitschriften, die den Begriff „ASP" im Titel führen: [Sinn99], [BeNe00], [IM&C00], [Jupp00], [Knol00], [Neuh00], [CuSe01], [Günt01], [BrWa02], [Susa03].

Zudem wurden Merkmale durch Untersuchung der ASP-Wertschöpfung [c-qu01, 20; Groh02, 66; Schä01, 81], durch eigene explorative Untersuchungen und durch Diskussion im Rahmen von Workshops identifiziert.

Die Befragten wurden aufgefordert, bei fehlendem Urteilsvermögen keine Beurteilung abzugeben. Zudem hatten sie die Möglichkeit, zusätzliche Qualitätsmerkmale anzugeben, die jedoch bei der Auswertung nicht berücksichtigt wurden, weil sich andernfalls für jeden Befragten eine individuelle Anzahl an Merkmalen ergeben hätte.

Tabelle 1: Qualitätsmerkmale und Schlüsselbereiche

Applikation	Sicherheit	Services
Benutzerfreundlichkeit (BE) Damit wird die Steuerbarkeit der Applikation durch den Benutzer beurteilt (z.B. Gestaltung der Benutzeroberfläche).	**Bestandsdauer (BD)*** Damit werden die bisherige Lebensdauer des ASPs und die Wahrscheinlichkeit des zukünftigen Fortbestandes des ASPs beurteilt.	**Ansprechpartner (AN)** Damit wird beurteilt, ob der ASP dem Anwender einen bestimmten Mitarbeiter als Kontaktperson zur Verfügung stellt.
Customizing (CU) Damit wird die Anpassungsfähigkeit der Applikation an die betrieblichen Geschäftsprozesse beurteilt.	**Datenrückführung (DR)*** Damit wird die Art und Weise der Rückführung ausgelagerter Daten zum Anwender aufgrund geplanter (z.B. Vertragsende) und ungeplanter Ereignisse (z.B. Insolvenz) beurteilt.	**Benutzerschulung (BS)** Damit werden der Umfang und die Qualität der Schulung und Weiterbildung der Benutzer sowie die dabei verwendeten Methoden beurteilt.
Funktionalität (FU) Damit wird der Grad der Übereinstimmung zwischen der von der Applikation angebotenen Problemlösung und der vom Anwender vorgegebenen Problemstellung beurteilt.	**Ergebnisverfügbarkeit (ER)** Damit wird das Zeitverhalten bei der Lieferung von Auswertungen, beim Ausdruck von Dokumenten oder beim Zugriff auf Ergebnisse beurteilt (z.B.	**Implementierung (IM)** Damit wird die technische Einführung der IT-Systemkomponenten (z.B. der Applikation) beim Anwender beurteilt.
Leistungsfähigkeit (LE)* Damit wird die Fähigkeit der Applikation beurteilt, eine bestimmte Anzahl an Transaktionen pro Zeiteinheit auszuführen.	Verfügbarkeit von aktuellen Daten für Abfragen, Antwortzeitverhalten, Bearbeitungsdauer).	**Monitoring (MO)** Damit wird die Fähigkeit des ASPs beurteilt, das Leistungsverhalten verschiedener Systemkomponenten (z.B. Server, Datenübertragungseinrichtung) werkzeuggestützt zu überwachen.
Multimandanten- und Multiuserfähigkeit (MM) Damit wird die Fähigkeit der Applikation beurteilt, für mehrere Anwender (Mandanten) bzw. Benutzer (User) simultan identische Dienste zu leisten. Mehrere Anwender bzw. Benutzer können simultan Daten abfragen und bearbeiten.	**Integrität (IN)** Damit wird der Zustand der IT-Infrastruktur beurteilt, der ein unbefugtes Verändern an ihren Komponenten nicht zulässt. Alle sicherheitsrelevanten Objekte (z.B. Datenbestände) sind vollständig, unverfälscht und korrekt.	**Pre-Sales-Services (PSS)*** Damit werden der Umfang und die Qualität der vom ASP angebotenen Leistungen beurteilt, auf deren Basis potenzielle Anwender eine Auswahlentscheidung treffen können (z.B. Demozugang zur Applikation).

Skalierbarkeit (SK)
Damit wird die Anpassbarkeit der IT-Systemkomponenten an veränderte quantitative Anforderungen (z.B. Rechnerleistung, Speicherkapazität, Datenübertragungskapazität) unter Beibehaltung ihrer qualitativen Eigenschaften beurteilt.

Systemintegration (SY)
Damit wird die Zusammenführung intern betriebener Softwaresysteme mit der ausgelagerten Applikation beurteilt.

Web-Fähigkeit (WE)
Damit wird die Fähigkeit der Applikation beurteilt, ohne spezielle Client-Software (z.B. Citrix MetaFrame), Informationen über Internet abzurufen und am Client darzustellen.

Maximaler Datenverlust (MD)
Damit wird die Datenmenge beurteilt, die bei einem Zusammenbruch der gesamten IT-Infrastruktur bzw. einer ihrer Komponenten (z.B. Server, Datenübertragungseinrichtung) nicht wiederherstellbar ist.

Service Level Agreement (SLA)*
Damit werden die Vertragsvereinbarungen zwischen Anwender und ASP beurteilt, in denen die Parameter der Dienstleistung und deren Qualitätsniveau festgelegt sind, einschließlich der Preisvereinbarungen und weiterer Nebenabreden (z.B. Vertragsstrafen bei Nichteinhaltung des vereinbarten Qualitätsniveaus).

Verbindlichkeit (VE)
Damit wird die Nichtabstreitbarkeit einer gültigen Transaktion in der Datenbank der Applikation beurteilt.

Verfügbarkeit (VF)
Damit werden die Ausfallszeiten der IT-Systemkomponenten (z.B. Hardware-Ausfall, Software-Absturz, Unterbrechung der Datenübertragungseinrichtung) im Verhältnis zur Arbeitszeit beurteilt.

Vertraulichkeit (VT)
Damit wird der Schutz von Daten vor unautorisiertem Lesen beurteilt.

Problemmanagement (PR)
Damit wird die Fähigkeit des ASPs (z.B. Help-Desk-Mitarbeiter) beurteilt, Probleme der Benutzer rasch zu bestimmen und zu beheben.

Projektmanagement (PM)
Damit wird die Fähigkeit des ASPs beurteilt, den reibungslosen Übergang der Applikation vom Anwender zum ASP durchzuführen.

Reporting (RE)
Damit wird die Fähigkeit des ASPs beurteilt, das Leistungsverhalten verschiedener Systemkomponenten (z.B. Server, Datenübertragungseinrichtung) benutzergerecht darzustellen (z.B. durch Grafiken).

Technologiemanagement (TE)*
Damit wird die Fähigkeit des ASPs beurteilt, zukünftige Technologien mit erheblichem Veränderungspotenzial erfolgreich in das eigene Leistungsportfolio zu integrieren.

---

* Zusätzlich angegebene Qualitätsmerkmale, die bei der Auswertung nicht berücksichtigt wurden.

5.4 Befunde

Zuerst werden allgemeine Befunde (Bekanntheits- und Nutzungsgrad) der Untersuchung beschrieben, bevor auf jene Befunde eingegangen wird, die Aufschluss über die vorherrschende Qualitätsunsicherheit geben. Der in der Stichprobe festgestellte Nutzungsgrad von ASP-Lösungen in der Höhe von 8 % unterscheidet sich von anderen ASP-Studien für den österreichischen Markt. Beispielsweise wird bei [IFES03, 2] – Untersuchungsobjekte waren 400 kleine bis mittlere österreichische Unternehmen – ein Nutzungsgrad von 3 % festgestellt. Ein möglicher Grund für den signifikanten Unterschied liegt in der Untersuchungsmethodik. Bei der hier beschriebenen Untersuchung wurden Unternehmen nicht direkt angesprochen. Die Befragten wurden über einen Hinweistext auf die Befragung aufmerksam gemacht, entschieden jedoch selbst, ob sie über den angegebenen Link auf den Fragebogen navigierten. Die Datenerhebung bei [IFES03] erfolgte durch Telefoninterviews. Es kann daher angenommen werden, dass Unternehmen, die sich an der hier beschriebenen Untersuchung beteiligten, tendenziell eher mit dem ASP-Modell vertraut sind und daher auch ein höherer Nutzungsgrad vorliegt. Gleiches gilt für den Bekanntheitsgrad von ASP. Während bei [IFES03, 1] ein Bekanntheitsgrad von 18 % festgestellt wird, gaben 82 % der hier Befragten an, entweder von ASP gehört zu haben (35 %), sich über ASP informiert zu haben (33 %), mit einem oder mehreren ASPs verhandelt zu haben (6 %) oder bereits ASP-Lösungen im Einsatz zu haben (8 %).

Die Existenz von Qualitätsunsicherheit setzt voraus, dass potenzielle ASP-Kunden die Qualität der Leistung als maßgebliches Kriterium für die Auswahl eines Anbieters ansehen. Es wurde daher die Frage gestellt, welcher der beiden Faktoren „hohe Qualität" oder „günstiger Preis" bei der Entscheidung über die Auswahl eines ASPs wichtiger sei. Von den 104 Befragten antworteten 83 % mit „hoher Qualität" und 17 % mit „günstiger Preis". Dieses Ergebnis weist darauf hin, dass am österreichischen ASP-Markt Qualitätsunsicherheit ein bedeutendes Element der Marktstruktur ist. Anhand der im Folgenden beschriebenen Methoden wurde versucht, die Qualitätsunsicherheit festzustellen.

Methode (1)

Eine Option zur Erfassung der Informationsasymmetrie besteht in der Untersuchung der Frage, ob potenzielle Kunden imstande sind, die Leistungsfähigkeit von Anbietern ex ante überhaupt beurteilen zu können, und ob sie Qualitätsunterschiede zwischen ASPs wahrnehmen. Wenn sie die Leistungsfähigkeit nicht oder nur eingeschränkt einschätzen können und Qualitätsunterschiede wahrgenommen werden, so existiert Qualitätsunsicherheit.

Lediglich 42 % der Befragten konnten die Leistungsfähigkeit österreichischer ASPs hinsichtlich der 20 Qualitätsmerkmale einschätzen. Die direkte Befragung potenzieller Kunden nach den Qualitätsunterschieden führte zu folgendem Ergebnis: 18 % der 104 Befragten schätzen sie als „sehr groß" ein; 47 % als „eher groß"; 23 % als „eher gering" und 12 % sehen keine Qualitätsunterschiede. Daraus folgt, dass Qualitätsunsicherheit besteht.

Methode (2)

Die Qualität von Merkmalen resultiert aus der Differenz zwischen deren Bedeutung und wahrgenommener Leistungsfähigkeit. Daraus folgt die Möglichkeit, Erkenntnisse über Qualitätsunsicherheit zu gewinnen, indem die Qualität der Merkmale zueinander in Verbindung gesetzt wird. Zur Formulierung einer diesbezüglichen Hypothese sowie zur besseren Visualisierung der Untersuchungsergebnisse wurde ein sogenanntes *Bedeutung-Wahrgenommene-Leistungsfähigkeit-Portfolio* (BWLP) angefertigt (Abbildung 9). Auf der Abszisse wird die Bedeutung der Qualitätsmerkmale aufgetragen, auf der Ordinate die wahrgenommene Leistungsfähigkeit. Im BWLP werden die errechneten arithmetischen Mittel der jeweiligen Abszissen- und Ordinatenwerte aller Qualitätsmerkmale abgebildet – daraus resultieren 20 Wertekombinationen.

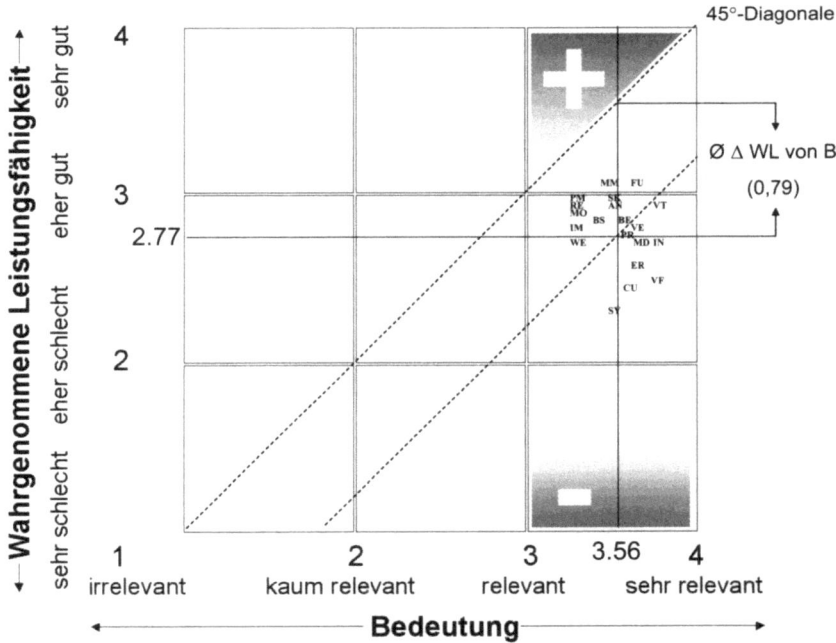

Abbildung 9: BWLP

Aus Abbildung 9 kann Hypothese (1) abgeleitet werden: *Wenn sich im BWLP die Wertekombinationen im Wesentlichen auf den „Plus-Bereich" und den „Minus-Bereich" verteilen, dann liegt hohe Qualitätsunsicherheit vor.* Begründung hierfür ist, dass die Leistungsfähigkeit bestimmter Qualitätsmerkmale mit großer Relevanz als „sehr gut" eingeschätzt wird, aber die Leistungsfähigkeit anderer Qualitätsmerkmale mit ebenfalls hoher Bedeutung als „sehr schlecht" eingestuft wird. Da diesem Beitrag multiattributive Logik zugrunde gelegt ist, ist ASP-Gesamtqualität durch die Teilqualitäten aller Merkmale determiniert – folglich liegt Qualitätsunsicherheit vor.

Die Untersuchung hat gezeigt, dass bei allen Qualitätsmerkmalen die Bedeutung höher als die wahrgenommene Leistungsfähigkeit ist. Im BWLP liegen alle Wertekombinationen unterhalb der 45°-Diagonalen; ebenfalls dargestellt ist der durchschnittliche Wert der Bedeutung (3,56) und der wahrgenommenen Leistungsfähigkeit (2,77) aller 20 Qualitätsmerkmale. Zum Zeitpunkt der Untersuchung hat die von potenziellen Kunden geforderte Qualität die am ASP-Markt in der Wahrnehmung angebotene Qualität überstiegen. Es gilt jedoch zu beachten, dass [DiMü86] bereits im Jahr 1986 auf die Problematik der *Anspruchsinflation* hingewiesen haben. Sie besagt, dass bei der Erfassung von idealtypischen Zuständen auf Ordinalskalen mit einheitlich hohen Werten auf der Bedeutungsskala zu rechnen ist.

Um diese Problematik zu berücksichtigen, erfolgt eine Parallelverschiebung der in Abbildung 9 dargestellten 45°-Diagonalen um die durchschnittliche Abweichung der wahrgenommenen Leistungsfähigkeit von der Bedeutung, kurz: Ø Δ WL von B (0,79), nach unten. Das führt zur Trennung der Qualitätsmerkmale in zwei Klassen – in solche, deren durchschnittliche Abweichung größer, und in solche, deren durchschnittliche Abweichung kleiner als 0,79 ist. Dadurch kann die Qualität der Merkmale im Verhältnis zueinander besser interpretiert werden.

Zentraler Befund ist, dass Hypothese (1) nicht bestätigt werden konnte. Nach Methode 2 herrscht am österreichischen ASP-Markt kaum Qualitätsunsicherheit vor. Abbildung 9 ist zu entnehmen, dass die Leistungsfähigkeit aller Qualitätsmerkmale zwischen den Extremwerten 2,32 (Systemintegration, SY) und 3,05 (Funktionalität, FU) liegt. Eine wie in Hypothese (1) beschriebene Streuung der Merkmale liegt nicht vor.

Methode (3)

In Abbildung 10 sind alle Merkmale nach der Höhe ihrer Qualitätsdefizite – gemessen als Abweichung der wahrgenommenen Leistungsfähigkeit von der Bedeutung – in absteigender Reihenfolge als schwarze Rechtecke dargestellt, zudem sind die zugehörigen Standardabweichungen visualisiert. Hypothese (2) lautet: *Je höher die Streuung der Qualität bzw. Qualitätsdefizite von Merkmalen, desto größer ist die Qualitätsunsicherheit.* In einem solchen Fall schätzen die potenziellen Kunden die Leistungsfähigkeit der Anbieter hinsichtlich eines Merkmals unterschiedlich ein. Das entspricht – bei der hier unterstellten multiattributiven Logik – dem in Abschnitt 4.3 dargestellten Marktmodell.

Die Standardabweichungen liegen zwischen 0,61 (Funktionalität, FU) und 1,23 (Systemintegration, SY) – die mittlere Standardabweichung aller Merkmale beträgt 0,91, was beinahe einem Drittel der vierstufigen Skala entspricht.

Diese hohe Streuung sehen wir als einen Hinweis auf die Existenz von Qualitätsunsicherheit an.

Systemintegration (SY) und Customizing (CU) sind Qualitätsmerkmale, die bei der Auslagerung eines Enterprise-Resource-Planning(ERP)-Systems von erfolgsentscheidender Bedeutung sind. Abbildung 10 kann entnommen werden, dass von den Qualitätsmerkmalen mit hohen Qualitätsdefiziten die beiden erwähnten besonders hohe Standardabweichungen aufweisen. Dieser Umstand ist eine mögliche Erklärung für die von [IFES02] empirisch nachgewiesene, bislang kaum vorhandene Bereitschaft potenzieller österreichischer ASP-Kunden, ERP-Systeme an ASPs auszulagern.

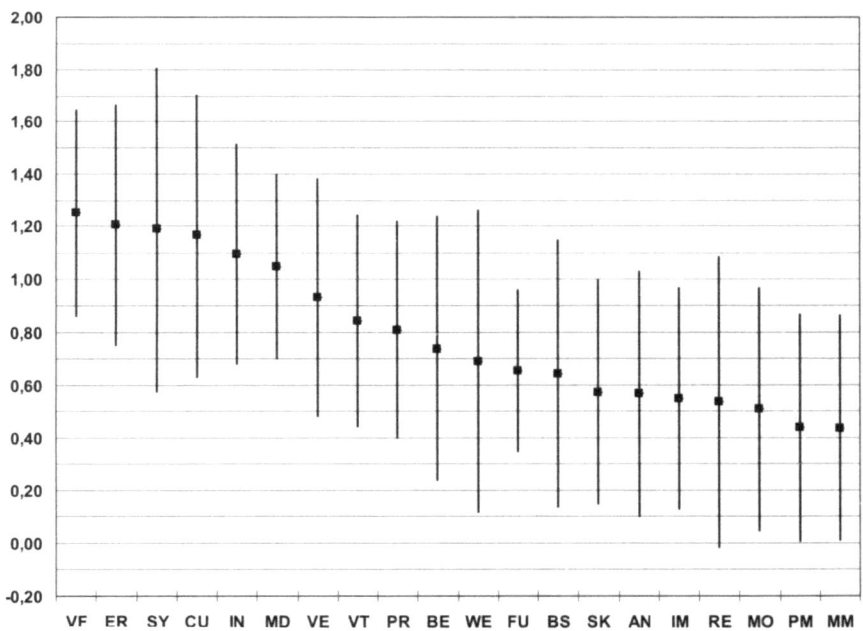

Abbildung 10: Qualitätsdefizite und Standardabweichungen

6   Fazit

Zu Beginn des Beitrags wurde die These formuliert, dass Qualitätsunsicherheit eine Ursache der bisher zögerlichen Entwicklung des ASP-Marktes sein könnte. [Tamm03, 24] hat unter Anwendung des „Organizational Failure Framework" bereits nachgewiesen, dass Informationsasymmetrie eine Ursache der schleppenden Entwicklung der ASP-Branche ist. In diesem Beitrag wurden drei Untersuchungsmethoden angewendet, von denen zwei zur Feststellung von Qualitätsunsicherheit am österreichischen ASP-Markt geführt haben.

Mit Methode (2) konnte Qualitätsunsicherheit nicht nachgewiesen werden. Möglicherweise liegt die nicht sehr große Streuung der Leistungsfähigkeiten daran, dass die Beurteilungsskala lediglich vier Stufen umfasst (Abbildung 9) und somit ein messtechnisches Problem für dieses Ergebnis verantwortlich ist.

Anbieter, aber auch potenzielle Kunden sind daher in Zukunft aufgefordert, die in der Fachliteratur beschriebenen Strategien zur Lösung der Problematik „Qualitätsunsicherheit" verstärkt zu berücksichtigen. Beispielsweise beschreiben [Beer98, 45; Clem00, 59; Ried03, 90] *Signalling-, Self-Selection-* und *Screening-Strategien*, [Tamm03, 235] einen internetbasierten ASP-Marktplatz (www.asperado.com) als hierfür wirksame Instrumente.

Zukünftige Bestrebungen von ASPs und ihren Interessensverbänden sollten daher auf Maßnahmen gerichtet sein, die eine möglichst objektive Bestimmung der am ASP-Markt angebotenen Qualität ermöglichen. Hierbei kann es sich um Zertifizierungen von ASPs durch akkreditierte Institutionen handeln, die im Rahmen von Audits den Ablauf von Prozessen nach bestimmten Referenzmodellen überprüfen. Dieser prozessorientierte Ansatz reflektiert die Grundidee von Qualitätsnormen (z.B. ISO 9000 oder Capability Maturity Model), die von der Annahme ausgehen, dass hohe Prozessqualität zu hoher Produkt-/Dienstleistungsqualität führt (vgl. dazu [Swin02]). Die Qualitätsbestimmung kann auch durch die regelmäßige Überprüfung der Ausprägungen von Qualitätsmerkmalen und ihre anschließende Veröffentlichung durch neutrale Organisationen erfolgen (Ratingverfahren). Methodisch kann dies durch den Einsatz multiattributiver Messmodelle erfolgen. Empirische Befunde zu Objektivität, Reliabilität und Validität der Messergebnisse solcher Verfahren (z.B. SERV-QUAL) liegen bereits vor [Jian02]. Sie sind ein vielversprechender Ausgangspunkt für zukünftige Forschungsaktivitäten auf dem Gebiet „Messung von ASP-Qualität".

Quellenverzeichnis

[Adle96]

Adler, J.: Informationsökonomische Fundierung von Austauschprozessen – Eine nachfrageorientierte Analyse. Wiesbaden 1996.

[Aker70]

Akerlof, G. A.: The Market for 'Lemons' - Quality Uncertainty and the Market Mechanism. In: The Quarterly Journal of Economics, Vol. 84, No. 3. 1970, S. 488-500.

[Aube03]

Aubert, B. A.; Patry, M.; Rivard, S.: A tale of two outsourcing contracts – An agency-theoretical perspective. In: WIRTSCHAFTSINFORMATIK 45 (2003) 2, S. 181-190.

[Beer98]

Beer, M.: Outsourcing unternehmensinterner Dienstleistungen. Wiesbaden 1998.

[BeNe00]

Beil, A.; Neuhaus, K.: ASP & mysap.com – Der Weg in neue Welten. In: Diebold Management Report Nr. 1 (2000), S. 12-15.

[BrWa02]

Brehm, B.; Wallstab, F.: Wirtschaftsrechtliche Aspekte des Einsatzes von E-Procurement-Systemen im Kontext von Application Service Providing. In: HMD - Praxis der Wirtschaftsinformatik 228/2002, Dezember 2002. S. 94-103.

[Bruh97]

Bruhn, M.: Qualitätsmanagement für Dienstleistungen – Grundlagen, Konzepte, Methoden. 2.A., Berlin et al. 1997.

[c-qu01]

c-quential – An Arthur D Little Company: Trends in the ASP market – national and international development. Präsentation beim ASP-Symposium am 2001-03-21 in der Wirtschaftskammer Österreich, Wien.

[Clem00]

Clemons, E. K.; Hitt, L. M.; Snir, E. M.: A Risk Analysis Framework for IT Outsourcing, 2000. http://opimweb.wharton.upenn.edu/eli/Outsourcing.pdf. Abruf am 2001-08-16.

[CuSe01]

Currie, W. L.; Seltsikas, P.: Exploring the supply-side of IT outsourcing: evaluating the emerging role of application service providers. In: European Journal of Information Systems. Vol. 10, Number 3, 2001, S. 123-134.

[CuSe02]
Currie, W. L.; Seltsikas, P.: A Market Segmentation Strategy for Developing an ASP Business. In: *Hirschheim, R.; Heinzl, A; Dibbern, J.:* Information Systems Outsourcing – Enduring Themes, Emergent Patterns and Future Directions. Berlin et al. 2002, S. 474-496.

[DaKa73]
Darby, M.; Karni, E.: Free Competition an den Optimal Amount of Fraud. In: Journal of Law end Economics, 16. Jg. (1973), S. 67-88.

[DiMü86]
Dichtl, E.; Müller, S.: Anspruchsniveau und Nivellierungstendenz als messtechnisches Problem in der Absatzforschung. In: Marketing – Zeitschrift für Forschung und Praxis, 8. Jg., Nr. 4, S. 233-236.

[Eugs02]
Eugster, J.; Vecchia, M. D.; Vecchia, M. D.: Management-Entscheide zu Outsourcing, Managed Hosting und ASP. Rheinfelden 2002.

[Fact02]
Factor, A. L.: Analyzing Application Service Providers – ASP business models, designs, architectures, methodologies, enabling technologies, economics, and more. Palo Alto 2002.

[Günt01]
Günther, O.; Tamm, G.; Hansen, L.; Meseg, T.: Application Service Providers – Angebot, Nachfrage und langfristige Perspektiven. In: WIRTSCHAFTSINFORMATIK 43 (2001) 6, S. 555-567.

[Groh02]
Grohmann, W. (Hrsg.): Application Service Providing – Software auf Mietbasis: Kosten sparen. Vorteile nutzen. Köln 2002.

[Haye45]
Hayek, F. A.: The Use of Knowledge in Society. American Economic Review, Vol. 35, No. 4. (Sept.), S. 519-530.

[Hein02]
Heinrich, L. J.: Informationsmanagement. 7.A. München/Wien 2002.

[Hein04]
Heinrich, L. J.; Heinzl, A.; Roithmayr, F.: Wirtschaftsinformatik-Lexikon. 7.A., München/Wien 2004.

[Hent00]
Hentschel, B.: Multiattributive Messung von Dienstleistungsqualität. In: *Bruhn, M.; Stauss, B. (Hrsg.):* Dienstleistungsqualität –Konzepte, Methoden, Erfahrungen. 3.A., Wiesbaden 2000, S. 289-320.

[Info00]
InformationWeek: Application Service Providing – Wunderkind oder Totgeburt? In: InformationWeek, Nr. 20 vom 24. August 2000, S. 50-54.

[IFES02]

Institut für empirische Sozialforschung: Application Service Providing bei österreichischen KMUs. Bericht 70055002. Wien 2002.

[IFES03]

Institut für empirische Sozialforschung: Aktuelle IFES-Umfrage: ASP und Breitbandnutzung bei KMUs. Nr. 98999021. http://www.asp-group.at/upload/fd8f074b09f8_Pressekonferenz_ifes-2003-06-05.pdf. Abruf am 2003-06-15.

[IM&C00]

Information Management & Consulting 15 (2000) 3: Application Service Providing.

[Itaa00]

Information Technology Association of America: ASP Customer Demand Survey. Canton 2000. http://www.itaa.org/asp/reportwp/aspwp1.pdf, 2000. Abruf am 2001-06-28.

[Itaa03]

Information Technology Association of America: ASP Outsourcing: the Customer Experience – In their own words. http://www.itaa.org/asp/docs/aspstudy0303.pdf. Abruf am 2003-08-13.

[Jian02]

Jiang, J. J.; Klein, G.; Carr, C. L.: Measuring Information System Service Quality: SERVQUAL from the other side. In: MIS Quarterly, Vol. 26, Number 2, June 2002. S. 145-166.

[Jost01]

Jost, P.-J. (Hrsg.): Die Prinzipal-Agenten-Theorie in der Betriebswirtschaftslehre. Stuttgart 2001.

[Jupp00]

Jupp, L.: Application Service Provider – Wozu noch Software kaufen? In: Diebold Management Report Nr. 6 (2000), S. 15-18.

[KeWi02]

Kern, T.; Willcocks, L. P.: Service Provision and the Net: Risky Application Sourcing? In: *Hirschheim, R.; Heinzl, A; Dibbern, J.:* Information Systems Outsourcing – Enduring Themes, Emergent Patterns and Future Directions. Berlin et al. 2002, S. 513-534.

[Klem99]

Klemenhagen, B.: Application Service Providers (ASP) Spotlight Report. In: *SCN Education (Hrsg.):* Application Service Providing – The Ultimate Guide to Hiring rather than Buying Applications. 1st Edition, Braunschweig et al. 2000, S. 133-161.

[Knol00]

Knolmayer, G. F.: Application Service Providing (ASP). In: WIRTSCHAFTSINFORMATIK 42 (2000) 5, S. 443-446.

[Köhl01]
   Köhler-Frost, W. (Hrsg.): Application Service Providing – Die neue Herausforderung für Unternehmen. Berlin 2001.
[Köhl02]
   Köhler-Frost, W. (Hrsg.): Grundlagen des Application Service Providing – Eine neue Dienstleistung für mittelständische Unternehmen. Berlin 2002.
[Kroe92]
   Kroeber-Riel, W.: Konsumentenverhalten. 5.A., München 1992.
[Küch00]
   Küchler, P. R.: Application Service Providing, Application Hosting: Visionen eines neuen Services? In: *Köhler-Frost, W. (Hrsg.):* Outsourcing – Eine strategische Allianz besonderen Typs. 4.A., Berlin 2000. S. 146-153.
[Kuhl02]
   Kuhl, J.: Application Service Providing, Lösungen für den Mittelstand? Überlegungen am Beispiel betriebswirtschaftlicher Standardsoftware. In: *Gabriel, R.; Hoppe, U. (Hrsg.):* Electronic Business – Theoretische Aspekte und Anwendungen in der betrieblichen Praxis. Heidelberg 2002.
[MüLe03]
   Müller-Stewens, G.; Lechner, C.: Strategisches Management – Wie strategische Initiativen zum Wandel führen. 2.A., Stuttgart 2003.
[Nels70]
   Nelson, P.: Information and Consumer Behaviour. In: Journal of Political Economy, 78. Jg. (1970), S. 311-329.
[Neuh00]
   Neuhaus, K.: Application Service Providing (ASP) – Revolution oder Flop? In: Diebold Management Report Nr. 10 (2000), S. 9-12.
[Pmpr00]
   PMP Research: The European ASP Market – White Paper. Chorleywood 2000.
[Port99]
   Porter, M.: Wettbewerbsvorteile – Spitzenleistungen erreichen und behaupten, 5.A. Frankfurt/NewYork 1999.
[RDB04]
   Rechtsdatenbank: http://ris.aco.net/rdb/. Suchbegriff: „application neben service neben provid*", Abruf am 2004-04-15.
[Ried03]
   Riedl, R.: Outsourcing - Grundüberlegungen aus wissenschaftlicher Sicht. In: HMD - Praxis der Wirtschaftsinformatik 230/2003, S. 86-95.
[Schä01]
   Schäfer, T. H.: ASP Value Chain. In: *Köhler-Frost, W. (Hrsg.):* Application Service Providing – Die neue Herausforderung für Unternehmen. Berlin 2001, S. 80-93.

[Sche99]
Schenk-Mathes, H.: Gestaltung von Lieferbeziehungen bei Informationsa-symmetrie. Wiesbaden 1999.

[Scho03]
Schoellerbank AG: Berechnungen und Grafik wurden am 2003-12-18 ange-fertigt.

[Schr00]
Schrey, J.: Ein Wegweiser für effektive vertragliche Regelungen – Fehlende gesetzliche Regelungen erfordern Absprachen. In: *Bernhard, M. G.; Lewan-dowski, W.; Mann, H. (Hrsg.):* Service-Level-Management in der IT – Wie man erfolgskritische Leistungen definiert und steuert. Düsseldorf 2000, S. 153-172.

[Scne00]
SCN Education (Hrsg.): Application Service Providing – The Ultimate Guide to Hiring rather than Buying Applications. 1st Edition, Braunschweig et al. 2000.

[Sinn99]
Sinn, D. K.: Application Service Providing (ASP) – Software mieten. In: Diebold Management Report Nr. 9 (1999), S. 3-6.

[Smit02]
Smith, M. A.: Application Service Provision – The IS Infrastructure Context. In: *Hirschheim, R.; Heinzl, A; Dibbern, J.:* Information Systems Outsourc-ing – Enduring Themes, Emergent Patterns and Future Directions. Berlin et al. 2002, S. 451-473.

[Spar03]
Sparrow, E.: Successful IT Outsourcing. London et al. 2003.

[Spre90]
Spremann, K.: Asymmetrische Information. In: Zeitschrift für Betriebswirt-schaft 60 (1990), S. 561-586.

[Stef00]
Steffen, G.: Blick zurück nach vorn – Vom Outsourcing zum Application Service Provider. In: *Köhler-Frost, W. (Hrsg.):* Outsourcing – Eine strategi-sche Allianz besonderen Typs. 4.A., Berlin 2000, S. 154-168.

[Susa03]
Susarla, A.; Barua, A.; Whinston, A. B.: Understanding the Service Compo-nent of Application Service Provision: An Empirical Analysis of Satisfac-tion with ASP Services. In: MIS Quarterly, Vol. 27, Number 1, March 2003. S. 91-123.

[Swin02]

Swinarski, M. E.; Kishore, R.; Rao, H. R.: Impact of Vendor Capabilities on ASP Performance. In: *Hirschheim, R.; Heinzl, A; Dibbern, J.:* Information Systems Outsourcing – Enduring Themes, Emergent Patterns and Future Directions. Berlin et al. 2002, S. 497-512.

[Tamm03]

Tamm, G.: Netzbasierte Dienste – Angebot, Nachfrage und Matching. Dissertation, Humboldt-Universität zu Berlin 2003.

[Vari04]

Varian, H. R.: Grundzüge der Mikroökonomik. 6.A., München 2004.

[Will90]

Williamson, O. E.: Die Ökonomischen Institutionen des Kapitalismus – Unternehmen, Märkte, Kooperationen. Tübingen 1990.

Soft Systems Methodology (SSM) – Ein Ansatz im Information Engineering zur strategischen Positionierung von Informationssystemen

Friedrich Roithmayr, Kerstin Fink

Universität Innsbruck
Institut für Wertprozessmanagement
friedrich.roithmayr@uibk.ac.at
kerstin.fink@uibk.ac.at

Inhalt

Die zunehmende Ausrichtung von Informationssystemen am Stakeholderdenken erfordert den verstärkten Einsatz von Soft-Systems-Methodology-Ansätzen im Information Engineering. Hinsichtlich ihrer Strukturiertheit können Problemsituationen in zwei Gruppen gegliedert werden. Wohl strukturierte Probleme werden als „Hard Problems" bezeichnet und sind algorithmisch bzw. formal beherrschbar. Schlecht strukturierte Probleme – als „Soft Problems" bezeichnet – zeichnen sich dadurch aus, dass menschliche, kulturelle und soziale Komponenten eine wichtige Rolle spielen, dass eine große Komplexität existiert und keine klaren Zieldefinitionen vorhanden sind. Ein weiteres Merkmal dieser Problemsituation ist deren Dynamik. Als Kernpunkte des Beitrages werden genannt:

- Vorgehensansatz für die SSM;
- Positionierung der SSM im Information Engineering;
- Fallbeispiel.

1   Problem

1.1   Problembeschreibung

Lutz J. Heinrich hat 1996 erstmals eine umfassende Synopse von Schriften und Stellen zum Information Engineering „zusammengestellt" (vgl. [Hein96, 18]). Seit dieser Zusammenschau ist unserem Wissen nach bislang keine Neuauflage erfolgt (auch nicht von anderen Autoren). Nach [Hein91, 248] ist „Information Engineering eine Teildisziplin der Wirtschaftsinformatik, deren Erkenntnisobjekt die Methoden zur Gestaltung der Informationsfunktion in Organisationen, insbesondere in Betriebswirtschaften, ist". Jede ingenieurwissenschaftliche Gestaltung von Information mit formalen Methoden, inklusive der Entwicklung und Anwendung von Methoden ist nach [Hein96, 32] Information Engineering. Dadurch erweitert er den Ansatz von C. Finkelstein und J. Martin (vgl. [Fink92; Mart89; Mart90a; Mart90b]). Stellt man sich die Frage wie weit SSM eine formale Methode ist, so kann in Anlehnung an das Wirtschaftsinformatik-Lexikon [HHRo04, 261f] diese durchaus als solche bezeichnet werden. In der vorliegenden Arbeit geht es vor allem um die Frage, welchen Beitrag der SSM-Ansatz im Information Engineering leisten kann – wo die Stärken und wo die Schwächen sind. Wesentliche Basis dieses Beitrages ist der Vortrag von Roithmayr, den dieser im Jänner 2004 an der Universität Linz gehalten hat (vgl. [Roit04]).

Die strategische Positionierung von Informationssystemen wird bislang nicht ausreichend gelebt, obwohl in letzter Zeit sowohl in der Theorie als auch in der Praxis verstärkt Anstrengungen feststellbar sind, Informationssysteme stärker strategisch zu positionieren (vgl. [Poul99; Lacy95]). Damit kommt man unweigerlich zu den Theorien des Stakeholder- und Shareholderdenkens (vgl. [Free84; DoPr95]). Die Stakeholdertheorie wurde bislang im Gestaltungsprozess von Informationssystemen in zu geringem Ausmaß berücksichtigt, was ein Grund für die mangelnde strategische Ausrichtung von Informationssystemen ist. Während der Ansatz von Mertens und Stößlein das Stakeholderdenken in der deutschsprachigen Literatur der Wirtschaftsinformatik belebt, fehlt bei ihnen die bewusste strategische Positionierung des Informationssystems (vgl. [Stoe00]). Vielmehr verfolgen sie einen pragmatisch-administrativen Zugang zum Stakeholderdenken, was sich auch im Fehlen einer Theorieleitung ausdrückt. SEM (Strategic Enterprise Management) von SAP hat ebenfalls ein Theoriedefizit, ist aber zumindest, was das Stakeholderdenken betrifft, strategisch positioniert, wenngleich auch der Ansatz primär am Shareholderdenken ausgerichtet ist (vgl. [Delo00]).

Aus strategischer Managementsicht dominiert bei den Informationssystemen bislang das Shareholderdenken; vielleicht auch bedingt durch gesetzliche Rahmenbedingungen, die dem Shareholder eine besondere Position verleihen. Untersuchungsgegenstand der Wirtschaftsinformatik ist meist das betriebliche Informationssystem im Sinne eines informationsverarbeitenden Teilsystems einer Organisation. Das Informationsmanagement ist zu wenig am strategischen Stakeholderdenken orientiert, was dazu führt, dass Informationssysteme meist administrativ-operativ positioniert werden (vgl. [Mert95]). Ein wesentlicher Mangel ist darin zu sehen, dass die Stakeholdertheorie bislang im Information Engineering nicht ausreichend reflektiert ist. Es wird überhaupt festgestellt, dass Theorien anderer Disziplinen (insbesondere der Sozial- und Wirtschaftswissenschaften) im Information Engineering in zu geringem Ausmaß Eingang finden. So sind beispielsweise die Reflexionsansätze von Schön in der Wirtschaftsinformatik kaum zu finden, obwohl sie für die Gestaltung von Informationssystemen einen wichtigen Beitrag leisten können (vgl. [Scho82; Fink04]).

Stellen wir uns die Frage nach der Problemrelevanz von SSM im Information Engineering, so kann diese folgendermaßen charakterisiert werden. Spätestens seit den Bilanzfälschungen (z.B. Enron, XEROX, WorldCom, Parmalat) wird die Rolle des Shareholders sowohl in Theorie als auch in Praxis verstärkt hinterfragt. Informationssysteme entstehen bislang primär architekturgetrieben (z.B.: SAP/SEM), pragmatisch, best-practice und administrativ-operativ (vgl. [Stoe00]). Ein wesentlicher Mangel wird darin gesehen, dass Stakeholdertheorien nicht ausreichend, oder überhaupt nicht auf den Gestaltungsprozess von Informationssystemen reflektiert werden. Ein Grund ist im Fehlen geeigneter Methoden zur Abbildung von Anforderungen der Stakeholder zu sehen, die dann in Informationssystemen abbildbar sind. Solche Methoden bewegen sich immer im Spannungsfeld Mensch und Technik. Gerade hier haben wir im Information Engineering ein Defizit (vgl. [HeHR96]). Die SSM ist eine Möglichkeit, dieses Spannungsfeld auszugleichen. Checkland gilt als Begründer dieser Methodik. Die Basis bilden seine beiden Werke „Systems Thinking, Systems Practice" [Chec95], das in der Erstauflage 1981 erschien, sowie das in der Erstauflage 1990 gemeinsam mit Scholes erschienene Buch „Soft Systems Methodology in Action" [CHSC99].

1.2   Information Engineering quo vadis?

Die Synopse von [Hein96, 19] zeigt, dass Information Engineering von den meisten Autoren als Phänomen bezeichnet wird, in dessen Behandlung „ingenieurwissenschaftliche Methoden" eine bedeutsame Rolle spielen. Diese ingenieurwissenschaftlichen Methoden sind primär unter dem Begriff der „Hard Systems Methodology" (HSM) zusammenzufassen. Dabei handelt es sich um Methoden zur Behandlung gut strukturierter Fragestellungen. Folgt man dem Ansatz von [Hein02], so schließt dieser die Anwendung von SSM im Information Engineering nicht aus. Vielmehr ist aus seinen Ausführungen abzuleiten, dass Information Engineering sowohl durch HSM-Ansätze als auch durch den Einsatz von SSM gekennzeichnet ist. Wenngleich die Entwicklung des Information Engineering bislang primär durch den Einsatz von HSM geprägt war, ist mit der Zunahme der strategischen Ausrichtung von Informationssystemen eine

Tendenz zum verstärkten Einsatz von SSM notwendig. Im Unterschied dazu, waren in der Systemplanung neben HSM-Ansätzen, SSM-Ansätze schon immer in Verwendung (vgl. [Hein94, 283ff.; MuWa79]).

2   Der Soft-Systems-Methodologie-Ansatz

2.1   Problemsituationen

Hinsichtlich ihrer Strukturiertheit können Problemsituationen in zwei Gruppen gegliedert werden. Wohl strukturierte Probleme werden oft auch als „Hard Problems" bezeichnet und sind algorithmisch bzw. formal gut beherrschbar. Schlecht strukturierte Probleme – als „Soft Problems" bezeichnet – zeichnen sich dadurch aus, dass menschliche, kulturelle und soziale Komponenten eine wichtige Rolle spielen, dass eine große Komplexität existiert und keine klaren Zieldefinitionen vorhanden sind. Ein weiteres Merkmal dieser Problemsituation ist deren Dynamik. Darunter ist zu verstehen, dass das Beziehungsgefüge das Problem kennzeichnender Größen (Variable) variiert, was zu einer dramatischen Komplexitätssteigerung führt. Gerade die menschliche Interaktion ist es, die es schwierig macht, Prognosen über die dynamische Entwicklung abzugeben.

An dieser Stelle ist es angebracht einen Exkurs zur „Actor Network Theory" (ANT) zu machen, die im gegebenen Zusammenhang eine wichtige Rolle spielt und einer gesonderten Untersuchung bedarf (vgl. [RoFi04; LawJ92]). Latour und Callon, zwei Exponenten der ANT betonen, dass die Welt aus „hybriden Entitäten" besteht, die sich primär aus menschlichen und nicht-menschlichen Elementen zusammensetzen. Insbesondere in Analysesituationen, in der eine Trennung dieser Entitäten schwierig ist, setzt die ANT an (vgl. [Lato93; Call97, 3]. Basis der ANT ist die Vernetzung von menschlichen und nicht menschlichen Elementen. Die Fortbewegung mittels eines Kraftfahrzeugs ist nicht nur abhängig von Motor, Fahrgestell, usw., sondern auch von der Erfahrung des Fahrers. Ein Grundkonzept der ANT besteht darin, dass Aktoren versuchen zur Zielerreichung andere Aktoren zu motivieren. Ob es sich dabei um menschliche oder nicht menschliche Aktoren handelt, ist belanglos. Damit ist die ANT ein Ansatz, der die bislang oft verfolgte scharfe Trennung zwischen HSM und SSM aufbricht und damit realen Situationen näher kommt.

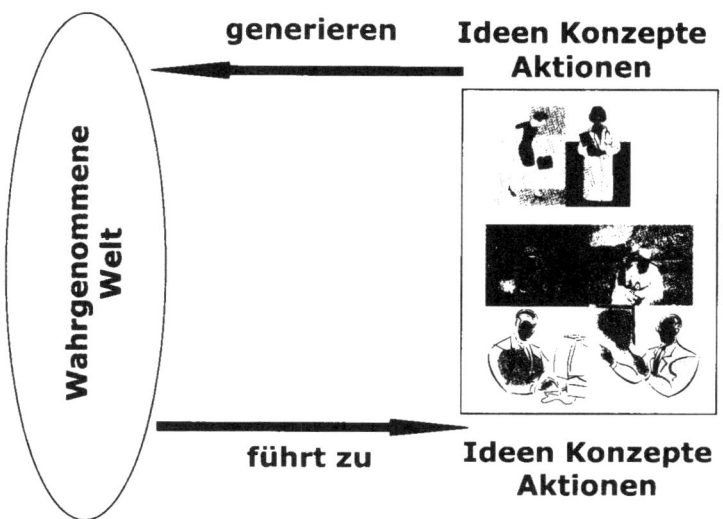

generieren　**Ideen Konzepte Aktionen**

Wahrgenommene Welt

führt zu　**Ideen Konzepte Aktionen**

Abbildung 1:　Zusammenhang zwischen der wahrgenommenen Welt und der Ideen-generierung

Mit dem Begriff des „System Engineering" wird in der Fachliteratur meist ein Problemlösungszugang gewählt, der sich auf messbare Ziele bezieht, dem üblicherweise ein wohlstrukturiertes Problem zugrunde liegt. Versucht man diesen Ansatz auf unstrukturierte Probleme anzuwenden, führt dies entweder zu einer Komplexitätsreduzierung dergestalt, dass das Problem als solches nicht mehr erkennbar ist, oder es werden Methoden angewandt, die für die Problemlösung ungeeignet sind. Solche Ansätze berücksichtigen die aus einer bestimmten politischen Sichtweise geprägte Wahrnehmung des Menschen nicht. Menschen haben zu einer Situation unterschiedliche Zugänge (Sichtweise, Wahrnehmung), sodass das Problem des Einen nicht das Problem des Andern ist, wie uns auch das tägliche Leben lehrt. Menschen haben unterschiedliche Wahrnehmungen. Die wahrgenommene Welt ist Ausgangspunkt für Ideen. Abbildung 1 zeigt den Kreislauf zwischen der wahrgenommenen Welt und der Ideengenerierung. Jeder der in der Abbildung dargestellten Menschen hat aufgrund beruflicher, kultureller, sozialer usw., Situation eine unterschiedliche Wahrnehmung der Welt.

SSM ist ein Ansatz, der es ermöglicht, solche Problemsituationen zu beherrschen, in denen soziale, politische und menschliche Komponenten eine zentrale Rolle spielen. Kobayashi definiert: "Soft systems methodology (it omits Following SSM) is methodology which applies the concept of a system to human activities in the situation of the real world which is difficult to define a "problem", performs comparison with reality, and causes in systematically desirable and culturally feasible changes which can be performed" (vgl. [Koba00]).

2.2   Eignung von SSM und Kritik

Ist eine Problemstruktur dergestalt gegeben, dass diese schwierig zu definieren ist und zusätzlich über ausgeprägte soziale und politische Komponenten verfügt, so besitzt diese eine Eignung zur Behandlung mit SSM-Ansätzen. Der Unterschied von SSM zum HSM-Ansatz liegt darin, dass man mit dem HSM-Ansatz versucht, Prinzipien des „Systems Engineering" auf Geschäftsprozesse anzuwenden, während der SSM-Ansatz nicht nur auf betriebliche Teilprozesse ausgerichtet ist, sondern das gesamte Unternehmen umfasst. SSM berücksichtigt die unterschiedliche Wahrnehmung von Menschen. Zwangsläufig führt das Stakeholderdenken eines Unternehmens zu unterschiedlichen Sichtweisen der einzelnen Stakeholder. Diese Sichtweisen müssen nicht konträr sein, sind aber meist unterschiedlich genug, um bei der Zieldefinition Probleme zu generieren. Nicht jede Problemsituation ist geeignet, um mit SSM gelöst zu werden. SSM setzt ein existierendes System (vgl. [HHRo04]) voraus oder mindestens ein System mit dem eine Vergleichbarkeit gegeben ist. Warum ist SSM für viele Problemsituationen geeignet?

⇒   Es wird eine Struktur bereitgestellt, die es ermöglicht eine Einsicht in schwierige Probleme zu geben. „The SSM approach places emphasis on understanding the context in which the system will function. Therefore the approach involves first of all finding out as much as possible about the problem situation, i.e. developing the so-called rich picture" [KaTr00, 160].

⇒   Die Methodik führt in der Organisation zu einem besseren Zielverständnis und zu einer besseren Zielerreichung. So haben Executives ein Zielverständnis über das gesamte Unternehmen, haben aber oftmals keine Umsetzungserfahrung auf den nachgeordneten Ebenen.

⇒   Die Methodik kann verwendet werden, um „Hard Systems"-Ansätze zu generieren.

Im Zentrum des Ansatzes steht die Gewinnung eines „reichhaltigen Bildes". Für diesen Prozess stehen unterschiedliche Vorgehensweisen zur Verfügung. Kritik am Ansatz kommt sowohl von technisch orientierten Vertretern als auch aus Managementsicht und Arbeitnehmersicht. Aus technikorientierter Sichtweise wird moniert, dass SSM keine „echte Methode" darstellt und somit auch keine Konstruktion ermöglicht. Dem kann entgegengehalten werden, dass wir eine Methode brauchen, mit der es möglich ist, in einem „Commitment" die unterschiedlichen Interessen abzugleichen. Auf der anderen Seite wird aus managementorientierter Sicht bemängelt, dass die Methode sehr offen ist und demnach die Problemhandlung erschwert. Diese Kritik gilt aber für jeden evolutionären Ansatz vor allem auch für jeden traditionellen Projektmanagement-Ansatz, der nicht auf einen Organisationswandel hin ausgereichtet ist. SSM geht von der Annahme aus, dass alle Mitglieder einer Organisation gleiche Wahlmöglichkeiten haben, was von den Kritikern bezweifelt wird. Manager und Mitarbeiter diskutieren ihr Problem nicht offen, da dies nur unter Außerachtlassung der Faktoren Einfluss und Macht geschehen könnte. Befürworter des Ansatzes wiederum betonen, dass diese Ansichten nur für autoritär geführte Unternehmen Richtigkeit besitzen, nicht aber für Unternehmen, in denen eine offene Kultur existiert, wie dies z. B. bei Wissensunternehmen der Fall ist (vgl. [Fink00]). In Abschnitt 2.3 wird der Prozessansatz von SSM theoretisch dargelegt. Das theoretische Konzept begleitende Beispiel basiert auf der Problemstellung der Ableitung eines strategischen Informationssystems vom Stakeholderdenken (vgl. [RoFS04]).

2.3   Der Prozessansatz von SSM

Der von Checkland 1975 entwickelte Ansatz besteht aus 7 Phasen wie in Abbildung 2 dargestellt. Die Phasen 1, 2, 5, 6, und 7 sind der realen Welt zuzuordnen, während die Phasen 3 und 4 dem Ansatz des Systemdenkens zugeordnet sind (vgl. [Chec95; Ucal04]).

2.3.1   Die wahrgenommene Problemsituation (the problem situation unstructured)

Ziel dieser Phase ist es, ein besseres Problemverständnis durch eine Ausweitung des Untersuchungsgegenstandes zu erhalten. Eine Ausweitung bezieht sich vor allem auf die Unternehmenskultur und die Unternehmenspolitik. Die Problemsituation kann dann besonders gut beschrieben werden, wenn es gelingt, das Stakeholderdenken in der Organisation zu erfassen. Methodisch wird dies durch Interviews und Dokumenteneinsicht (z.B. Protokolle von Vorstandssitzungen, Aufsichtsratssitzungen) unterstützt. Interview und Dokumenteneinsicht ist an folgenden Aspekten ausgerichtet:

⇒ Sammle so viele Informationen als mögliche.
⇒ Lerne zu erkennen, was für die augenblickliche Situation des Unternehmens wichtig ist.
⇒ Versuche die Sprache des Unternehmens zu verstehen.
⇒ Beachte jene Informationen, die im Unternehmen Ausgangspunkt für Handlungen sind.

Als Ergebnis dieser Phase wird erwartet:

⇒ Eine klare Vorstellung über das Funktionieren der Organisation.
⇒ Eine Einsicht darüber, in welcher Situation welche Prozesse ablaufen.
⇒ Eine Einsicht darüber, welche Aufgaben und welche Impulse in der Organisation wichtig sind.

Eine Dokumentation erfolgt mittels Mind Map, da die Methode eine gesamtheitliche Sicht unterstützt.

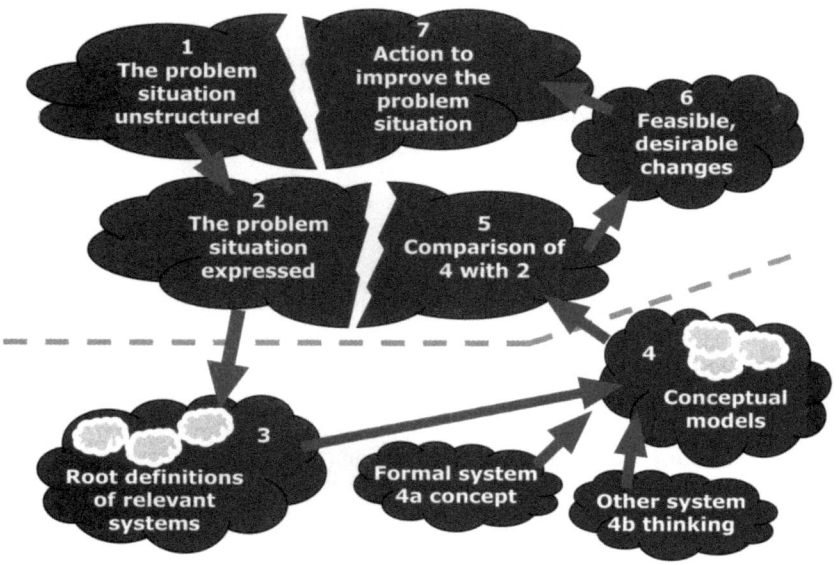

Abbildung 2:   Prozessansatz: „the methodology in summary after Checkland 1975"
**   [Chec95, 163]**

2.3.2   Die Strukturierung der Problemsituation (the problem situation structured)

Ziel dieser Phase ist es, die Informationen für die Problembearbeitung der Organisation so zu strukturieren, dass die weiteren Phasen einfacher durchführbar sind. Um das „reichhaltige Bild" zu erhalten, setzt man in dieser Phase drei Analysen ein, denen unterschiedliche Methoden zur Verfügung stehen.

Bei der *Interventions-* oder *Eingriffsanalyse* hat das *Rollendenken* einen besonderen Stellenwert. Bei der Rolle des *Kunden* geht es vor allem um die Frage: Wer ist Kunde und was sind seine Erwartungen? Die zweite Rolle ist jene des *Analytikers*, des *Problemlösers*. Hier geht es um die Frage: Wer ist der Problemlöser, was sind seine Intentionen und welches sind die Rahmenbedingungen? Sie sollen Problemsituationen identifizieren. Die letzte Rolle sind die *Betroffenen* (problem owner). Dies sind jene Menschen, die ein Interesse am Problem haben und auch davon betroffen sind. Eine methodische Unterstützung kann mit Hilfe einer Matrixanalyse dergestalt erfolgen, dass Zeilenweise die

Probleme skizziert werden und Spaltenweise die Betroffenen angeführt werden.

Der zweite Analyseschritt ist die *sozial-kulturelle Analyse*. Sie wird zur Analyse der Unternehmenspolitik benötigt und zum Erkennen der Auswirkungen auf das Verhalten der Betroffenen. In dieser Phase sind Rollen-Normen-Werte die Entitäten, die es zu analysieren gilt. Die Rolle ist die Position, die ein Individuum in der Organisation aus der Sicht der anderen Organisationsmitglieder einnimmt. Normen bezeichnen das erwartete Verhalten einer Rolle. Die Performance einer Rolle wird an Standards und Werten der Organisation gemessen.

Die *politische Analyse* ist eine kulturelle Dimension ergänzt um das Attribut der Macht. Hier geht es um die Analyse des Beziehungsgefüges zwischen den einzelnen Organisationsmitgliedern. Fragestellungen sind: Warum hat eine Person innerhalb einer Organisation Macht? Welches sind Symbole der Macht?

Ergebnis dieser Phase ist das „Rich Picture" – eine graphische Darstellung der Problemsituation. Die Qualität eines „Rich Picture" ist dann hoch, wenn sich die Individuen in der darin beschriebenen Problemsituation wieder finden.

Der Analytiker setzt in dieser Phase formale und informale *Methoden* wie Beobachtungsmethoden, Interviewmethoden, Workshop, Diskussionen und Reflexionsansätze ein.

Das *erwartete Ergebnis* dieser Phase ist ein „Rich Picture", das ein Verständnis der Problemsituation darlegt. Dies geschieht durch eine „Problem – Betroffenendarstellung", die Beschreibung der politischen, sozialen und kulturellen Aspekte.

2.3.3 Definition der relevanten Systeme

In dieser Phase erfolgt der Übergang vom „Realsystem" zum „Systemansatz". Phasenziel ist das Erkennen der relevanten Systeme. Methodisch stehen zwei Zugänge zur Verfügung.

Mit Hilfe der *„Root Definition"* wird beschrieben, warum ein System benötigt wird und wie es arbeitet. Eine wesentliche Rolle spielt dabei die „Abgrenzung des Systems". „Root Definition" ist ein Transformationsprozess von „Input-Entitäten" zu „Output-Entitäten". Dabei handelt es sich um einen Kernprozess der SSM. Dieser Vorgang kann in zweifacher Art und Weise erfolgen. Die „Primary Task Root Definition" bezieht sich auf Kernprozesse des Unternehmens. Beispielsweise ist die Logistik ein Kernprozess eines Spediteurs. „Issue Based Root Definiton" bezieht sich auf einmalige Vorgänge, wie z.B. die Umstrukturierung eines Informationssystems. Bei der „Root Definition" kann wie folgt vorgegangen werden: Zunächst gilt es ein Problem zu definieren, das für eine weitere Untersuchung wichtig genug ist. Eine ordentlich strukturierte „Root Definition" beantwortet das *„was"* (Was ist das unmittelbare Ziel des Systems?), das „*wie*" (Wird das Ziel erreicht?) und das „*warum*" (Wird das Ziel längerfristig verfolgt?).

Zweck der *CATWOE–Analyse* – als zweiter methodischer Zugang zur Definition relevanter Systeme – ist es, die Realsituation in einer aussagefähigen Modellwelt zu modellieren. Ähnlich wie bei der SADT-Technik entstehen durch Einsatz der CATWOE-Methode und der „Root Definition" zwei Sichtweisen auf ein- und dasselbe Objekt, sodass Inkonsistenzen erkannt und korrigiert werden können. CATWOE ist nach [Chec95, 225ff]die Abkürzung für:

⇒ Customer – the immediate beneficiaries or victims.

⇒ Actors – the people who do activities.

⇒ Transformation – What the event may achieve.

⇒ Weltanschauung – What view of the world makes this definition meaningful.

⇒ Owner – who can ultimately direct the event and could close it down or stop it from happening.

⇒ Environment – the external environmental constraints that limit what we might do.

2.3.4   Das konzeptionelle Modell

Das konzeptionelle Modell ist ein menschliches Aktivitätenmodell, wie in der „Root Definition" dargelegt und beschreibt die Aktivitäten unter Verwendung von Verben. Wie Roithmayr/Fink/Smid betonen, besteht bislang eine Schwachstelle in dieser Phase, die im Mangel von theoretischen Konzepten aus anderen Wissenschaftsdisziplinen, wie z.B. den Wirtschafts- und Sozialwissenschaften, liegt (vgl. [RoFS04]). Der SSM-Ansatzes hilft diese Schwachstelle zu überwinden.

Tabelle 1: Abhängigkeit der Aktivitäten

Aktivität	Abhängig von	Beschreibung
1		Schaffe ein Verständnis über das Stakeholderdenken der Organisation
2		Schaffe ein Verständnis darüber, warum welcher Stakeholder Beteiligter ist. Was bewegt den Stakeholder?
3	1, 2	Beziehungen zu seinen Stakeholdern. So hat beispielsweise Nestlé ein besonderes Stakeholderrelationship-Management zu jenen Stakeholdern, die von Kindernahrung betroffen sind
4	1, 3	Beschreibe das Beziehungsmanagement der Organisation
5	4	Überprüfe ob das Beziehungsmanagement in das Stakeholderdenken der Organisation passt
6	1, 2, 3, 4	Identifiziere Strategische Stakeholder Objekte (SSO)
7	6	Adaptiere Strategische Stakeholder Objekte
8	7	Bewerte Strategische Stakeholder Objekte
9	2	Realisiere das Beziehungsmanagement über SSO
10	6	Bestimme für jedes SSO die relevanten Stakeholder
11	2	Bestimme für jeden Stakeholder die relevanten Informationsobjekte (z.B. Wasser, Luft, ...)
12	2	Bestimme die Handlungsobjekte für jeden Stakeholder (Sicherheitsmanagement, Organisationsmanagement, ...)

Mit Hilfe des *„Formalen Systemdenkens"* wird ein Rahmen für den Entwurf des konzeptionellen Modells geschaffen. „S" ist dann ein formales System, wenn folgende Kriterien zutreffen:

⇒ S basiert auf einer Mission (mission statement);

⇒ S muss über eine Evaluierung verfügen (performance measure);

⇒ S verfügt über einen Entscheidungsprozess;

⇒ S verfügt über Komponenten die so interagieren, dass sie das gesamte System betreffen;

⇒ S ist Teil eines Umsystems mit dem es interagiert;

⇒ S wird von einem Umsystem derart begrenzt, dass dieses von S eine Aktion verlangen kann.

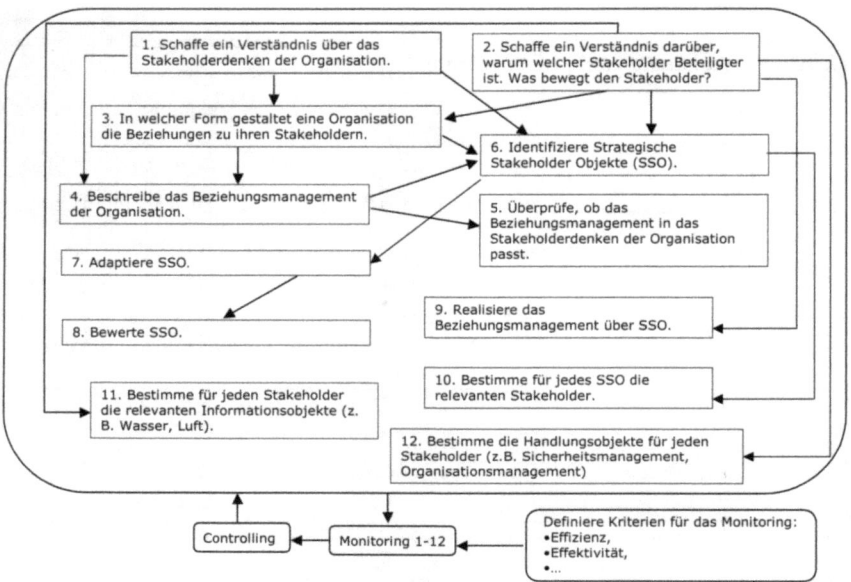

Abbildung 3: Das konzeptionelle Modell

Die *Überwachung bzw. Messung* des Systems erfolgt in drei Schritten. Die Definition der Performancegrößen bezieht sich auf die Wirksamkeit und die Wirtschaftlichkeit des Systems. Der eigentliche Messvorgang berücksichtigt diese Parameter, bei Abweichungen werden Aktionen gesetzt. Man kann das durchaus mit dem Controlling vergleichen.

Ein Beispiel für die Bildung eines konzeptionellen Modells könnte auf folgender „Root Definition" basieren: „Reflexion des Stakeholderdenkens auf den Gestaltungsprozess von Informationssystemen". Im ersten Schritt werden Aktivitäten gebildet, im zweiten Schritt werden die Aktivitäten in Abhängigkeiten gebracht, wie aus Tabelle 1 „Abhängigkeit der Aktivitäten" ersichtlich. Strategie Stakeholder Objekte (SSO) sind Objekte mit denen das Stakeholderdenken einer Organisation auf strategischer Ebene beschrieben werden kann. Ein solches SSO könnte z.b. die Medienpolitik von Nestlé sein. Aus dem SSO werden dann mit Hilfe von Methoden des Information Engineering „Strategische Objekte des Informationsmanagements" abgeleitet. Diese beinhalten Stakeholder (z.B. Mütter, Väter), Strategieobjekte (z.B. Wasser, Luft), und Handlungsobjekte (z.B. Organisationsmanagement, Sicherheitsmanagement); vgl. dazu [RoFS04]. Das konzeptionelle Modell der Problemstellung ist in Abbildung 3 dargestellt.

2.3.5   Die Gegenüberstellung (Comparison)

In dieser Phase erfolgt der Abgleich zwischen der realen Welt, wie in Phase 2 dargestellt und dem Systemansatz, wie im konzeptionellen Modell entwickelt.

Tabelle 2: Vergleichstabelle

Aktivität 1 2 3 4 ...	Verfügbar	Wie wird sie durchgeführt?	Einschätzung	Wie ist sie zu rechtfertigen?	Bemer-kung
Links 1 Vorauss f. 3,4,6 3 Vorauss f. 4,6 ...					

Die Gegenüberstellung kann über unterschiedliche methodische Zugänge erfolgen:

⇒ Weicht das konzeptionelle Modell von der realen Welt wesentlich ab, so werden Fragen zu jeder Aktivität generiert und beantwortet. Damit erfolgt ein Abgleich.

⇒ Vergleich von Vergangenheit und Prognose. Es werden Ereignisse der Vergangenheit rekonstruiert und gefragt, was haben diese auf das konzeptionelle Modell für Auswirkungen.

⇒ Der Allgemeine Vergleich unter Verwendung einer Vergleichstabelle. Mit Hilfe der Tabelle (Tabelle 2) kann jede Aktivität und jeder Link systematisch analysiert werden.

2.3.6   Definition des möglichen und wünschenswerten Wandels.

In dieser Phase erfolgt die Definition des möglichen und des wünschenswerten Wandels. Dabei sollte folgender Handlungsrahmen beachtet werden: (1) Was ist für den Wandel notwendig? Warum braucht das gegenwärtige System überhaupt eine Veränderung? (2) Wie ist die Art des Wandels? Hier geht es um die inhaltliche Darlegung des Wandels. (3) Mit welchen Mitteln soll der Wandel bewerkstelligt werden? Welche Schritte sind notwendig? (4) Welches ist der langfristige Wirkungsgrad des Wandels? Die politische Dimension des Wandels kann mit der Frage beleuchtet werden: Für wen ist der Wandel gut? Wesentlich erscheint es in dieser Phase, die relative Macht der Beteiligten abzuschätzen. Weiters ist die Kosten- Nutzenanalyse eine wichtige Methode in dieser Phase.

2.3.7   Empfehlungen zum Wandel

Zweck dieser Phase ist es, den Entscheidungsträgern Handlungsempfehlungen zu geben. Eine Empfehlung kann aber eine Situation derart verändern, dass neue Probleme auftreten.

2.4   *Summary SSM – Vor- und Nachteile*

Die verstärkte Orientierung der Informationssysteme am Stakeholderdenken führt auch zu Anpassungen der Methodik im Information Engineering. SSM ist eine geeignete Methodik das Stakeholderdenken auf den Gestaltungsprozess von Informationssystemen zu reflektieren. Zu den Vorteilen von SSM zählen:

⇒ Es gibt Problemsituationen, die mit HSM nicht lösbar sind.

⇒ Bei der Betrachtung der Unternehmenskultur spielen soziale und politische Faktoren sowie Machtaspekte eine entscheidende Rolle.

⇒ Durch die Generierung sog. „Rich Pictures" ist es möglich, unterschiedliche Standpunkte einzunehmen.

⇒ Durch die Problemlösung entstehen Lerneffekte.

⇒ SSM kann dann verwendet werden, wenn eine schlechte Problemstruktur gegeben ist und keine (klaren) Ziele existieren.

⇒ SSM ermöglicht die Generierung neuer und innovativer Lösungen.

⇒ SSM eignet sich in den frühen Phasen der strategischen Konzeption. Mit ihr ist es möglich, verborgene Objekte zu lokalisieren.

Zu den Nachteilen zählen:

⇒ SSM hat eine besondere Eignung zur Sanierung von Teilproblemen. Will man eine ganzheitliche Lösung, so bedarf dies eines ergänzenden Ansatzes wie er im Beispiel mit der Bildung „Strategischer Stakeholder Objekte" gemacht wurde. Dadurch kann der Nachteil auch zu einem Vorteil werden.

⇒ SSM gibt keine Handlungsanweisung, wie ein System zu konstruieren ist.

⇒ SSM birgt die Gefahr einer „never ending method" in sich.

⇒ SSM-Prozesse sind aufwendig und erfordern erfahrene Systemplaner.

⇒ SSM steht und fällt mit der Qualität der Systemplaner und dem Willen des strategischen Managements zur Änderung.

Erfahrungen, die mit SSM am Institut für Wertprozessmanagement – Wirtschaftsinformatik der Universität Innsbruck gemacht wurden, zeigen, dass eine hohe Qualität für den neuen Entwurf eines Informationssystems dann erreicht werden kann, wenn folgende Situation existiert:

1. Das strategische Management unterstützt konsequent das Vorgehen der System-Engineers.

2. Es gelingt den System-Engineers eine positive Grundstimmung zum Änderungsprozess (Change Management) zu erzeugen.
3. Die System-Engineers verfügen über eine hohe fachliche und soziale Kompetenz.
4. Da ein SSM-Projekt aufwendiger ist als ein HSM-Projekt, ist es auch notwendig die entsprechenden finanziellen Ressourcen bereitzustellen.

Aus unseren bisherigen Erfahrungen kann abgeleitet werden, dass SSM ein geeigneter Ansatz ist, das Stakeholder-Denken eines Unternehmens im Gestaltungsprozess von Informationssystemen zu implementieren.

Quellenverzeichnis

[Call97]
Callon, M.: Actor-Network Theory - The Market Test (draft). Actor Network and After Workshop. Centre for Social Theory and Technology (CSTT), Keele University, UK, 1997. http://www.keele.ac.uk/depts/stt/stt/ant/callon.htm, 31 July 1997. Zit. In: *Tatnall, A.; Gilding, A.:* Actor Network Theory an Information Systems Research. Draft. Department of Information Systems, Centre for Educational Development and Support Victoria University of Technology. Melbourne, Australia. E-Mail: arthur.tatnall@vu.edu.au.

[Chec95]
Checkland, P.: Systems Thinking, Systems Practice. Chichester 1995.

[CHSC99]
Checkland, P.; Scholes, J.: Soft Systems Methodology in Action. Chichester 1999.

[Del00]
Deloitte Consulting (Editor): Barclays Implements One Version Of The Truth. SEM System Enables Group-wide Consolidation, Reporting, Budgeting, Forecasting & Planning. Toronto 2002.

[DoPr95]
Donaldson, T; Preston L. E.: The stakeholder theory of the corporation: concepts, evidence, and implications. Academy of Management Review 20 (1), S. 65-91.

[Fink92]
Finkelstein, C.: Information Engineering. Strategic Systems Development. Reading/MA 1992 (Reprint 1993).

[Fink00]
Fink, K.: Know-how-Management. München/Wien 2000.

[Fink04]
Fink., K.: Knowledge Measurement and Uncertainty. Wiesbaden 2004.

[Free84]
Freeman, R. E.: Strategic Management. London 1984.

[HHRo04]
Heinrich, L. J.; Heinzl, A.; Roithmayr, F.: Wirtschaftsinformatik-Lexikon. 7.A. München/Wien 2004.

[Hein91]
Heinrich, L. J.: Das aktuelle Schlagwort: Information Engineering. WIRTSCHAFTSINFORMATIK 3/1991, S. 247-248.

[Hein94]
Heinrich, L. J.: Systemplanung I. 6.A. München/Wien 1994.

[Hein96]
Heinrich, L. J.: Information Engineering – eine Synopse. In: *Heilmann, H.; Heinrich, L. J.; Roithmayr, F.:* Information Engineering. München/Wien 1996, S. 14-34.

[Hein02]
Heinrich, L. J.: Informationsmanagement. 7.A. München/Wien 2002.

[HeHR96]
Heilmann, H.; Heinrich, L. J.; Roithmayr, F.: Information Engineering. München/Wien 1996.

[KaTr00]
Kassabova, D. Trounson, R.: Applying Soft Systems Methodology for User-Centred Design. In: Proccedings of the NACCQ2000, New Zealand. S. 159-168.

[Koba00]
Kobayashi, I.: School of Knowledge Science, Japan Advanced Institute of Science and Technology March 2002. Unveröffentlichtes Manuskript.

[Lacy95]
Lacity, M. C.; Hirschheim, R.: Benchmarking as a strategy for managing conflicting stakeholder perceptions of Information Systems. Journal of Strategic Information Systems 1995 4(2), S. 165-185.

[Lato93]
Latour, B.: We have never been modern. Hemel Hempstead 1993.

[LawJ92]
Law, J.: Notes on the Theory of the Actor-Network: Ordering, Strategy and Heterogeneity. Systems Practice 5(4), S. 379-393.

[Mart89]
Martin, J.: Information Engineering, Book I – Introduction. Englewood Cliffs/NJ 1989.

[Mart90a]
Martin, J.: Information Engineering, Book II: Design & Construction. Englewood Cliffs/NJ 1990.

[Mart90b]
Martin, J.: Information Engineering, Book III: Design & Construction. Englewood Cliffs/NJ 1990.

[Mert95]
Mertens, P.: Wirtschaftsinformatik: Von den Moden zum Trend. In: *König, W. (Hrsg.):* Wirtschaftsinformatik '95: Wettbewerbsfähigkeit, Innovation, Wirtschaftlichkeit. Heidelberg 1995, S. 25-64.

[MuWa79]
Mumford, E.; Ward, T. B.: A participative approach to computer systems design. London 1979.

[Poul99]

Pouloudi, A.: Aspects of the Stakeholder Concept and their Implications for Information Systems Development. In: Proceedings of the 32nd Hawaii International Conference on System Sciences 1999.

[RoFi04]

Roithmayr, F.; Fink; K.: The Actor Network Theory a SSM-Approach in Information Engineering. Draft in progress. University of Innsbruck. Innsbruck 2004.

[Roit04]

Roithmayr, F.: Die Reflexion der Stakeholdertheorie im Gestaltungsprozess von Informationssystemen. Vortrag gehalten am 2004-01-21 an der Universität Linz.

[RoFS04]

Roithmayr, F.; Fink, K.; Smid, J.: Reflexion der Stakeholdertherie auf den Gestaltungsprozess von Informationssystemen (Draft). Institut für Wertprozessmanagement – Wirtschaftsinformatik Universität Innsbruck. Innsbruck 2004.

[Scho82]

Schön, D.: The Reflective Practitioner. How Professionals Think in Action. New York 1982.

[Stoe00]

Stößlein, M.: Konzeption eines Stakeholder-Informationssystems für kleine und mittlere Unternehmen. In: *Sinz, E.; Plaha, M. (Hrsg.):* Modellierung betrieblicher Informationssysteme-MobIS 2002. S. 29-51. Proceedings zur Tagung. GI-Edition Lecture Notes in Informatics. Gesellschaft für Informatik, Bonn 2002.

[Ucal04]

http://sern.ucalgary.ca/~bowen/613/. Abfrage: 2004-01-07.

Evaluierung des Wissensmanagement-Audits

Thomas Auinger, Maximilian Kobler

Universität Linz
Institut für Wirtschaftsinformatik – Information Engineering
thomas.auinger@jku.at
maximilian.kobler@jku.at

Inhalt

Der vorliegende Beitrag beschreibt die am Institut für Wirtschaftsinformatik – Information Engineering durchgeführte Evaluierung des Wissens-
management-Audits (WM-Audit). In diesem Kontext wird auf die gewählte
Forschungsmethodik Laborforschung näher eingegangen.

1   WM-Audit als Untersuchungsobjekt

Der wahrscheinlichen, jedenfalls prognostizierten zunehmenden Bedeutung von Wissensmanagement (vgl. z.B. [Lehn00, 6f.; Nort98, 9; Schn01, 22; Krcm03, 417f.]) steht ein Mangel an Methoden zur Einführung von Wissensmanagement gegenüber. Das WM-Audit ermöglicht es, das Ausmaß, in dem das Potenzial von Wissensmanagement zur Sicherung des Unternehmenserfolgs genutzt wird (Wissensorientierung), zu messen, Problembewusstsein zu schaffen, Begriffe, die unterschiedliche Interpretationen zulassen, zu vereinheitlichen und die Fähigkeit zu erlangen, WM-Projekte beurteilen zu können.

1.1   Inhalte des WM-Audits

Das WM-Audit besteht aus dem Workshop 1, der Datenerhebung in Form strukturierter Interviews mit einer Checkliste, und dem Workshop 2.

1.1.1   Workshop 1

Teilnehmer am Workshop 1 sollten sein: Unternehmensleitung, die Verantwortlichen für Organisationsentwicklung, Personalentwicklung, IT, Personal und – abhängig vom Unternehmen – Mitarbeiter, deren Tätigkeitsfeld stark von Wissensmanagement betroffen ist (z.B. Mitarbeiter aus den Abteilungen Forschung und Entwicklung, Vertrieb). Die Teilnehmerzahl sollte jedoch 15 Personen nicht überschreiten, da konsensfähige Diskussionen in der vorgegebenen Zeit sonst nicht möglich sind. Ziele des Workshops 1 sind

⇒   die für Wissensmanagement wesentlichen Begriffe zu erklären und deren Verwendung zu vereinheitlichen,

⇒   bei den am Workshop beteiligten Personen ein Problembewusstsein für Wissensmanagement zu schaffen und davon abgeleitet den Bedarf an Wissensmanagment-Maßnahmen für das Unternehmen zu erkennen,

⇒   den Ablauf des WM-Audits zu kennen und Einblicke in die Grundlagen des WM-Audits zu erhalten,

⇒   Partner und Termine für die Interviews festzulegen.

Erklärung der Begriffe
In Anlehnung an [Hein02, 256], [DaPr99, 26ff.] und [Herb00, 9f.] werden die Begriffe Daten, Information und Wissen definiert. Die Unterscheidung von implizitem und explizitem Wissen sowie die Erklärung der vier Möglichkeiten der Wissensumwandlung werden anhand von [NoTa97, 71f.] vermittelt. Der erfolgte Wandel von der Agrar- zur Wissensgesellschaft wird anhand einer Grafik von [NeFl98] und Beispielen aus [Piel01, 3] dargestellt. Mit dem Modell der acht Bausteine des Wissensmanagements von [PrRR99] wird Wissensmanagement strukturiert und erklärt.

Erreichen eines Problembewusstseins
Unter Verwendung einer Studie über kritische Erfolgsfaktoren für Wissensmanagement (vgl. [Heis01]) wird darauf hingeführt, dass eine sinnvolle Festlegung von Maßnahmen zur Erreichung der Ziele ohne die Kenntnis des Istzustands nicht möglich ist.

Erkennen des Bedarfs für das eigene Unternehmen
Mit der Frage nach dem Prozentsatz des im Unternehmen, im Verhältnis zum vorhandenen Wissen, genutzten Wissens wird versucht, die Teilnehmer für die Problematik im eigenen Unternehmen zu sensibilisieren. Unter Einsatz von Kreativitätstechniken (wie Brainstorming, Kärtchentechnik, Mind Mapping) werden Handlungsbedarfe im Unternehmen identifiziert.

Ablauf und Grundlagen des WM-Audits
Der Ablauf des WM-Audits und die Inhalte der einzelnen Teile werden erklärt. Bei den Grundlagen wird erneut auf [PrRR99] und zusätzlich auf [Romh98] verwiesen. Ein Interventionsquadrant wird beispielhaft erklärt. Weiters wird der elektronische Interviewleitfaden vorgestellt und die Auswertungsmethodik erklärt.

Workshop 1 endet damit, die Interviewpartner zu bestimmen und idealerweise mit der Fixierung der Interviewtermine. Die Dauer des Workshops ist mit maximal zwei Stunden limitiert.

1.1.2   Datenerhebung/Interviews

Für den Aufbau des Interviewleitfadens wurde die Struktur der acht Bausteine von [PrRR99] und der Interventionsquadranten von [Rom98] verwendet. Die 40 Interventionsquadranten werden mit je zwei Definitionen erklärt und präzisiert. Die Definitionen stehen dem Interviewer zur Verfügung.

Pro Quadrant werden durchschnittlich drei Fragen gestellt. Insgesamt besteht der Fragebogen aus 133 Fragen. Jede Frage wird an zwei Mitarbeiter aus unterschiedlichen Hierarchieebenen gerichtet. Durch die doppelte Beantwortung der Fragen lassen sich unterschiedliche Sichtweisen verschiedener Hierarchieebenen darstellen. Die Antwortausprägungen sind vorgegeben. Grundsätzlich schließen sich die Antwortausprägungen gegenseitig aus. Nur bei wenigen Fragen sind Mehrfachnennungen erlaubt. Jedes Unternehmen ist wegen seiner Geschichte, seiner Produkte/Dienstleistungen und seines Umfeldes unterschiedlich. Es ist daher nicht möglich, alle denkbaren Antwortausprägungen zu beschreiben. Die Teilnehmer werden daher gebeten, die am ehesten zutreffende Antwortausprägung auszuwählen.

1.1.3   Workshop 2

Am Workshop 2 sollten die gleichen Personen teilnehmen wie am Workshop 1, da Teile des im Workshop 1 vermittelten Wissens vorausgesetzt werden. Ziele des Workshops 2 sind

⇒   die in der Datenerhebung gewonnenen und ausgewerteten Daten zu prä-sentieren und gemeinsam mit den Teilnehmern auf Plausibilität zu über-prüfen,

⇒   zu ausgewählten Bausteinen des Wissensmanagements (an das Unterneh-men angepasst) einen Theorieinput zu geben,

⇒   unter Verwendung von Kreativitätstechniken die gemeinsam gewonnenen Erkenntnisse auf das Unternehmen zu übertragen.

1.2   *Stand der Forschung bei Durchführung der Laborstudie*

1.2.1   Entwicklung des ersten Prototypen des WM-Audits

Von April 2001 bis September 2001 wurde das WM-Audit aufbauend auf [PrRR99] und [Romh98] sowie einem umfangreichen Literaturstudium entwi-ckelt.

1.2.2   Organisation der Projektseminare (Feldforschung)

Im Rahmen von zwei Projektseminaren im Wintersemester 2001/2002 und im Sommersemester 2002 wurde das WM-Audit erprobt und weiter entwickelt.

Im Wintersemester 2001/2002 wurden die teilnehmenden Studierenden in vier Gruppen geteilt. Eine Gruppe wurde mit der Realisierung des elektroni-schen Interviewleitfadens beauftragt. Die anderen drei Gruppen bereiteten Workshop 1 vor. Nach einer Abstimmung hinsichtlich Inhalt und Layout wur-den die Workshops in den Partnerunternehmen abgehalten.

Anschließend wurden die Interviews durchgeführt. Da der elektronische In-terviewleitfaden noch nicht zur Verfügung stand, wurden die Antworten auf Papier festgehalten. Wegen der vielen Hinweise und Verbesserungsvorschläge durch die Befragten und die Interviewer stellte sich diese Vorgehensweise nach-träglich als vorteilhaft heraus, da die Hinweise direkt bei den Fragen notiert werden konnten.

Im Sommersemester 2002 wurden die Workshops 2 in den Partnerunter-nehmen von Studierenden durchgeführt (vgl. [Auin03]).

Im Folgenden wird auf die gewählte Forschungsmethodik näher eingegan-gen.

2   Forschungsmethodik

2.1   *Bedeutung empirischer Forschung in der Wirtschaftsinformatik*

Innerhalb der Sozial-, Wirtschafts- und Ingenieurwissenschaften werden zwei Forschungsrichtungen, die theoretische und die empirische Forschung unterschieden. Die theoretische Forschung beinhaltet nach [Hein01, 93] die Entwicklung von mehr oder weniger abstrakten Theorien einschließlich Konstruktionslehren und die Umsetzung der Theorien in Konzepte und prototypische Produkte. Die empirische Forschung dient zur Überprüfung der Theorien, Konzepte und prototypischen Produkte.

Obwohl der Wirtschaftsinformatik eine hohe Praxisorientierung zugesprochen wird, spielte die empirische Forschung lange Zeit nur eine untergeordnete Rolle. [Fran97, 22f.] erklärt diesen Umstand damit, dass es sich bei der Wirtschaftsinformatik um ein relativ junges Fach handelt. Da die Untersuchungen und Systementwürfe auf Problemen der Praxis basieren, beschränkte man sich auf konzeptionelle Konstruktionen; eine empirische Untersuchung wurde deshalb als nicht notwendig erachtet. Die zunehmende Bedeutung der empirischen Forschung in der Wirtschaftsinformatik begründet Frank unter anderem mit Einflüssen aus dem angelsächsischen Raum. Die mit der Wirtschaftsinformatik vergleichbaren Forschungsfelder bedienen sich zumeist der empirischen Untersuchung, um die Determinanten für den erfolgreichen Umgang mit betrieblichen Informationssystemen zu ermitteln. Des Weiteren hat die Forschungsförderung in der Europäischen Union erheblichen Einfluss, da sie Vorgaben zum Einsatz empirischer Forschung macht.

[Cors00, 217f.] nennt vier unterschiedliche Vorgehensweisen, um auf Grundlage der Wahrnehmung der Realität Erkenntnisse zu gewinnen:

⇒ Die *Inhaltsanalyse* zur systematischen Erfassung des Inhaltes von Kommunikation. Hierbei können sämtliche Medien, die eine vorausgegangene Kommunikation dokumentieren (Texte, Videoaufzeichnungen etc.), analysiert werden, um Rückschlüsse auf die Realität zu ziehen.

⇒ Die *Befragung* zur gezielten Gewinnung von Informationen über das Untersuchungsobjekt. Hierbei lassen sich schriftliche und mündliche Befragung unterscheiden, die jeweils unterschiedlich stark strukturiert sein können.

⇒ Die *Beobachtung* zur planmäßigen Wahrnehmung der Realität. Hierbei gilt es zu berücksichtigen, dass eine Wahrnehmung durch den Beobachter immer nur selektiv erfolgen kann.

⇒ Das *Experiment* zur Überprüfung bereits formulierter theoretischer Aussagen unter definierten Bedingungen.

Das Experiment nach naturwissenschaftlichem Vorbild wird von [Atte00, 184] als die sicherste Methode empirischer Sozialforschung bezeichnet, um Kausalbeziehungen im Bereich sozialer Phänomene festzustellen.

2.2   Experiment als Forschungsmethode

Ein Experiment wird von [HeHR04, 241] als wissenschaftlicher Versuch zur Aufstellung, Bestätigung oder Widerlegung von Hypothesen definiert. Bei der Durchführung von Experimenten in den Wirtschaftswissenschaften werden unterschiedliche Ziele verfolgt. Die folgende Aufzählung soll einen Überblick über denkbare Ziele ermöglichen und erhebt keinen Anspruch auf Vollständigkeit (in Anlehnung an [Atte00, 182; DaHo93, 18ff.; Smit94]).

1.   Hypothese testen
     Das Ergebnis des Experiments wird mit dem auf Basis der Hypothese vorhergesagten Ergebnis verglichen. Sofern unerklärbare Abweichungen beobachtet werden, gilt die Hypothese als falsifiziert und muss angepasst bzw. verworfen werden.
2.   Hypothese beurteilen
     Mehrere Hypothesen mit unterschiedlichem Inhalt werden in einem Experiment verglichen, um die unter den gegebenen Bedingungen zu Präferierende zu ermitteln.
3.   Den Grund für die Falsifikation einer Hypothese erforschen
     Wenn eine Hypothese nach einer Untersuchung als falsifiziert gilt, wird zunächst der Aufbau des Experiments betrachtet, um sicherzustellen, dass die Abweichung auf das Versagen der Hypothese zurückzuführen ist. Sofern nicht gegen Bedingungen verstoßen wurde, die für den Einsatz der Hypothese definiert sind, wird versucht, den Grund für das Versagen zu ermitteln.
4.   Empirische Regelmäßigkeiten für die Entwicklung einer neuen Hypothese nachweisen
     Neue Hypothesen bauen zumeist auf den Daten von vielen Untersuchungen auf und versuchen, die beobachteten Regelmäßigkeiten zu erklären. Hierbei gilt es zu beachten, dass zumindest theoretisch festgelegte Aussagen vor Aufbau des Experiments vorliegen müssen, um sinnvolle Interpretationen der Ergebnisse zu ermöglichen.
5.   Umweltbedingungen variieren
     Um eine Hypothese auf Allgemeingültigkeit hin zu überprüfen, werden Untersuchungen unter verschiedenen, zum Teil extremen Bedingungen durchgeführt. Man versucht festzustellen, ob bzw. unter welchen Bedingungen sie ihre Gültigkeit verliert.

Bei der Durchführung wissenschaftlicher Experimente sind verschiedene Grundbedingungen zu beachten (vgl. [Atte00, 185; Stel95, 108]):

1. Identifikation der Variablen des Forschungsproblems als Grundlage für die Bildung von Hypothesen
    - Unabhängige Variable (UV): Durch das planmäßige Variieren der UVs soll der Einfluss auf die abhängigen Variablen untersucht werden. In diesem Zusammenhang wird auch von verursachenden Faktoren gesprochen.
    - Abhängige Variable (AV): Die AVs werden durch die UVs beeinflusst und sind Gegenstand der Untersuchung. In diesem Zusammenhang wird auch von bewirkten Faktoren gesprochen.
    - Störvariable (SV) oder intervenierende Variable: Als SVs werden alle nicht den UVs zugeordneten Variablen, die einen Einfluss auf die AVs haben, bezeichnet. Um ein interpretierbares Ergebnis zu erzielen, müssen die SVs einem Höchstmaß an Kontrolle unterliegen. Hierbei können verschiedene experimentelle Techniken Anwendung finden (Konstanthalten, Parallelisieren, Randomisieren, Balancieren; vgl. [Stel95, 108]).
2. Kontrolle der SVs
3. Aufstellung einer Hypothese, die einen Kausalzusammenhang zwischen AVs und UVs behauptet
4. Variieren der UVs und Beobachten der AVs
5. Wiederholbarkeit (Reproduzierbarkeit)

In der Literatur werden unterschiedliche Arten von Experimenten beschrieben. [Sarr92, 228] unterscheidet z.B. zwischen Erkundungs- und Entscheidungsexperiment. Eine weitere Gliederung nach Erkennungs-, Identifikations-, Berechnungs- und Optimierungsexperimenten wird von [HeHR04, 241] genannt. [Atte00, 186f.] schlägt die Einteilung von Experimenten in projektive und ex-post-facto-Verfahren, in simultane und sukzessive Experimente und in Simulationen und Planspiele vor. Trotz der zum Teil unterschiedlichen Systematik findet man bei allen genannten Autoren auch die Einteilung in Labor- und Feldexperiment.

2.3 Laborforschung als Forschungsmethode

2.3.1 Charakterisierung

Eine einheitliche Definition von „Laborforschung" lässt sich in der Fachliteratur nicht finden. Dies ist darauf zurückzuführen, dass die Untersuchungsobjekte in der Biologie, Medizin, Physik, Psychologie, Sozialwissenschaft, Wirtschaftswissenschaft etc. sehr unterschiedlich sind. Die Anforderungen an die Forschungsmethode und damit auch ihre Definition variieren je nach Untersuchungsobjekt. Die Angabe einer Definition wird zusätzlich durch die Verwendung von unterschiedlichen, aber größtenteils synonym verwendeten

Begriffen (Laborforschung, Laboruntersuchung, Laborstudie, Laborexperiment, experimentelle Laboruntersuchung etc.) erschwert.

   Eine weitere Schwierigkeit ist die Hervorhebung von unterschiedlichen Aspekten durch die Verfasser einer Definition. So betont [Sarr92, 228] den Ort bzw. die Umgebung der Untersuchung, während [Att00, 186] eher die Bedingungen, in denen der Sachverhalt bzw. der Vorgang untersucht werden, in den Vordergrund stellt. [BoDö02, 60] beschreiben Laboruntersuchung als ein Extrem eines Kontinuums, wobei das andere Extrem die Felduntersuchung ist. Eine scharfe Trennung ist aus diesem Grund nicht möglich bzw. sinnvoll. Statt einer weiteren allgemeinen Definition wird im Folgenden eine Abgrenzung der Laborforschung gegenüber der Feldforschung anhand ihrer wesentlichen Merkmale vorgenommen.

2.3.2   Abgrenzung der Laborforschung gegenüber der Feldforschung

Entscheidend bei der Differenzierung zwischen Labor- und Feldforschung sind nicht der Ort der Durchführung, das „Labor" (z.B. ein spartanisch ausgestatteter, abgeschlossener Raum) oder das „Feld" (z.B. ein bestimmtes Unternehmen), sondern die Umweltbedingungen (vgl. [Hein95, 5]). Während wissenschaftliche Untersuchungen bei der Feldforschung in der Wirklichkeit, also in ihrer „natürlichen Umgebung" stattfinden, wird für die Laborforschung eine künstliche Wirklichkeit geschaffen.

   Der Forscher gestaltet die künstliche Umgebung so, dass so viele SVs wie möglich eliminiert werden. Da es nur in Ausnahmefällen möglich ist, alle SVs zu eliminieren, wird versucht, den Einfluss der verbleibenden SVs auf die AVs zu reduzieren. Das Maß, in dem die Veränderungen der AVs eindeutig auf den Einfluss der UVs zurückzuführen sind, wird als interne Validität bezeichnet. Unter Laborbedingungen kann eine hohe interne Validität erreicht werden; dies geht allerdings zulasten der externen Validität der Forschungsergebnisse. Externe Validität gibt an, inwieweit die Generalisierung der Ergebnisse (auf andere Personen, Prozesse, Situationen, Zeitpunkte etc.) möglich ist. Durch die im Gegensatz zur realen Umwelt veränderten Bedingungen, ist eine Übertragung der Laborergebnisse auf die Wirklichkeit ohne Einschränkungen nicht möglich. Feldforschung zeichnet sich durch das Belassen der Untersuchungsobjekte in ihrer natürlichen Umgebung aus. Diese Forschungsmethode hat jedoch entscheidende Nachteile (vgl. [Hein01, 99f.; BoDö02, 60f.; Sarr92, 228ff.; Atte00, 186]):

   Der Zugang zu den Forschungsobjekten in ihrer natürlichen Umgebung gestaltet sich in der Praxis schwierig. Die SVs sind weder vollständig zu erfassen, noch zu kontrollieren. Die Anwesenheit des Forschers allein kann bereits Auswirkung auf die Ergebnisse haben und stellt dadurch eine SV dar. Während die interne Validität schwieriger zu gewährleisten ist, ist die externe Validität der Ergebnisse meist höher.

2.3.3 Laborforschung in der Wirtschaftsinformatik

Für eine explorative Umfrage des Instituts für Wirtschaftsinformatik – Information Engineering an der Universität Linz zur Verbreitung der Laborforschung in der Wirtschaftsinformatik, haben [HeKo04] folgende Definition formuliert: *„Laborforschung in der Wirtschaftsinformatik verstehen wir als die wissenschaftliche Untersuchung von wirtschaftsinformatik-spezifischen Objekten in einer künstlich geschaffenen Wirklichkeit, dem Labor. Sie ist Laborexperiment und Laborstudie. Laborexperiment ist die Form der Laborforschung, die sich des Experiments bedient. Laborexperiment heißt, dass in wissenschaftlichen Aussagen behauptete Kausalzusammenhänge mit Hilfe von Experimenten empirisch überprüft werden."*

Die Anforderungen, die an ein Experiment zu stellen sind, werden in „2.2 Experiment als Forschungsmethode" beschrieben.

„Für das Laborexperiment in der Wirtschaftsinformatik fordern wir darüber hinaus:

⇒ *Existenz von allgemein anerkannten Messvorschriften für die AVs und UVs*
⇒ *Abbildbarkeit und Simulierbarkeit der Untersuchung durch ein Computerprogramm"*

Fehlt eine oder fehlen mehrere dieser Anforderungen, wird von Laborstudie gesprochen.

2.3.4 Entscheidung für die Laborstudie und Auswahl des Untersuchungsobjektes

Im Wintersemester 2002/2003 wurde das WM-Audit mithilfe einer Laborstudie weiter entwickelt, um anschließend die verbesserte Version wieder im Feld zu erproben (vgl. Abbildung 1). Die Laborstudie wurde gewählt, um den Einfluss von möglichen Störvariablen auf das Untersuchungsergebnis weit gehend auszuschließen. Sowohl die Seminargruppen als auch die Probandengruppen wurden den Laborworkshops nach dem Zufallsprinzip zugeteilt. Als Objekt für die Laborstudie wurde der Workshop 1 ausgewählt, da beim Briefing der Probanden und bei den Gruppenarbeiten im Workshop wesentlich weniger unternehmensspezifische Informationen erforderlich sind als im Workshop 2.

Für die Datenerhebung ist eine Laborstudie nicht erforderlich, da Kommentare zu den Fragen durch den Interviewer über den elektronischen Interviewleitfaden erfasst werden können. Eine Laborstudie für den Workshop 2 ist wegen des dafür vorausgesetzten Workshops 1 und der Datenerhebung aus Aufwandsgründen nicht zu rechtfertigen bzw. wegen der starken Anpassung an die Erfordernisse des jeweiligen Unternehmens nicht durchführbar.

Ziel der Laborstudie war es, die Erkenntnisse aus den drei Erprobungen im Feld zu ergänzen und durch eine bessere Kontrolle über die Randbedingungen eine exaktere Überprüfung der Erreichung der Workshopziele zu ermöglichen.

Die Durchführung mehrerer Workshops im Feld wäre in dieser Form kaum möglich. Der verminderte Realitätsbezug durch die Besetzung der Probanden mit Studierenden und die damit zusammenhängende künstlich geschaffene Umgebung müssen im Gegenzug hingenommen werden.

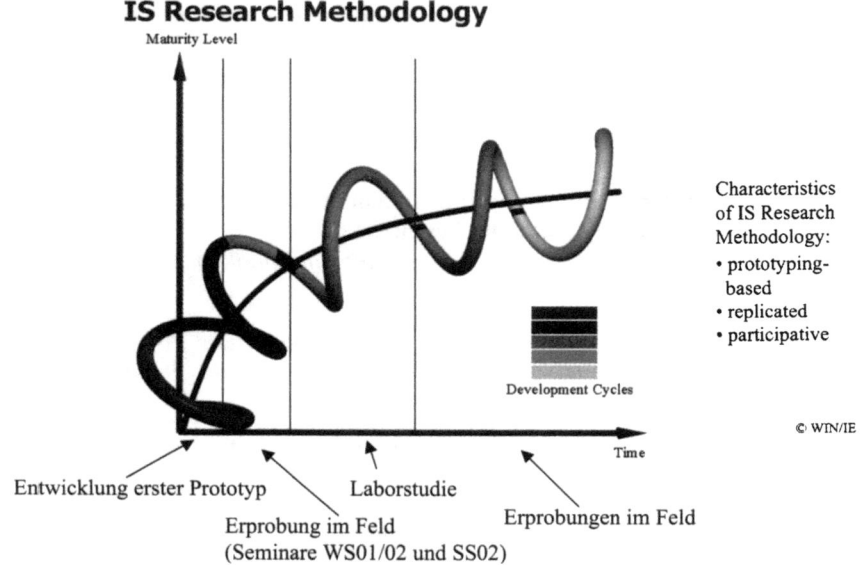

Abbildung 1: Entwicklungszyklen des WM-Audits (in Anlehnung an [Hein01, 95])

3   Durchführung der Laborstudie

Da die Kontrolle untersuchungsbedingter SVs zu einer unnatürlichen Untersuchungsumgebung führen kann und somit die externe Validität infrage gestellt wird (vgl. [BoDö02, 56]), wurde eine Kompromisslösung konstruiert. Die dadurch entstandenen SVs werden weiter unten beschrieben.

3.1   Wahl der Variablen

Dauer, Rollenzuteilung, Ort, Vorabinformationen und Anzahl der Teilnehmer sind bei allen Laborgruppen konstant.

Dauer
Die Dauer des Workshop 1 ist mit maximal zwei Stunden begrenzt, einem Zeitraum, der ohne Pause bewältigt werden kann.

Rollenzuteilung
Es handelt sich bei den Probanden um Studierende des ersten Studienabschnitts Wirtschaftsinformatik an der Johannes Kepler Universität Linz (JKU). Es wird angenommen, dass die AVs durch die Rollenzuteilung nicht beeinflusst werden.

Ort (inkl. Ausstattung)
Die Workshops finden in Seminarräumen der JKU statt. In den Seminarräumen befinden sich ein PC, ein LCD-Projektor und Flipcharts. Die Sessel der Probanden sind in Halbkreisform, ohne Tisch, aufgestellt.

Vorabinformationen
Die Informationen über das Unternehmen sind für alle Probanden gleich. Zusätzlich erhält jeder Proband Informationen über seine Rolle. Zu Wissensmanagement werden keine Informationen zur Verfügung gestellt. Es wird angenommen, dass ein unterschiedlicher Wissensstand der Workshop-Teilnehmer die Realität am besten widerspiegelt.

Anzahl der Teilnehmer
Die Teilnehmerzahl wurde grundsätzlich auf sieben festgelegt. Abweichende Teilnehmerzahlen aufgrund von Terminverschiebungen wurden akzeptiert. Als Minimum wurden sechs Teilnehmer, als Maximum neun Teilnehmer zugelassen.

3.1.1 Unabhängige Variablen (UVs)

Workshopform (Strukturiertheit): Darunter werden der Aufbau und die innere Gliederung des Workshops verstanden. Die Workshops werden in Informationsinputs (Vorträge) und Gruppenarbeiten gegliedert.

Ausprägungen der UVs: stark strukturiert, mittel strukturiert, wenig strukturiert
Stark strukturiert: mindestens dreifacher Wechsel zwischen Vortrag und Gruppenarbeit.
Mittel strukturiert – siehe 1.1.1
Wenig strukturiert: Der Informationsinput erfolgt in einem Block, anschließend erfolgt die Gruppenarbeit.

Informationsinput: niedrig, mittel, hoch
Niedriger Informationsinput: Nur die notwendigsten Begriffe werden erklärt.
Mittlerer Informationsinput – siehe 1.1.1
Hoher Informationsinput: Es werden deutlich mehr Informationen angeboten als unter 1.1.1.

3.1.2 Abhängige Variablen (AVs)

Als AVs wurden die Ziele des Workshop 1, nämlich Kenntnis der wichtigsten Begriffe, Vorhandensein eines Problembewusstseins, Bezug zum Unternehmen, Kenntnisse über Ablauf und Grundlagen des WM-Audits festgelegt.

Die Erhebung erfolgt mittels Fragebogen, wobei ein Fragebogen vor und ein Fragebogen nach dem Workshop 1 bearbeitet wird. Das Ausmaß der Veränderungen wird gemessen. Die Fragen werden mit positiver und negativer Fragestellung formuliert, um eine Beeinflussung der Probanden zu vermeiden. Die Fragen sind offen und geschlossen. Die AV „Ablauf des WM-Audits und Grundlagen der Befragung" wird nur im Fragebogen 2 abgefragt.

Kenntnis der wichtigsten Begriffe
Es wird gemessen, ob die Teilnehmer die Begriffe Daten, Information und Wissen, die Unterscheidung zwischen explizitem und implizitem Wissen, die Formen der Wissensumwandlung und die acht Bausteine des Wissensmanagements, im Sinne der Definitionen, wie sie im Workshop 1 vermittelt werden, kennen.

Vorhandensein eines Problembewusstseins
Es wird gemessen, ob es gelungen ist, den Teilnehmern die Wichtigkeit des Produktionsfaktors Wissen für den Geschäftserfolg zu vermitteln.

Bezug zum Unternehmen
Es wird gemessen, ob die Teilnehmer das Vorgetragene in Bezug zum Unternehmen bringen können.

Kenntnis über den Ablauf des WM-Audits und Grundlagen der Befragung
Es wird gemessen, wie weit die Teilnehmer mit dem Ablauf des WM-Audits und den Grundlagen der Befragung vertraut sind.

3.1.3 Störvariablen (SVs)

Kompetenz der Moderatoren
Wird von Teilnehmern aus der Seminargruppe durch Beobachtung gemessen. Gemäß den Beobachterbögen sind keine Störungen aufgetreten, die die AVs beeinflusst haben könnten.

Motivation der Probanden (Rollenidentifikation)
Wird durch den Fragebogen und durch Beobachtung gemessen. Die Motivation der Probanden war durchschnittlich hoch. Einzelne nicht motivierte Probanden haben das Ergebnis nicht signifikant beeinflusst.

Umwelteinflüsse
Störungen wie Lärmeinflüsse von außen oder Unterbrechungen durch fremde Personen werden von Teilnehmern aus der Seminargruppe durch Beobachtung

gemessen. Es sind keine Störungen aufgetreten, die das Ergebnis signifikant beeinflusst haben.

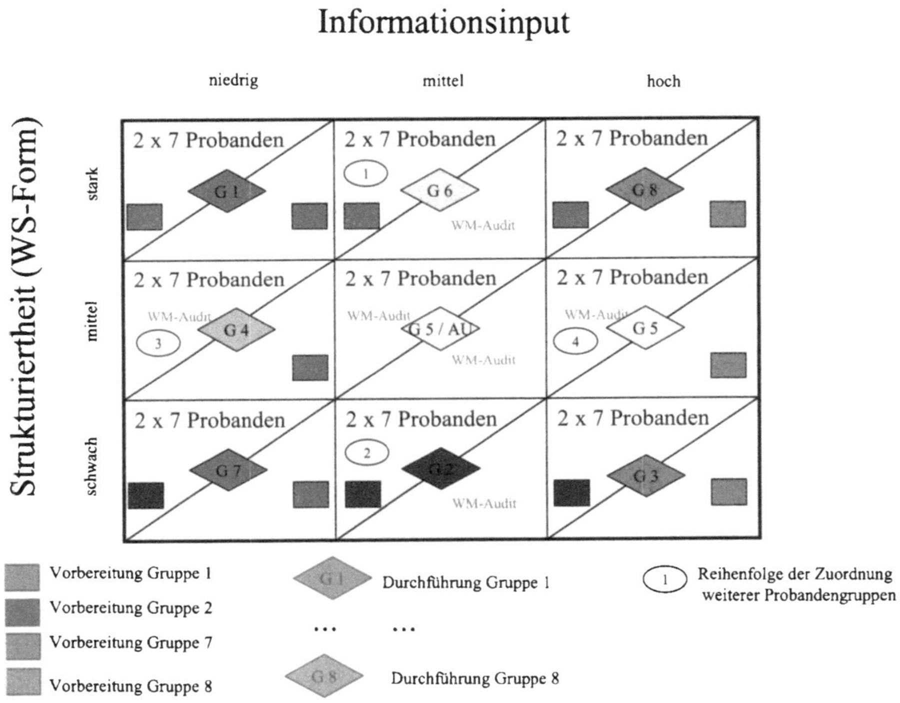

Informationsinput

Abbildung 2: Zuteilung der Aufgaben und Laborgruppen zu den Seminargruppen

3.1 4   Organisation und Ablauf der Laborstudie

Um Absprachen unter den Probanden einzuschränken, wurde versucht, die Abstände zwischen den Workshopterminen kurz zu halten. Abbildung 2 zeigt die Ablaufplanung der Laborstudie.

Für die Laborstudie wurde ein mittelständisches Unternehmen ausgewählt, dessen Daten anonymisiert wurden. Teilnehmer am Workshop waren: Geschäftsführung, Einkaufsleitung, IT-Management, Personalleitung, Produktentwicklung, Produktionsleitung, Verkaufsleitung. Vor dem Workshop wurden die Teilnehmer hinsichtlich des Unternehmens und ihrer Rolle gebrieft. Mit einem Fragebogen wurden die AVs vor dem Wissensmanagement-Audit gemessen. Im Anschluss an den Workshop wurde wieder ein Fragebogen zur Messung der AVs ausgeteilt (vgl. Abbildung 3).

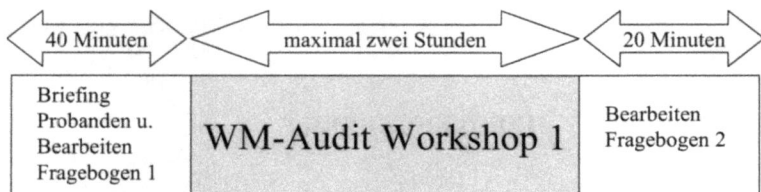

Abbildung 3: Zeiteinteilung für Workshop 1 und Fragebogenbearbeitung

3.2   Auswertung Laborstudie WM-Audit Workshop 1

Der Zeitaufwand für die Laborstudie beträgt ca. 1,5 Personenjahre und teilt sich, wie in Tabelle 1 dargestellt, auf.

Tabelle 1: Zeitaufwand für die Laborstudie

	Zeitaufwand pro Teilnehmer	Anzahl der Teilnehmer	Zeitaufwand
Aufwand pro Proband (ohne An- und Abfahrt)	3 Stunden	110 Teilnehmer	330 Stunden
Zeitaufwand pro Seminarteilnehmer	50 Stunden	40 Teilnehmer	2.000 Stunden
Zeitaufwand Institutspersonal			120 Stunden
Gesamter Zeitaufwand			2.450 Stunden

Die Abbildungen 4 bis 7 zeigen Auswertungen der Fragebögen. Die Zahlen bezeichnen die Anzahl der Fragen, die im Vergleich vom ersten zum zweiten Fragebogen schlechter/gleich/besser beantwortet wurden.

Die AV *Kenntnis der wichtigsten Begriffe* korreliert positiv mit der Menge an Informationsinput. Der Unterschied zwischen *mittel* und *hoch* ist allerdings nicht signifikant. Die Strukturiertheit wirkt sich im mittleren Bereich am positivsten auf die Kenntnis der wichtigsten Begriffe aus.

Bei der AV *Bezug zum Unternehmen* wirkt sich ein hoher Informationsinput am positivsten aus. Der Unterschied zum niedrigen Informationsinput ist allerdings nicht signifikant. Eine hohe Strukturiertheit hat den positivsten Einfluss auf den Bezug zum Unternehmen.

Die AV *Problembewusstsein* wurde mit nur einer Frage abgefragt. Veränderungen in diesem, am stärksten von der jeweiligen persönlichen Einstellung abhängigen UV, können am wenigsten von Studierenden auf Führungskräfte in Unternehmen übertragen werden.

Die AV *Kenntnis über den Ablauf des WM-Audits und Grundlagen der Befragung* wurde mit dem zweiten Fragebogen abgefragt. Da dieses Thema unabhängig von der Informationsmenge und der Strukturiertheit nur am Ende des Workshops Sinn macht, wird auf eine Auswertung der Fragen verzichtet.

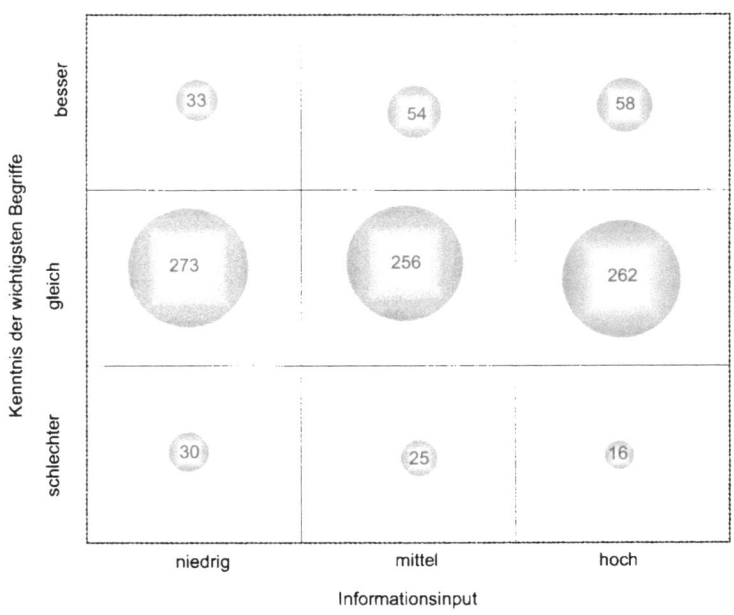

Abbildung 4: Auswirkung des Informationsinputs auf die Kenntnis der wichtigsten Begriffe

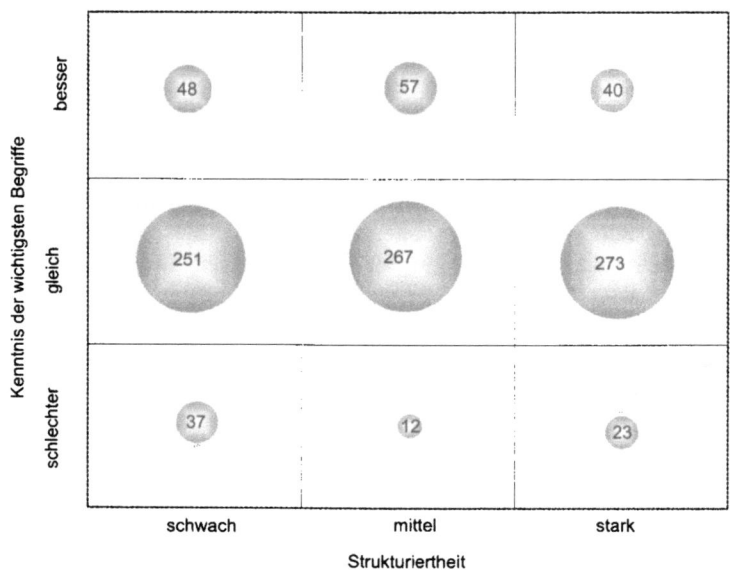

Abbildung 5: Auswirkung der Strukturiertheit auf die Kenntnis der wichtigsten Begriffe

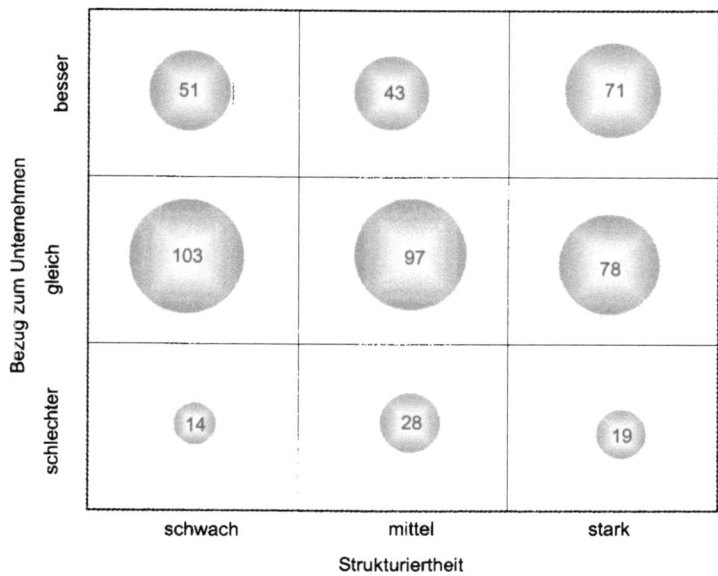

Abbildung 6: Auswirkung des Informationsinputs auf den Bezug zum Unternehmen

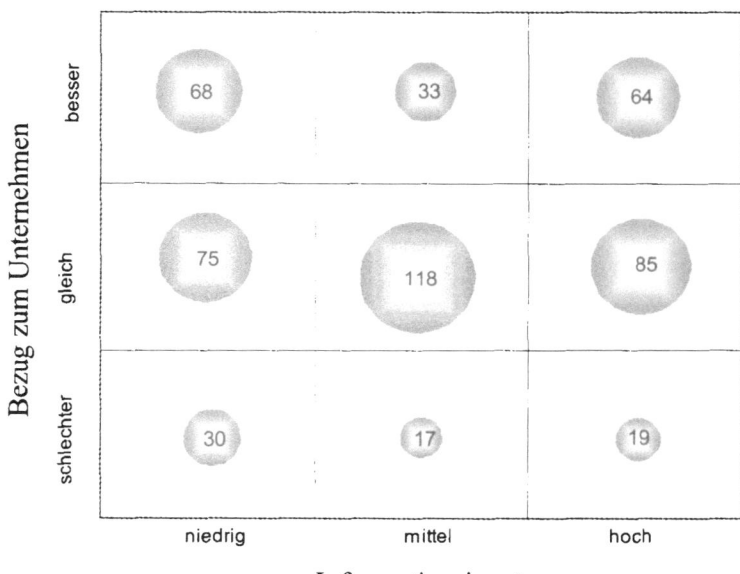

Informationsinput

Abbildung 7: Auswirkung der Strukturiertheit auf den Bezug zum Unternehmen

4 Lessons learned

Die „explizit" darstellbare Erkenntnis ist im Verhältnis zum Aufwand für die Laborstudie gering. Die „impliziten" Erkenntnisse aus der Bearbeitung des Themas, den Gesprächen mit den Seminarteilnehmern und den Probanden haben zu einer Verbesserung des WM-Audits (z.B. höhere Strukturierung des Workshops und Reduzierung des Informationsinputs) geführt. Diese Änderungen haben sich in den nachfolgenden Erprobungen im Feld bewährt.

Wesentliche Faktoren für die geringe Aussagekraft der Laborstudie waren die SVs:

⇒ mangelnde Übertragbarkeit der Kompetenzen von Führungskräften auf die Probanden (Studierende)

⇒ die Beurteilung der Moderatoren durch „Seminarkollegen"

⇒ die fehlende Erfahrung der Beobachter hinsichtlich der Qualität von Moderatoren

Auch bei Laborstudien kann eine exponentielle Steigung der Lernkurve unterstellt werden. Erst bei wiederholter Durchführung von Laborstudien wird ein für den Laborstudienleiter befriedigendes Ergebnis zu erreichen sein.

Quellenverzeichnis

[Atte00]
Atteslander, P.: Methoden der empirischen Sozialforschung. 9.A., Berlin/New York 2000.

[Auin03]
Auinger, T.: Wissensmanagement-Audit. Institutsbericht 03.01, Linz 2003.

[BoDö02]
Bortz, J.; Döring, N.: Forschungsmethoden und Evaluation: für Human- und Sozialwissenschaftler. 3.A., Berlin/Heidelberg/New York 2002.

[Cors00]
Corsten, H.: Lexikon der Betriebswirtschaftslehre. 4.A., München/Wien 2000.

[DaHo93]
Davis, D. D.; Holt, C. A.: Experimental Economics. Princeton/New Jersey 1993.

[DaPr99]
Davenport, T. H.; Prusak, L.: Wenn Ihr Unternehmen wüßte, was es alles weiß... – Das Praxishandbuch zum Wissensmanagement. 2.A., Landsberg/Lech, 1999.

[Fran97]
Frank, U.: Erfahrung, Erkenntnis und Wirklichkeitsgestaltung – Anmerkungen zur Rolle der Empirie in der Wirtschaftsinformatik. In: *Grün, Oskar; Heinrich, Lutz J. (Hrsg.):* Wirtschaftsinformatik – Ergebnisse empirischer Forschung. Wien/New York 1997.

[HeHR04]
Heinrich, L. J.; Heinzl, A.; Roithmayr, F.: Wirtschaftsinformatik-Lexikon. 7.A., München/Wien 2004.

[Hein95]
Heinrich, L. J.: Empirische Forschung in der Wirtschaftsinformatik – State of the Art und Editorial zum Schwerpunktthema. In: WIRTSCHAFTSINFORMATIK 37 (1995) 1, S. 3-9.

[Hein01]
Heinrich, L. J.: Wirtschaftsinformatik – Einführung und Grundlegung. 2.A., München/Wien 2001.

[Hein02]
Heinrich, L. J.: Informationsmanagement. 7.A., München/Wien 2002.

[Heis01]
Heisig, P.: Die ersten Schritte zum professionellen Wissensmanagement. In: *Antoni C. H.; Sommerlatte T. (Hrsg.):* Report Wissensmanagement – Wie deutsche Firmen ihr Wissen profitabel machen. 4.A., Düsseldorf 2001 S. 42-50.

[HeKo04]
Heinrich, L. J., Kobler, M.: Laborforschung in der Wirtschaftsinformatik – Ergebnisse einer explorativen Befragung. Linz 2004.
[Herb00]
Herbst, D.: Erfolgsfaktor Wissensmanagement. Cornelsen, Berlin 2000.
[Krcm03]
Krecmar, H.: Informationsmanagement. 3.A., Berlin et al. 2003.
[Lehn00]
Lehner, F.: Organisational Memory – Konzepte und Systeme für das organisatorische Lernen und das Wissensmanagement. München/Wien 2000.
[NeFl98]
Neumann, S.; Flügge, B.: The Art of Knowledge – Potential aus dem Wissen schöpfen. In: Information Management 1/1998, S. 66 -74.
[Nort98]
North, K.: Wissensorientierte Unternehmensführung – Wertschöpfung durch Wissen. Wiesbaden 1998.
[NoTa97]
Nonaka, I.; Takeuchi, H.: The Knowledge-Creating Company – How Japanese Companies Create the Dynamics of Innovation. Oxford et al, 1995.
[Piel01]
Pieler, D.: Neue Wege zur lernenden Organisation. Wiesbaden 2001.
[PrRR99]
Probst, G.; Raub, S.; Romhardt, K.: Wissen managen. 3.A., Wiesbaden et al. 1999.
[Romh98]
Romhardt, K.: Die Organisation aus der Wissensperspektive. Wiesbaden 1998.
[Sarr92]
Sarris, V.: Methodologische Grundlagen der Experimentalpsychologie; Bd. 2. Versuchsplanung und Stadien des psychologischen Experiments. München 1992.
[Schn01]
Schneider, U.: Die 7 Todsünden im Wissensmanagement – Kardinaltugenden für die Wissensökonomie. Frankfurt 2001.
[Smit94]
Smith, V. L.: Economics in the Laboratory. In: Journal of Economic Perspectives 8 (1994) 1, S. 113-131.
[Stelz95]
Stelzl, I.: Experiment. In: *Roth, E. (Hrsg.):* Sozialwissenschaftliche Methoden: Lehr- und Handbuch für Forschung und Praxis. 4.A., München/Wien 1995, S. 182-199.

Eckpunkte einer rollenzentrierten Architektur von Unternehmensportalen

Volker Bach

SAP AG
volker.bach@sap.com

Inhalt

Der Wettbewerb um profitable Kunden und kompetente Mitarbeiter erfordert die Fokussierung von Unternehmensaktivitäten auf die individuelle Beziehung zum Kunden und Mitarbeiter. Portalplattformen als informationstechnische Werkzeuge zur Leistungs- und Medienintegration sowie zur Personalisierung versprechen eine effektivere Unterstützung individueller Beziehungen. Für ihren Entwurf gilt:

- Die Definition von Rollen stellt ein Optimum zwischen den ineffizienten Extremen der vollständigen Selbstindividualisierung durch die Nutzer und der Vorabindividualisierung im Projekt dar.
- Kunden- und Mitarbeiterrollen „erben" stets Eigenschaften von Wissensträger- und Rollenentwickler-Rollen.
- Die Portalstrategie integriert Beziehungen zu und Leistungen von mehreren Akteuren.
- Der Betrieb eines Portals erfordert die Institutionalisierung einer Portalführung und deren enge Integration mit Prozessen der Individualisierung und Rollenentwicklung.

1 Trends und Herausforderungen in individuellen Beziehungen

Der zunehmende Wettbewerb um profitable Kunden einerseits und kompetente Mitarbeiter andererseits führt zur Fokussierung von Unternehmensaktivitäten auf die individuelle Beziehung zum Kunden und Mitarbeiter: Unternehmen stehen vor der Herausforderung, ihre Beziehungen zu (potenziell) profitablen Kunden zu identifizieren, die Kunden an das Unternehmen zu binden und eine über die Dauer der Geschäftsbeziehung höchstmögliche Profitabilität der Kunden sicherzustellen. In der Beziehung zu Mitarbeitern stehen analoge Fragen der Nutzung und der Entwicklung von Wissen im Mittelpunkt: Nicht mehr nur die effiziente Durchführung von Transaktionsfolgen bestimmt die Profitabilität von Geschäftsprozessen, sondern zunehmend die Entwicklung und Nutzung von Wissen zur Erhöhung der Entscheidungsqualität.

In Analogie zu den ersten öffentlichen Webportalen wie myYahoo! ermöglichen Unternehmensportale den personalisierten Zugriff auf die für einen bestimmten Zweck notwendigen Informationen und Applikationen. Typischerweise erfordert dies die Integration einer Vielzahl heterogener Basissysteme, vom unternehmensinternen Transaktionssystem über das vom Lieferanten betriebene Bestellsystem und Internetmarktplätze bis hin zu elektronischen Dokumenten im Inter- und Intranet. Neben der Personalisierung bieten Portale dazu u.a. Such- und Navigationsmöglichkeiten, die eine effiziente Nutzung der integrierten Funktionen der Basissysteme sicherstellen sollen.

Die folgenden Abschnitte konzentrieren sich auf *rollenzentrierte* Ansätze, mit deren Hilfe sich die technologischen Potenziale der Integration und Individualisierung zur Lösung der geschäftlichen Herausforderungen in individuellen Beziehungen nutzen lassen. Ausgangpunkt ist die Hypothese, dass für die Realisierung individueller Portale die beiden Extreme, vollständige Individualisierung durch den Nutzer während des Portalbetriebs und komplette Vorabindividualisierung im Entwurfsprojekt, offensichtlich ineffizient sind: Im ersten Fall müsste eine grosse Zahl von Nutzern die gleichen Personalisierungsschritte durchführen, im letzteren müsste das Projektteam für jeden Nutzer eine eigene Anforderungsanalyse durchführen. Rollenzentrierte Ansätze kombinieren beide Varianten – grobe Vorabindividualisierung für grössere Nutzergruppen und weitere Verfeinerung durch den Nutzer während des Betriebs – und führen so zu einer gesteigerten Effizienz in der Portalindividualisierung.

Die Ansätze zur Gestaltung rollenzentrierter Portale sind im Rahmen des Forschungsprogramms „Business Engineering HSG" an der Universität St. Gallen in Zusammenarbeit mit zahlreichen Praxispartnern (vgl. [BaÖs00; BaÖV00]) sowie in Projekten der SAP AG entstanden. Sie basieren auf der Integration von Konzepten aus dem Kundenbeziehungs-, Wissens- und Personalmanagement über den Prozessentwurf bis hin zur Intranet- und Oberflächengestaltung (vgl. [Bach03]).

2 Portale als Integrations- und Personalisierungsinstrument

2.1 Beispiel Mobilitätsportal

Ein typisches Beispiel für die Nutzung von Portalen zur Unterstützung von Kundenbeziehungen ist das von DaimlerChrysler in Kooperation mit T-Online betriebene Mercedes-Benz-Portal. Neben markenspezifischen Modellinformationen, Gebrauchtwagenbörsen und Finanzdienstleistungen bietet das Portal dem Nutzer mobilitätsbezogene Leistungen wie beispielsweise Routenplaner, Tankstellensuche, Wetterprognosen, Verkehrsmeldungen sowie Hotel- und Restaurantverzeichnisse. Zusatzangebote wie Nachrichten, Börsenanalysen sowie E-Mail- und Kalenderintegration runden das Angebot ab. Wesentliche Merkmale sind:

⇒ *Medienintegration:* Der Nutzer kann auf die digitalen Leistungen über mehrere Medien wie Web, erweiterte Navigationssysteme und Handy (Voice, SMS, WAP) zugreifen. Zeitpunktbezogene Informationen wie Wetternachrichten und Staumeldungen lassen sich abonnieren und werden per E-Mail bzw. SMS verschickt. Auch die Replikation einiger Informationen auf PC und Personal Digital Assistant ist möglich.

⇒ *Leistungsintegration:* Das Portal integriert Leistungen diverser Partner (Tabelle 1) und passt sie den Struktur- und Layoutanforderungen des Unternehmens an.

⇒ *Individualisierung:* Die Leistungen des Portals lassen sich in den Dimensionen Nutzer und Medium individualisieren. Neben den Inhalten der Startseite (Abbildung 1) lassen sich auch die einzelnen Leistungen personalisieren, indem der Nutzer beispielsweise bestimmte Routen für Staumeldungen, präferierte Kategorien für die Restaurantsuche und Standorte für die Wetterprognose vordefiniert.

Tabelle 1: Content-Partner des Mercedes-Benz-Portals (Auszug)

Inhalte	*Partner*
Wirtschaftsmeldungen, Aktieninformationen, Analystenmeinungen usw.	Reuters
Wetterberichte, -vorhersagen, Straßen-, Ski- und Segelwetter	Wetter Online
Routenplaner, Stadtpläne	T-Traffic
Tankstellensuche, Preisinformationen	Diverse Tankstellenketten
Hotel-, Restaurantsuche	Star Mobility
Fahrplanauskunft	Deutsche Bahn

Inhalte	*Partner*
E-Mail, Kalender, Adressverzeichnis, Geburtstagsliste	daybyday

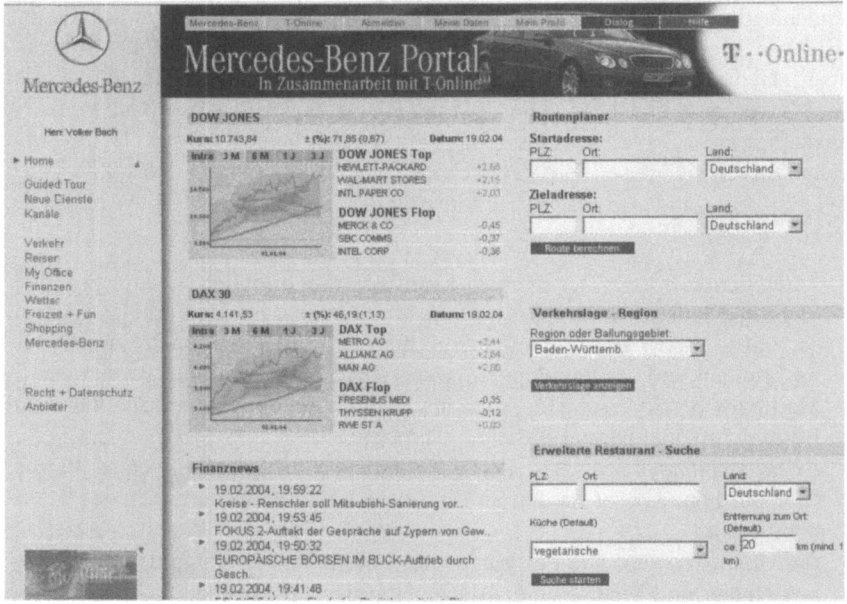

Abbildung 1: Startseite des Mercedes-Benz-Portals (www.mercedes-benz.t-online.de)

2.2   Geschäftliche Sicht

Das Beispiel des Mobilitätsportals zeigt bereits die Kernmerkmale von Portalen (vgl. [Schm01]):

⇒ *Portale integrieren Leistungen aus verschiedenen Quellen:* Im einfachsten Fall stellt das Portal nur kategorisierte Linklisten zur Verfügung, auf der höchsten Stufe werden alle Leistungen in einer einheitlichen Oberfläche integriert, sodass es für den Benutzer nicht mehr direkt ersichtlich ist, aus welchen Quellen die einzelnen Leistungen stammen. In Kundenbeziehungen können dadurch eigenständige Produkte entstehen, indem beispielsweise Finanzportale eine „Bundle trading technology" realisieren, mit deren Hilfe sich Bündel von Aktienindizes handeln lassen (vgl. [SaSW01, 37f.]).

⇒ *Die Auswahl der Leistungen ist auf die Bedürfnisse der Zielgruppe des Portals ausgerichtet:* Portale ermöglichen den Zugang zu einem Teil eines

Leistungssystems, maximal zu allen seinen digitalen Leistungen. Im Extremfall unterstützt das Portal den gesamten Kunden- oder Geschäftsprozess. Ein derartiges *Prozessportal* bietet dem Konsumenten bzw. Mitarbeiter aus einer Hand jedes Produkt, jede Dienstleistung und jede Information, die er in seinem Prozess braucht, und führt ihn in diesem Prozess (vgl. [Mass99; Öste99, ff.; Öste00a, 28ff.; Öste00b; ScBa00]).

⇒ *Die Aufbereitung der Leistungen erfolgt ausgerichtet auf die Bedürfnisse der Zielgruppe des Portals:* Portale bieten eine „nutzerfreundliche" Aufbereitung der angebotenen Leistungen, realisiert beispielsweise durch eine entsprechende grafische Darstellung, durch Verwendung multimedialer Elemente usw. Im Extremfall umfasst dies die raumunabhängige Aufbereitung, d.h. die Leistungen sind stets am „point-of-action" des Nutzers verfügbar. Dies kann beispielsweise die Unterstützung verschiedenster Zugangsmedien wie Web-Browser, interaktiver Fernseher oder Mobiltelefon bis hin zum Selbstbedienungsterminal bedeuten.

⇒ Wesentliches Merkmal von Portalen ist die *Individualisierung* (vgl. [HeHe99; Koul99]), denn das Bereitstellen unterschiedlichster digitaler Leistungen alleine löst in den meisten Fällen noch nicht die Probleme des Konsumenten oder Mitarbeiters. So unangenehm wie der Mangel an brauchbarer Information ist auch die Überflutung mit Information („Information Overload"). Eine Lösung besteht in der Unterstützung individualisierbarer Leistungssysteme, also der Integration individualisierbarer (digitaler) Leistungen und/oder der Entwicklung aufgaben- und benutzerorientierter Sichten, die auf Basis von Profilen diejenigen (digitalen) Leistungen herausfiltern, die ein Konsument oder Mitarbeiter zu einem bestimmten Zeitpunkt braucht.

Zusammengefasst heisst dies:

⇒ Ein Portal bietet (mindestens) einen multimedialen Zugangspunkt für menschliche Akteure zu mehreren integrierten digitalen Leistungen.

⇒ Ein individualisierbares Portal integriert mindestens eine individualisierbare (digitale) Leistung und/oder ist in der Zusammenstellung der (digitalen) Leistungen beeinflussbar.

⇒ Rollenzentrierte Portale enthalten fremdbestimmte (also nicht vom Nutzer definierte) Profile, die entsprechend der Rollen der erwarteten Nutzer definiert werden. Der Nutzer kann diese Profile aber selbstbestimmt anpassen.

2.3   Funktionale Sicht

Eine Reihe von Anbietern wie IBM, SAP und Oracle vermarkten *Portalplattformen,* standardisierte Software-Produkte, die als Grundlage für den Aufbau eines Portals dienen. Deren funktionale Architektur besteht im Allgemeinen aus zwei Schichten (Abbildung 2):

⇒ *Integrations- und Individualisierungskomponenten* bilden den eigenständigen Kern von Portalplattformen;

⇒ *Basiskomponenten* stellen Funktionalitäten bereit, die von den Integrations- und Individualisierungskomponenten genutzt werden.

Rollenzentrierte Portale umfassen als *Individualisierungskomponenten* zumindest eine Rollen- und Akteursverwaltung sowie Funktionen zur selbstbestimmten Konfiguration:

⇒ Die *Rollenverwaltung* ermöglicht eine rollenzentrierte Konfiguration, also zumindest die Zuordnung von Aktivitäten zu den einzelnen Rollen. Meist ist auch die Definition der zugehörigen digitalen Leistungen (d.h. die zu integrierenden Systeme, externer Content usw.) Bestandteil der Rollenverwaltung (vgl. [Veri01, 143ff.]).

⇒ Die *Akteursverwaltung* enthält die Profile der einzelnen Nutzer. Darüber hinaus integriert sie die unterschiedlichen Sicherheitsmechanismen der Basissysteme (vgl. [Veri01, 130f.]). Ein wesentliches Merkmal sind integrierte Zugriffsrechte („Single Sign-On"), die den Zugriff auf heterogene Basissysteme durch Zusammenführung der Berechtigungsinformationen und eine darauf basierende Kontrollfunktionalität ermöglichen. Dies erlaubt dem Benutzer u.a., sich mit nur noch einem Passwort bei allen relevanten Systemen anzumelden.

⇒ Mit Funktionen zur *selbstbestimmten Konfiguration* modifiziert der Nutzer sein eigenes Profil, um Darstellungsform und Navigationsmöglichkeiten sowie den eigentlichen Inhalt des Portals seinen Bedürfnissen anzupassen (vgl. [Veri01; Ovum00, 50]). Dies umfasst die Modifikation der grafischen Darstellung, die Einstellung von Links, aber auch die Konfiguration der Basissysteme (z.B. die Voreinstellung von Suchabfragen oder die Vorauswahl der relevanten Kunden im Customer-Relationship-Management(CRM)-System).

Zentrale Anforderungen an die *Integrationskomponenten* ergeben sich aus der Individualisierung der integrierten Leistungen: So müssen (Teile der) Benutzerprofile an die integrierten Systeme weitergegeben werden können, um beispielsweise auch innerhalb der integrierten Systeme eine personalisierte Navigation zu ermöglichen. Gleichzeitig muss das Portal die extern definierten Berechtigungen berücksichtigen (vgl. [Ovum00, 45]). Realisiert wird dies durch eine Nutzer- und Rollenintegration, die in vielen Fällen getrennt von der Serviceintegration existiert. Diese stellt die Verbindung her zu einer bestimmten Funktion einer Basiskomponente. Derzeit üblich sind feste Zuordnungen zu entsprechenden Systemen. Mit der Standardisierung von Webservices wird eine flexiblere Zuordnung möglich, sodass die Serviceintegration ggf. aus mehreren Implementierungen auswählen kann.

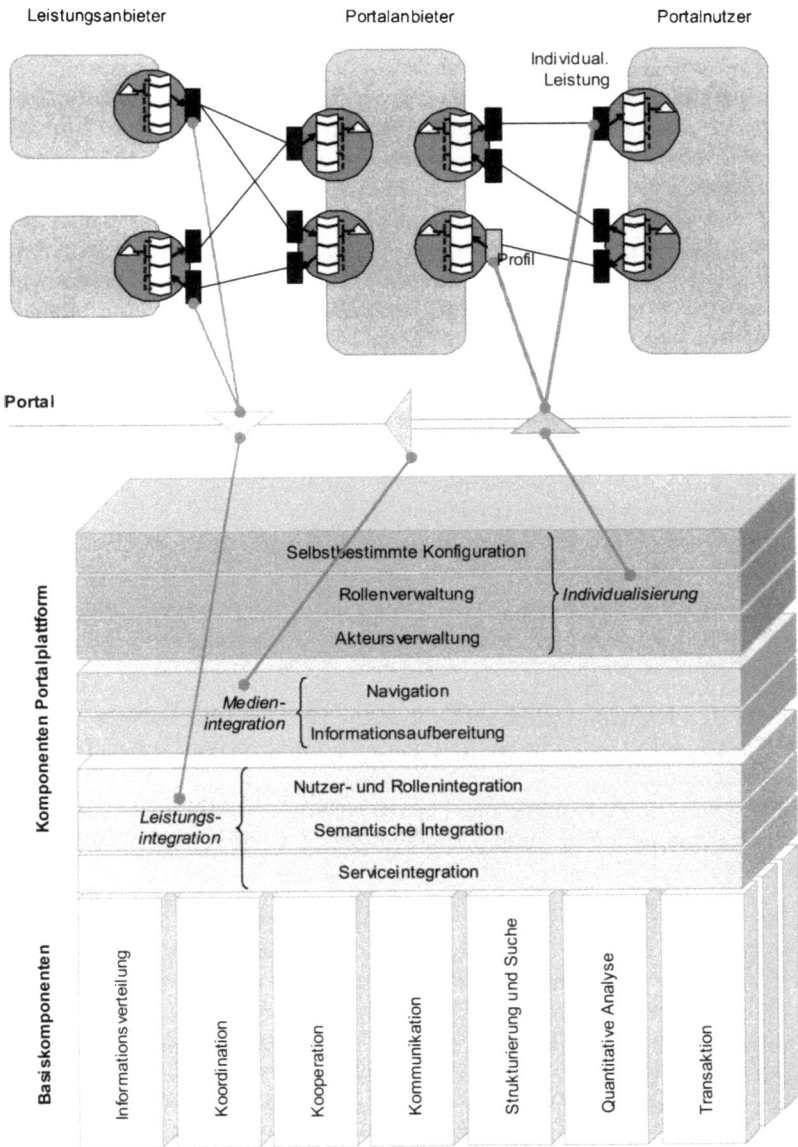

Abbildung 2: Funktionale Architektur rollenzentrierter Portale

3   Rollenmodell

Was sind Rollen? Welche Rollentypen gibt es? Ausgehend vom eher sozial-psychologisch geprägten Verständnis der Rolle als das *erwartete Verhalten von Individuen mit einem bestimmten gesellschaftlichen Status* (vgl. [Dahr74; Fisc92; Wisw95]) haben sich je nach Anwendungsbereich unterschiedliche Konkretisierungen entwickelt, beispielsweise in der Managementlehre die *Gesamtheit der Rechte, Privilegien, Pflichten und Verpflichtungen des (Rollen-) Inhabers in seinem Verhältnis zum Unternehmen* (vgl. [WuGr80, 129]). Analog nutzen sowohl die Medientheorie (vgl. [LeSc00, 2]) als auch objektorientierte Ansätze wie das „Reference Model for Open Distributed Processing" (vgl. [AaMi99]) Rollen zur Beschreibung der Typen von Agenten (bzw. Objekten) im Sinne des von ihnen erwarteten Verhaltens. Im Verständnis des Prozess- und Systementwurfs ergibt sich dies aus Geschäftsprozessen und deren atomaren Komponenten (vgl. [CuKO92, 76; DeVÖ95, 27]):

⇒ Ein *Prozess* ist eine Menge teilweise geordneter *Aktivitäten* zur Erreichung eines *Ziels*. Ziel von *Geschäftsprozessen* ist u.a. die Schaffung eines Kundennutzens.

⇒ Prozesse setzen sich aus *Prozesselementen* zusammen, die sich bis zur atomaren Ebene der Aktivitäten verfeinern lassen.

⇒ Ein *Akteur* repräsentiert eine entscheidungsfähige Entität, sei es ein Individuum oder eine Gruppe.

⇒ Ein Akteur führt ein Prozesselement aus und erzeugt oder verändert dadurch entweder ein Artefakt oder koordiniert Abhängigkeiten mit anderen Akteuren.

Damit ergibt sich folgende Definition (Abbildung 3): *Eine Rolle ist eine Bündelung von Zielen und Aktivitäten, die dem Verantwortungsbereich einer Akteursklasse zugeordnet sind.*

Abhängig vom Betrachtungskontext lassen sich drei Rollentypen identifizieren, die sich insbesondere in ihrem Aggregationsgrad und ihrer Gestaltbarkeit unterscheiden:

⇒ *Beziehungsrollen* bilden das soziale und organisatorische Umfeld der Prozesse und Ziele des Individuums ab. Beispiele sind der Konsument im familiären und der Mitarbeiter im professionellen Kontext. Diese Rollen sind unabhängig von Beziehungen zu einzelnen Portalanbietern.

⇒ *Segmentrollen* konkretisieren Beziehungsrollen und spiegeln die Sicht eines einzelnen Portalanbieters auf seine Beziehungen zu Individuen wider. Typischerweise ergeben sich Segmentrollen in Kundenbeziehungen beispielsweise aus der Analyse von Kundenmerkmalen wie dem Kundenwert, in Mitarbeiterbeziehungen beispielsweise aus der Zugehörigkeit zu Organisationseinheiten.

⇒ *Prozessrollen* beziehen sich auf die Erstellung und Nutzung einzelner im Portal integrierter Leistungen. Sie stellen somit Spezialisierungen von auf einzelne Leistungen bezogenen Anbieter- und Kundenrollen dar und umfassen im Allgemeinen einen Ausschnitt eines einzelnen Kunden- oder Geschäftsprozesses. Beispiele sind der Autor einer Produktbeschreibung, der Bearbeiter einer Kundenanfrage usw. Die Prozesse müssen *nicht* beim Portalanbieter selbst ablaufen, sondern bei demjenigen Akteur, der die jeweilige Leistung anbietet.

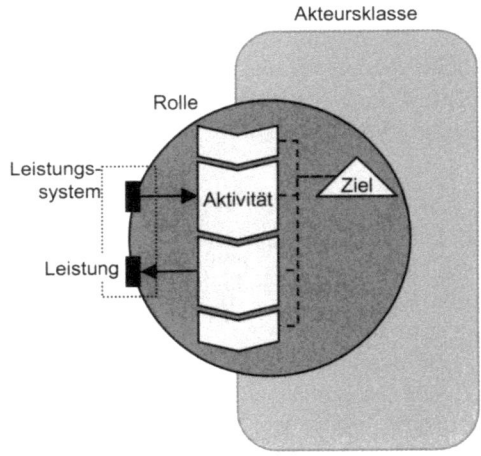

Abbildung 3: Rollenmodell

4 Geschäftliche Treiber und initiale Beziehungsrollen

Welche Beziehungen soll ein Portal unterstützen? Erste Anhaltspunkte liefern die beiden zentralen geschäftlichen Treiber:

⇒ *Käufermärkte:* Auslöser für den Übergang von Verkäufer- zu Käufermärkten sind Produktivitätssteigerungen, alternative Produkte bzw. Technologien und weltweiter Austausch von Ressourcen (vgl. [Flei01; Meff98]): In einem Käufermarkt sind nicht mehr die lieferantenseitigen Ressourcen knapp, sondern die kundenseitigen wie Aufmerksamkeit und Nachfrage. Als primäre unternehmerische Ziele ergeben sich daraus die Selektion profitabler Konsumenten sowie deren Bindung oder aber Gewinnung.

⇒ *Wissensgesellschaft:* „The next society will be a knowledge society" (vgl. [Druc01, 4]). Der Übergang zur Wissensgesellschaft ist gekennzeichnet durch zunehmende Dienstleistungs- statt Güterproduktion, Wissensintensivierung der Produktionsin- und -outputs, steigende Bedeutung professionalisierter und technisch qualifizierter Berufe sowie zentrale Stellung von Wissen als Grundlage für Innovationen (vgl. [Bell75; Blei99; PfSt98]). Vor diesem Hintergrund streben Unternehmen zum einen die Nutzung von bestehendem Wissen an, um die operative Effizienz zu steigern und/oder strategische Wettbewerbsvorteile zu schaffen. Zum anderen geht es um die Wissensentwicklung, also die Schaffung unternehmensweit neuen Wissens.

Aus dem Trend zur Wissensgesellschaft und dem Übergang zu Käufermärkten ergeben sich die Beziehungsrollen „Wissensträger", „Konsument" und „Mitarbeiter" als primäre Ansatzpunkte für Portale.

Kern des initialen Rollenmodells ist die „Vererbungsbeziehung" zwischen Wissensträger- und Konsumenten- bzw. Mitarbeiterrollen (Abbildung 4): Akteursklassen mit den Rollen „Mitarbeiter" oder „Konsument" nehmen immer auch die Rolle „Wissensträger" wahr. Daraus ergeben sich u.a. Synergiepotenziale durch die Mehrfachverwendung von Portalkomponenten für Konsumenten und Mitarbeiter.

⇒ Die Bedeutung von *Konsumenten als Wissensträger* zeigt sich in zwei Aspekten: Zum einen werden Produkte und Dienstleistungen „wissensintensiver". Konsumenten sehen Wissen als selbstverständlichen Bestandteil von Produkten und Dienstleistungen an (vgl. [SaPr00]). Beispielsweise bringt Dell umfassendes Service-Know-how aufs Internet. Zum anderen entwickeln Konsumenten Wissen mit. Um latente Kundenbedürfnisse entdecken, Marktentwicklungen antizipieren und entsprechende Innovationsprozesse anstossen zu können, sind Unternehmen zunehmend auf die Entwicklung von Wissen gemeinsam mit ihren Kunden angewiesen (vgl. [SaPr00]).

⇒ *Mitarbeiter als Wissensträger:* Mit dem Übergang vom Industrie- zum Informationszeitalter verändert sich zunehmend der Anteil von operativen, repetitiven Aufgaben zugunsten komplexerer Aufgaben an den Tätigkeiten von Mitarbeitern einer Unternehmung (vgl. [Thie01]). Aus diesem Trend zur Wissensarbeit ergeben sich unmittelbar die Bedeutung des einzelnen Mitarbeiters als Träger des zur Aufgabenausführung notwendigen Wissens sowie neue Anforderungen an die Organisationsgestaltung, um die Nutzung des individuellen Wissens sicherzustellen.

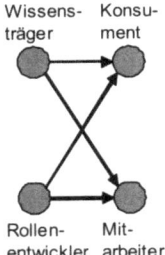

Wissens- Konsu-
träger   ment

Rollen-   Mit-
entwickler arbeiter

Abbildung 4: Vererbungsbeziehungen im initialen Rollenmodell

Vor dem Hintergrund weiter steigender Anforderungen an die Flexibilität von Organisationen gewinnt die autonome Weiterentwicklung von Rollen an Bedeutung. Nicht mehr (nur) das Redesign-Team oder der Prozessmanager ist für die Weiterentwicklung des Prozesses verantwortlich, sondern (auch) der einzelne Rolleninhaber: „Rollen sind zunehmend verantwortlich für die Initiierung von Prozessänderungen" (vgl. [Veri01, 73]). Die in der prozessorientierten Organisation reduzierte Hierarchie in der Aufgabenkoordination setzt sich in der „rollenorientierten" Organisation also auf Ebene der Organisationsentwicklung fort.

Individualisierbare Portale können somit ein Instrument zur Weiterentwicklung von Rollen und damit auch von Prozessen darstellen, indem jeder Akteur zunächst autonom Modifikationen an den vorkonfigurierten Rollen vornehmen kann. Die Realisierung dieser Möglichkeiten bedeutet die Wahrnehmung einer zusätzlichen Rolle, die im Folgenden als „*Rollenentwickler*" bezeichnet wird (Abbildung 4). Analog zum Wissensträger bestehen Vererbungsbeziehungen zum Konsumenten und Mitarbeiter, die durch Self Customizing bzw. durch Weiterentwicklung ihres Geschäftsprozess(abschnitt)es neue Ausprägungen ihrer eigenen Rollen, also insbesondere ihrer Ziele und Aktivitäten, erstellen.

5   Entwurfstechniken

Eingebettet in ein generelles Vorgehen zum Entwurf von Unternehmensportalen (vgl. [Bach03]), sind für die rollenzentrierten Aspekte vier Entwurfstechniken besonders relevant (Abbildung 5):

⇒ Die *Rollendefinition* legt die primären Rollen fest und definiert den Zusammenhang mit den Profilstrukturen zur Beschreibung der einzelnen Akteure.

⇒ Die *rollenzentrierte Portalstrategie* entscheidet für die einzelnen Rollen über die zu integrierenden Leistungen und Beziehungen.

⇒ Auf dieser Basis leitet die *rollenzentrierte Portalführung* sekundäre Rollen für den Portalbetrieb ab und definiert die dafür notwendigen Führungsrollen. Ebenfalls für die Betriebsphase legt sie das Zusammenspiel der Führungsprozesse mit den Prozessen der Rollenentwicklung und Individualisierung fest.

⇒ Aus Portalstrategie und -führung ergeben sich die Anforderungen an den *rollenzentrierten Navigationsentwurf.* Er definiert u.a. die für eine individualisierbare Navigation erforderlichen Objekttypen und schafft die Voraussetzungen für das Monitoring der von der Prozessführung benötigten Nutzungsinformationen.

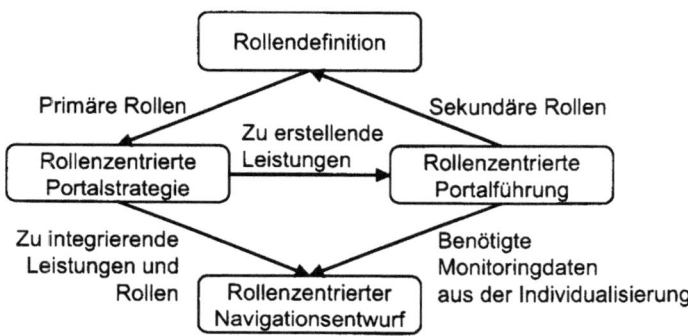

Abbildung 5: Zusammenhang der Entwurfstechniken

5.1   Rollendefinition: Integration von Profilen und Rollen

Die Definition von Profilstrukturen und die Erhebung der entsprechenden Profile ist einerseits Startpunkt für Projekte zur (Neu-)Konzeption eines Unternehmensportals, andererseits aber auch eine wesentliche permanente Aufgabe während des Produktivbetriebs. Aufgrund des grossen, heterogenen und dynamischen Adressatenkreises von Unternehmensportalen ist eine vollständige Erhebung mit Hilfe „klassischer" Ansätze wie Interviews, Workshops usw. nicht möglich oder zumindest nicht wirtschaftlich. Als Alternativen bieten sich Stichproben (wie „Lead Customer Workshops", „Contextual Interviews"; vgl. [BeHo98]) an, Auswertungen bereits vorhandener Informationen (kommerzielle Kunden-, interne Personaldatenbanken) sowie für die Betriebsphase die Automatisierung durch Integration von Profiling-Komponenten in das Portal. Hierin zeigt sich ein wesentliches Synergiepotenzial der Nutzung von Portalplattformen quer über Mitarbeiter- und Kundenbeziehungen hinweg: Die Wiederverwendung von Portalkomponenten zur Ermittlung, Speicherung und Nutzung individueller Profile für unterschiedliche Rollen gewinnt aufgrund konvergierender Anforderungen an Bedeutung; die Möglichkeiten zur automatischen Profilerhebung werden in dem Masse auch für Mitarbeiterbeziehungen wichtiger, wie der Nutzerkreis und der Umfang der verfügbaren Services und Informationen wächst und die genannten Interview- und Workshop-Techniken in der Breite nicht wirtschaftlich (und nicht schnell genug) durchführbar sind.

Ziel der Profildefinition und -erhebung ist die Schaffung der Datengrundlage einerseits zur Verfeinerung des Rollenmodells (äussere Struktur), andererseits zur Analyse der Rolleninhalte (Binnenstruktur). Ihre wesentlichen Gestaltungsobjekte sind:

⇒ Ein Akteur als Instanz eine Akteursklasse hat ein ihn beschreibendes *Profil*, das sich aus einer Menge von *Werten* zusammensetzt.

⇒ Diese Werte sind Instanzen von *Profilattributen*, die von einem bestimmten *Attributtyp* (z.b. numerisch, Text) und Bestandteil einer *Profilstruktur* sind.

Grundsätzlich ist die Definition der Profilstruktur abhängig von der Rollenabgrenzung, aber gleichzeitig auch deren Voraussetzung. Den Ausgangspunkt in dieser zyklischen Abhängigkeit bildet hier die grobe Unterscheidung in „Wissensträger", „Rollenentwickler", „Konsument" und „Mitarbeiter", für die jeweils eine entsprechende Profilstruktur zu definieren, eine Menge der sie wahrnehmenden Akteure zu identifizieren und deren Profile zu erheben sind (vgl. [MoCS00]). Letztere bilden wiederum die Basis für eine hierarchische Verfeinerung der Rollen.

Die Definition von Rollen erfordert eine Verbindung von Ist-Analyse und Soll-Entwurf. Denn durch den grossen Adressatenkreis ist es generell kaum möglich, alle Rollen gleichzeitig einem aufwändigen Neuentwurf zu unterziehen. Ein typisches Vorgehen kombiniert daher die Unterstützung des Ist-Zustandes für einen breiten Adressatenkreis mit dem Neuentwurf für einige ausgewählte Rollen. Für beide Stossrichtungen sind konzeptionelle Grundlagen aus dem Marketing (Kundensegmentierung), der Organisations- und Systemgestaltung (Prozessanalyse und -entwurf) sowie dem Wissensmanagement zu kombinieren:

⇒ Eine (dynamische) Segmentierung ist auch für Mitarbeiter sinnvoll, da Portale eine nicht mehr im Einzelnen analysierbare Zahl von Nutzern erreichen und die traditionellen Verfahren des Prozess- und Systementwurfs mit aufwändigen Analysen usw. im Allgemeinen nicht wirtschaftlich einsetzbar sind. Gleichzeitig trägt dieser Ansatz der Erweiterung von Profilen Rechnung (siehe oben), sodass sich nicht mehr nur organisatorische Zugehörigkeiten, sondern auch Fähigkeiten, Interessen oder informelle Vernetzung berücksichtigen lassen.

⇒ Der Prozessentwurf gewinnt in der Kundenbeziehung an Bedeutung, da es bei der Gestaltung von Leistungssystemen zunehmend um Prozessinnovation, weniger um reine Produktinnovationen geht (vgl. [Weib96, 92; Gros67]). Für den Anbieter ist somit der erste Schritt, dass er „das Zusammenspiel der erfolgsentscheidenden Geschäftsprozesse seiner Kunden kennt. Die angebotenen Leistungen sind dementsprechend konsequent auf eine Steigerung der Wertschöpfung in den Geschäftsprozessen der Kunden ausgerichtet" (vgl. [LüRü98, 153]). Entsprechend der Grundidee des Prozessentwurfs muss der zweite Schritt jedoch die grundlegende Veränderung des Kundenprozesses durch Nutzung von Informationstechnik sein.

Auf Basis der oben beschriebenen Profilstrukturen ergibt sich zusammen mit der hohen Übertragbarkeit der Segmentierungs- und Prozessentwurfsansätze eine generelle Vorgehensweise für Rollenidentifikation und -entwurf:

⇒ Die *Zielgruppendefinition* wählt die durch das Portal zu unterstützenden Beziehungen und damit die adressierten Individuen aus; Ergebnisse sind situativ eingegrenzte und ggf. konkretisierte Beziehungsrollen, also Spezialisierungen von Konsumenten-, Mitarbeiter-, Wissensträger- und Rollenentwickler-Rollen.

⇒ Die *Segmentierung* strukturiert den Adressatenkreis weiter. Kriterien können die in der Kundenbeziehung üblichen Attribute wie demografische Merkmale, Kundenwert usw., aber auch die funktionale oder hierarchische Position im Unternehmen sowie Zugehörigkeiten zu Geschäftseinheiten und Communities sein (Tabelle 2). Ergebnisse sind Segmentrollen wie beispielsweise der „junge Erbe", die „Studienanfängerin" oder aber der „Personalverantwortliche" und die „Fachspezialistin". Die Segmentierung liefert gleichzeitig Anhaltspunkte, welches geschäftliche Potenzial ein Neuentwurf der jeweiligen Rolle (d.h. der von ihr ausgeführten Prozessabschnitte) birgt.

Tabelle 2: Typische Kriterien für die Abgrenzung von Segmentrollen

Mitarbeiter	*Wissensträger*	*Konsument*
Hierarchische Position	Wissen	Lifestyle
Karriereziele	Fähigkeiten	Persönliche Ziele
Zugehörigkeit zu Geschäftsprozessen	Fertigkeiten	Familienstand
Personalverantwortung	Formale Qualifikationen	Vermögen
Beschäftigungsgrad	Zugehörigkeit zu Communities	Hobbies
Vertrautheit mit gegenwärtiger Position		Wahrgenommene Privatprozesse
Mobilitätsgrad		
Interessen		

⇒ Der *Prozessentwurf* geht u.a. von Ereignissen aus, welche für die identifizierten Segmente typisch und von geschäftlicher Bedeutung sind, beispielsweise Ausbildungsbeginn oder Heirat für Konsumenten, Stellenwechsel oder Projektbeginn für Mitarbeiter. Abhängig von dem identifizierten Potenzial eines Neuentwurfs steht hierbei die Analyse und Abbildung des Istzustandes oder die Entwicklung einer Vision insbesondere für den Ablauf des neugestalteten Prozesses im Vordergrund. Daraus resultieren Prozessrollen wie der „Key Account Manager" oder „Systementwickler".

Die Zuordnung von Individuen zu Rollen ergibt sich je nach Verfahren bereits aus der Definition der Rollen, so bei den Segmentierungsverfahren. Demgegenüber ist im Rahmen des Prozessentwurfs die Rollenzuordnung eine eigenständige Entwurfsaktivität. Bedingt durch die im Allgemeinen grosse Nutzerzahl von Portalen ist jedoch in jedem Fall eine weitgehend automatische Zuordnung von Rollen anzustreben, um einerseits den Administrationsaufwand zu begrenzen und andererseits eine rasche Reaktion auf geänderte Nutzerprofile zu ermöglichen. Notwendig sind dazu zwei Schritte:

⇒ Abhängig von der verwendeten Rollentypologie (wie der Unterscheidung von Beziehungs-, Segment- und Prozessrollen, die aber situativ geändert oder erweitert werden mag) ist die Struktur des jeweiligen Profils festzulegen. Die in dieser Struktur enthaltenen Attribute spiegeln im Allgemeinen die zur Rollendefinition verwendeten Kriterien wider. Die Profilstruktur muss für alle Rollen eines Typs identisch sein, um die Rollenzuordnung eines Akteurs ändern zu können, ohne neue Profilattribute erheben zu müssen.

⇒ Für die einzelnen Rollen sind Regeln zu definieren, wann ein Individuum der jeweiligen Rolle zuzuordnen ist. Diese Regeln beziehen sich auf die in der Profilstruktur festgelegten Attribute und deren Werte. Initial kann so die Zuordnung von Rollen für ein Individuum mit einem gegebenen Profil ermittelt werden. Beispielsweise erhalten alle Mitarbeiter eines bestimmten Geschäftsbereichs eine spezifische Rolle, alle Mitarbeiter mit Personalverantwortung die Rolle „Manager" usw. Im laufenden Betrieb ändert sich das Profil eines Individuums. Sobald es gegen eine Regel „seiner" Rolle verstösst, ist die Rollenzuordnung zu überprüfen und ggf. anzupassen. Dies kann automatisch erfolgen oder mit einem zu definierenden Informations- oder Abstimmungsprozess verbunden sein, beispielsweise um den Nutzer nicht mit Änderungen des Portals zu „überraschen", ohne dass sich dieser des Anpassungsgrunds bewusst ist.

Insgesamt ergibt sich daraus der in Abbildung 6 wiedergegebene Zusammenhang zwischen Rollen(typen) und Profil(struktur)en.

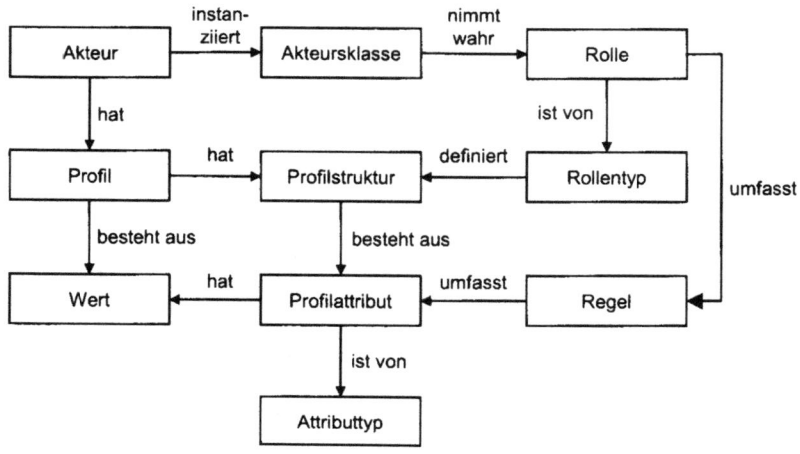

Abbildung 6: Metamodell-Sicht „Rollenprofil"

5.2   Rollenzentrierte Portalstrategie: Integration von Beziehungen und Leistungen

Entsprechend der in Kapitel 4 skizzierten geschäftlichen Treiber unterstützen Portale primär eine *bindungsorientierte* Portalstrategie, welche auf die kumulativen Ergebnisse über die gesamte Beziehungsdauer hinweg fokussiert. Die beiden wesentlichen Gestaltungsparameter sind Prozessabdeckung und Beziehungsintegration:

⇒ *Prozessabdeckung:* Portale ermöglichen die effiziente Ergänzung des Kernprodukts um Zusatzleistungen von Drittanbietern (vertikale Integration), mit dem Ziel, dem Kunden oder Mitarbeiter eine möglichst weitgehende Unterstützung der Aktivitäten *einer* seiner Rollen bieten zu können. Beispielsweise deckt das Portal autobytel.com den Prozess „Autobesitz" vom Kauf (Modellwahl, Gebrauchtwagensuche, Finanzierung) über Besitz (Versicherung, Wartung) bis zum Wiederverkauf nahezu vollständig ab (vgl. [Schm01, 29]).

⇒ Auf der nächsten Ebene setzt die *Beziehungsaggregation* an, indem sie *mehrere* oder im Idealfall alle Beziehungsrollen eines Akteurs berücksichtigt und die notwendigen Leistungen und Anbieter integriert. Beispielsweise beschränkt sich ein „Mitarbeiterportal" nicht auf die direkten Beziehungen der Akteure zum Portalanbieter und damit die Mitarbeiterrolle, sondern unterstützt auch deren weitere Beziehungsrollen, wie Konsumentenrolle „Klient" in Beziehung zu seiner Bank (Abbildung 7). Für die Bank als Leistungsanbieter stellt sich also in diesem Fall weniger die Frage, wie sie selbst ein Portal aufbaut, sondern wie sie ihre Leistungen in das Mitarbeiterportal integrieren kann – auch dies ist eine mögliche Portalstrategie.

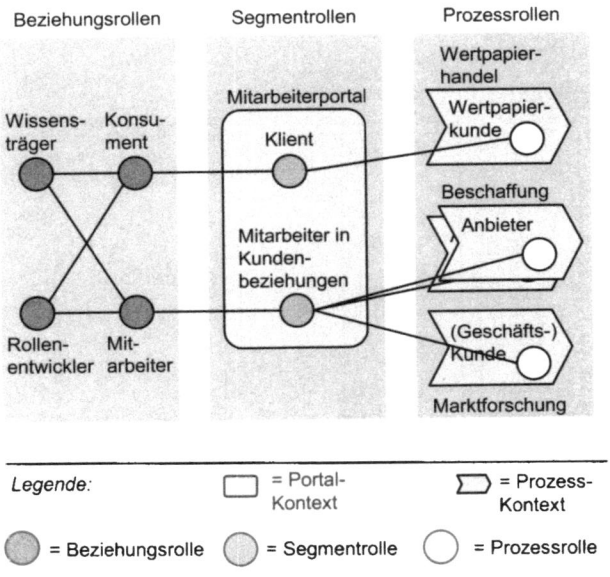

Abbildung 7: Rollenmodell für Nutzer eines Mitarbeiterportals

5.3   Rollenzentrierte Portalführung: Institutionalisierung und Integration der Weiterentwicklungsprozesse

Der Portalbetrieb, also die Erstellung der im Rahmen der Portalstrategie identifizierten Leistungen erfordert eine organisatorische Verankerung in Form entsprechender Prozesse, Rollen und zugehöriger Führungsinstrumente. So ergeben sich *sekundäre operative Rollen* (beispielsweise der „Autor" eines im Mitarbeiterportal publizieren Dokuments). Die Institutionalisierung der Portalführung besteht aus *Führungsrollen* und den von ihnen wahrgenommenen Aufgaben zur Weiterentwicklung des Kanals. Wesentliche von ihnen genutzte Führungsinstrumente sind zum einen Führungsgrössen, zum anderen Standards und Richtlinien (vgl. [Kais00; McKe01]). Tabelle 3 zeigt ein Grundmodell für Rollen in der Portalführung, das im konkreten Anwendungsfall um beziehungsspezifische Aspekte zu ergänzen ist (beispielsweise in Kundenbeziehungen um Rollen für das Kampagnen- oder Beschwerdemanagement):

⇒ Der *Nutzungsverantwortliche* stellt u.a. sicher, dass Inhalte im Geschäftsprozess genutzt (und beispielsweise nicht neu entwickelt) werden.

⇒ Neben seinen operativen Aktivitäten im Content-Management (Überwachung von Informationsstrukturen und Freigabe von Informationsclustern) führt der *Themenverantwortliche* die Autoren von Inhalten des jeweiligen Themenbereichs (beispielsweise Beschreibungen von Produkten eines bestimmten Typs).

Tabelle 3: Rollen der Kanalführung

Führungsrolle / Operative Rolle	Nutzungsverantwortlicher	Themenverantwortlicher	Portalverantwortlicher	Wissensmanager	Terminologieverantwortlicher
Autor		X			
Nutzer	X				
Archivar			X		
Content-Manager			X		
Designer			X		
Agent			X	X	
Qualitätsmanager			X		
Template-Redakteur			X		
Terminologe			X		
Recherchespezialist				X	
Knowledge Coach				X	
Experte					
Moderator					
Netzwerkmanager				X	
Terminologe					X
Übersetzer					X
Gutachter					X

Führungsrolle / *Operative Rolle*	*Nutzungsverantwortlicher*	*Themenverantwortlicher*	*Portalverantwortlicher*	*Wissensmanager*	*Terminologieverantwortlicher*
Reviewer					X
Portal-Administrator			X		
Portal-Analyst			X		

⇒ Der *Wissensmanager* führt in stark wissensorientierten Unternehmen wie Beratungs- oder Softwarehäusern zentrale Unterstützungsprozesse mit Recherchespezialisten, Knowledge Coaches und Kontaktagenten.

⇒ Auch der *Terminologieverantwortliche* ist eine im Allgemeinen zentral instanziierte Rolle, welche die dezentralen Terminologen, Übersetzer, Gutachter und Reviewer führt. Primäres Ziel ist die Sicherstellung einer unternehmensweit einheitlichen Begriffsverwendung.

⇒ Der *Portalverantwortliche* schliesslich führt alle übrigen zum Betrieb des Portals notwendigen Rollen. Er ist verantwortlich für die Beschaffung und effiziente Nutzung der vom Portal benötigten Ressourcen sowie die Qualität seiner Leistungen. Dementsprechend repräsentiert er das Portal nach „aussen", beispielsweise gegenüber anderen Organisationseinheiten.

Insgesamt ergibt sich sowohl für Kunden- als auch für Mitarbeiterbeziehungen ein enger Zusammenhang der drei Bereiche Individualisierung, Rollenentwicklung und Portalführung:

⇒ Die Individualisierung von Leistungseigenschaften und der sie repräsentierenden Portal-Objekte stellt eine oder *die* Grundlage für die Weiterentwicklung von Rollen dar, indem die individuellen Änderungen konsolidiert und durch „Einbau" in die jeweilige Rolle global zur Verfügung gestellt werden.

⇒ Gleichzeitig trägt die Individualisierung zu der für die Kanalführung benötigten Datenbasis bei: „Abonnieren" beispielsweise besonders viele Akteure eine Leistung, spricht dies für dessen Nützlichkeit. Umgekehrt kann eine niedrige Individualisierungsrate einer bestimmten Leistungseigenschaft für die Qualität der Standardvorgabe sprechen und so ebenfalls als Indikator für die Nutzerorientierung der Leistung dienen.

⇒ Die Messgrössen der Portalführung dienen auch zur Beurteilung der vom Portal verwendeten Rollendefinitionen: Zielabweichungen der Führungsgrössen können – neben anderen Massnahmen – eine Anpassung der jeweiligen Rolle(n) auslösen. Umgekehrt gibt die in der Rollendefinition enthaltene Zielformulierung Hinweise darauf, welche Führungsgrössen notwendig sind, um die Ausrichtung eines Portals auf die jeweilige Rolle messbar zu machen.

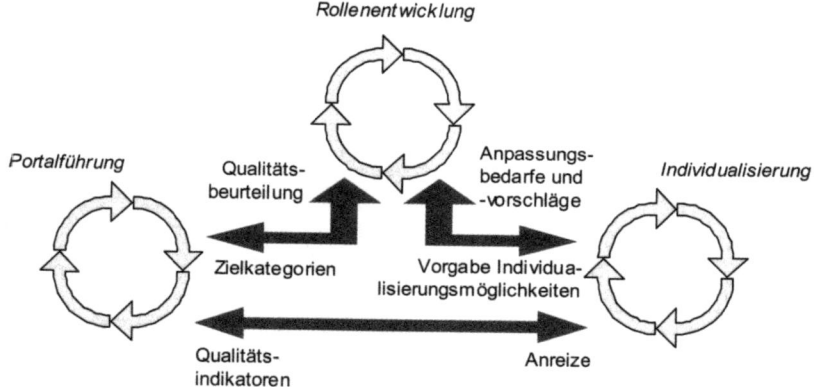

Abbildung 8: Zusammenhang zwischen Weiterentwicklungs-Kreisläufen

Abbildung 8 zeigt die Zusammenhänge im Überblick, wobei sich jeder Weiterentwicklungs-Kreislauf aus den vier Phasen „Planung", „Verabschiedung", „Umsetzung" und „Kontrolle" zusammensetzt (vgl. [Mend95, 177; Schi93, 82ff.; Blei99]). Die konkreten Ausprägungen dieser Phasen in Form von Prozessen unterscheiden sich nach den beteiligten Akteuren: Während die Individualisierung einen primär vom einzelnen Individuum wahrgenommenen Prozess darstellt, sind Portalführung und Rollenentwicklung meist Prozesse, die auf der Kooperation mehrerer Akteure mit unterschiedlichen Rollen beruhen.

5.4   Rollenzentrierter Navigationsentwurf: Integration von Services

"We propose Personal Role Management as the guiding concept for the next generation of graphic user interfaces. The first generation was the command line interfaces that required users to know about computer concepts and syntax; These were replaced by second generation graphical user interfaces with the desktop metaphor, icons, and folders. Now, the third generation emphasizes a docucentric approach, in which applications fade into the background while multimedia documents become the center of attention. We believe that the natural progression is toward a fourth generation user-centered design emphasizing user's roles, colleagues, and tasks rather than documents. Each separate role involves coordination with different groups of people and accomplishment of tasks within a schedule" (vgl. [PlSh95]). Wie lassen sich derartige Nutzerschnittstellen realisieren? Eine erste Voraussetzung ist die Trennung der rollenzentrierten Navigations- von der Service- und Informationsstruktur, die somit ein grundsätzliches Architekturmerkmal von Portalen darstellt. Als „Schnittstelle" zu den beiden anderen Sichten fungieren im Folgenden „logische Services", die vom Portal aufgerufen werden und die entsprechende Funktion in einer der Basiskomponenten identifizieren und aktivieren.

Die Navigationsstruktur eines rollenzentrierten Portals lässt sich in folgenden Objekten und Beziehungen abbilden (die im Folgenden als *Portal-Objekte* bezeichnet seien und auch schon grob weite Teile eines Datenmodells für Portalkomponenten zur Leistungsintegration und Individualisierung beschreiben):

⇒ *Portal-Elemente* bilden als kleinste funktionale Einheiten (mit eigener grafischer Oberfläche) und ihre Zusammenfassung zu einer bildschirmfüllenden *Portal-Seite* die Grundbestandteile einer Portaloberfläche (Abbildung 9).

⇒ *Portal-Sichten* fassen eine oder mehrere Portal-Seiten aus einer aktivitätsorientierten Perspektive zusammen: eine Portal-Sicht repräsentiert eine von einer oder mehreren Rollen wahrgenommene Aktivität bzw. die dafür benötigte Funktionalität.

⇒ Eine *Portal-Rolle* bündelt eine oder mehrere Portal-Sichten entsprechend den von ihr auszuführenden Aktivitäten und definiert die Navigation zwischen den Portal-Sichten.

⇒ *Portal-Nutzer* konkretisieren die in Kapitel 3 definierten Akteure und enthalten elementare Information über Individuen (persönliche Daten, Passwörter usw.). Wie schon Akteure sind Portal-Nutzer (abhängig von den oben identifizierten Rollentypen) mehreren *Portal-Rollen* zugeordnet.

⇒ Portal-Elemente, -Seiten, -Sichten und -Rollen stellen Spezialisierungen von *Interaktionsobjekten* dar. Diese können *Navigationselemente* (Links, Auswahlfelder, Menüeinträge usw.) enthalten, die *Ereignisse* erzeugen und so andere Interaktionsobjekte beeinflussen. Navigationselemente sind selbst wieder Interaktionsobjekte, können also insbesondere hierarchisch strukturiert sein.

Zentral für die Wirkungsweise der Interaktionsobjekte ist ihre nutzerspezifische Instanziierung. Insgesamt sind also drei Abstraktionsstufen zu unterscheiden: Auf der untersten Stufe steht die zur Laufzeit des Portals für den einzelnen Portal-Nutzer erzeugte *Instanz* beispielsweise einer Portal-Seite. Diese Instanz ist ggf. vom Nutzer individualisierbar. Die Portal-Seiten-Instanz wird auf Basis eines *Templates* erzeugt, das eine Vorkonfiguration der Seite darstellt. Es enthält somit u.a. konkrete Werte für Gestaltungsparameter, sprich Attribute (z.B. das Anordnungsschema für einzelne Portal-Elemente auf der Seite). Die Definition der Typen und Struktur ist Bestandteil des *Objekttyps*. Neben der Möglichkeit, dass eine Instanz zunächst genau seinem Template entspricht und dann vom Nutzer individualisiert wird, bestehen häufig Abhängigkeiten von anderen Parametern, die eine vom Template abweichende Instanziierung bewirken:

⇒ Diese Parameter sind Werte von *Kontextobjekten*. Sie enthalten grundsätzlich jene Informationen, die das Portal zur Laufzeit persistent vorhalten muss, um ein konsistentes Verhalten seiner Bestandteile sicherzustellen. Sie müssen zum einen alle Parameter enthalten, welche die individualisierbaren Eigenschaften der Interaktionsobjekte (mit)bestimmen. Zum anderen beeinflussen auch Ereignisse Werte von Kontextobjekten. Sie können die Anwendungssituation generell (z.B. mobiles oder stationäres Endgerät, gewählte Sprache, grafische Darstellungsform), einen Aktivitätszustand (z.B. Auswahl eines bestimmten Produktes, Selektion eines Ordners in einer Dateihierarchie), Nutzerpräferenzen usw. beschreiben.

⇒ Für jedes Kontextobjekt ist ein *Bezugsobjekt* zu definieren. Es legt die Abhängigkeit des Kontextobjekts von Instanzen eines der anderen Objekte fest. Beispielsweise sind Layoutinformationen typischerweise von einzelnen Portal-Seiten abhängig und beeinflussen auch die in der Portal-Seite enthaltenen Portal-Elemente. Auf diese Weise lassen sich lokal begrenzte Kontexte definieren. So könnten zwei vom gleichen Template abgeleitete Portal-Element-Instanzen existieren, allerdings in einem anderen Kontext.

⇒ Die Schnittstelle zur Informations- (und Service-)Struktur bildet der *logische Service* (z.B. „Suche Dokument", „Stelle synchrone Verbindung her"), der eine beliebige Menge implementierter Funktionen (Services) repräsentiert, aber auch „fest verdrahtet" sein kann. Beispielsweise könnte der logische Service „Suche Dokument" stets die Suchmaschine ein und derselben Basiskomponente aktivieren. Umgekehrt würde „Stelle synchrone Verbindung her" bei jedem Aufruf nach dem günstigsten Telefonanbieter suchen und ggf. auf Internettelefonie ausweichen.

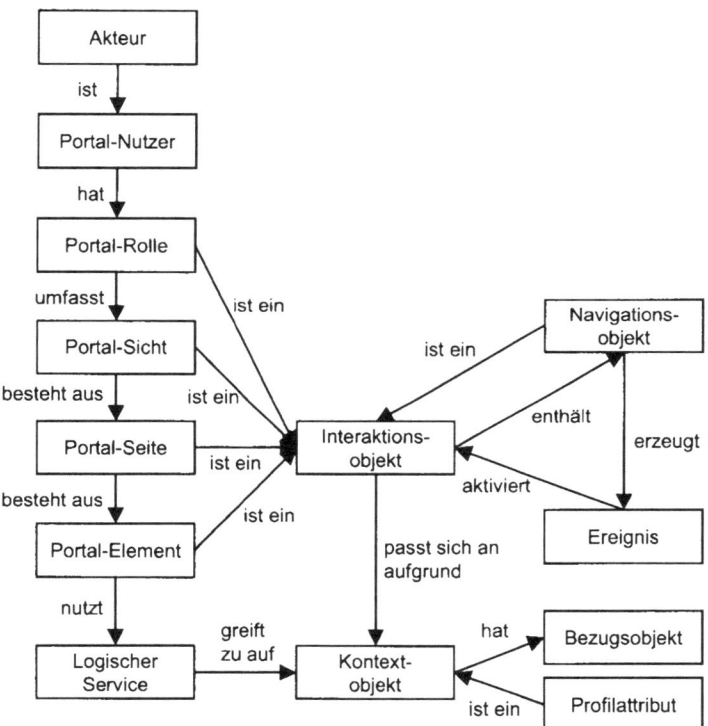

Abbildung 9: Metamodell-Sicht „Navigationsstruktur"

Die Navigations- und Informationsstruktur rollenzentrierter Portale muss defini-tionsgemäss von den zentralen Bestandteilen von Rollen, also Zielen und Akti-vitäten, ausgehen. Dieser Ausrichtung tragen folgende Entwurfsprinzipien Rechnung:

⇒ *Ziel- und ereignisorientierte Einstiege:* Die Einstiegspunkte in die Naviga-tionsstruktur sollten sich an den Zielsetzungen des Nutzers orientieren: „a system has to allow for all the users' intents" (vgl. [BeHo98, 259]). Diese ergeben sich zum einen aus der Summe seiner Rollen, die er in den vom Portal aggregierten Beziehungen wahrnimmt, zum anderen aus den mit der einzelnen Rolle verbundenen Prozessen. Zu berücksichtigen ist jedoch, dass ein Ziel selten in eine ununterbrochene Aktivitätenfolge mündet, sondern es immer wieder zu Unterbrechungen und Wiederaufnahmen des einmal be-gonnenen Prozesses kommt. Die Einstiegspunkte sollten somit auch die möglichen Ereignisse innerhalb eines Prozesses berücksichtigen.

⇒ *Aktivitätenspezifische Bündelung:* Sämtliche eine einzelne Aktivität unterstützenden Services und die sie repräsentierenden Portal-Elemente sollten
in der Navigationsstruktur „nah" beieinander liegen, beispielsweise auf einer Portal-Seite und so keine oder wenige Nutzeraktionen erfordern. Ihre
Implementierung im Portal erfolgt somit sinnvollerweise als Portal-Sicht,
die mehrere zusammenhängende Portal-Seiten zugänglich macht.

⇒ *Aktive Prozessunterstützung:* Wie schon bei Workflowmanagement-Syste-
men lassen sich wesentliche Nutzenpotenziale des prozessorientierten Ansatzes durch die aktive Unterstützung des Ablaufs realisieren. Für die Navigationsstruktur bedeutet dies den Aufbau von Übersichtsseiten mit einer
Zusammenstellung wichtiger Termine, Abweichungsmeldungen, Analysen,
Nachrichten usw. Aber auch eine Reihe spezifischer Services kann hier helfen:

– Eine einheitliche *Inbox* mit sämtlichen für den Nutzer relevanten neuen
Informationen, beispielsweise E-Mails und zu erledigenden Aufgaben;

– Interaktive *Checklisten* mit den einzelnen Schritten der vom Mitarbeiter zu erledigenden Aufgaben sowie die jeweils relevanten Informationen und Systeme;

– Aufgabenorientierte *Beschaffung und Filterung von Informationen*,
beispielsweise durch Abonnements und vordefinierte Suchen.

6   Ausblick

Unternehmen unterstützen eine zunehmende Zahl ihrer Beziehungen über digitale Medien. Auf Seite des Individuums – meist in der Doppelrolle des Konsumenten und Mitarbeiters – entsteht daraus die Notwendigkeit, seine digitalen
Beziehungen zu Unternehmen und deren Informationssystemen zu verwalten.
Die Anzahl digitaler Beziehungen sind auf persönlicher Ebene heute noch niedrig, sie beschränken sich beispielsweise auf die Beziehungen zum Arbeitgeber,
zur Bank und zum Telekommunikationsanbieter. Die zunehmende Vielfalt und
Verbreitung digitaler Endgeräte wie Mobiltelefone, „Persönliche Digitale Assis-
tenten" usw. werden den Trend zur digitalen Beziehung beschleunigen. Neben
der Notwendigkeit, diese digitalen Beziehungen effizient zu verwalten, wird
sich auch das Bedürfnis nach möglichst individueller und flexibler Zusammenstellung der Beziehungen verstärken. Während Unternehmensportale wie das
Mercedes-Benz-Portal eine beschränkte und fest vorgegebene Auswahl digitaler
Leistungen und Anbieter enthalten, ist das persönliche Portal frei konfigu-
rierbar. Der Konsument könnte sich sein Mobilitätsportal selbst „bauen" und
wäre frei in der Auswahl der Anbieter der gewünschten Leistungen. Die techno-
logische Entwicklung steht hier noch am Anfang, jedoch sind einige Potenziale
bereits erkennbar:

⇒ *Leistungsintegration:* Das persönliche Portal wird sich aus austauschbaren
und frei konfigurierbaren Bausteinen zusammensetzen, wobei jeder Bau-

stein ein Bündel digitaler Leistungen repräsentiert. Im Mobilitätsbeispiel wären dies ein Tankstellenvergleich, Stadtpläne oder ein Stauinformationssystem.

⇒ *Profilintegration:* Voraussetzung für die effiziente Nutzung persönlicher Portale ist das Vermeiden von Datenmehrfacherfassungen. Dies betrifft insbesondere die Benutzeridentifikation (Passwörter usw.) und das persönliche Profil (Kreditkartennummern, Wohnort usw.). Während dies bei Unternehmensportalen durch eine mit den verschiedenen Basissystemen integrierte Funktion realisierbar ist, wird bei persönlichen Portalen eine weit gehende Trennung von Unternehmensapplikationen notwendig, da nicht voraussehbar ist, welche Applikationen welches Anbieters das Profil nutzen werden. Dies führt gleichzeitig zu der Notwendigkeit, ein standardisiertes Format für integrierte Profile zu etablieren, das von unterschiedlichen Anbieterapplikationen genutzt werden kann.

Insgesamt ergibt sich aus den technologischen Potenzialen ein – auf den ersten Blick – dem Unternehmensportal entgegengesetzter Trend: das Individuum, und nicht das Unternehmen, ist „Eigentümer" des Portals und bestimmt über dessen Erscheinungsbild, über die genutzten Services und über die Verfügbarkeit von Informationen. Daraus resultiert für Unternehmen eine Reihe von Fragestellungen:

⇒ *Leistungsintegration:* Während Unternehmensportale meist eigene Nutzeroberflächen aufweisen, die beispielsweise ein komplettes Browser-Fenster und somit eine Art „Alleinstellung" beanspruchen, hat hinsichtlich des persönlichen Portals das einzelne Unternehmen nur noch geringen Einfluss auf dessen Gesamterscheinungsbild. Statt dessen muss es dafür sorgen, dass sein Angebot in das persönliche Portal integrierbar ist. Die Zielsetzung besteht für Unternehmen darin, entweder selbst einen Standard zu setzen oder den zukünftigen Standard rechtzeitig zu erkennen und ihr eigenes Angebot darauf auszurichten.

⇒ *Beziehungsintegration:* Die Tatsache, dass Unternehmen einen geringeren Einfluss auf die konkrete Konfiguration der persönlichen Portale haben, hat höhere Anforderungen an die Integrationsfähigkeit ihrer Leistungen und Informationssysteme zur Folge. Im Unternehmensportal sind die Leistungserbringer sowie deren Informationssysteme bekannt und bleiben zumindest über eine gewisse Zeit unverändert, sodass die Integrationsbedarfe klar erkennbar und Systemschnittstellen ggf. fest implementierbar sind. Das persönliche Portal erfordert hingegen eine standardisierte Infrastruktur, über die auch nicht vorhergesehene Kombinationen von Applikationen kommunizieren können.

⇒ *Profilintegration:* Eine entscheidende Frage für den Mitarbeiter und Konsumenten wird die nach dem Schutz seiner Privatsphäre sein: Inwieweit ist er grundsätzlich bereit, persönliche Informationen wie Gesundheitsdaten oder Bankverbindungen freizugeben, und wie kann er im Einzelfall steuern, welcher Geschäftspartner welchen Teil seiner persönlichen Daten sehen kann? Insbesondere bei einer durch Dritte betriebenen zentralen Ablage von persönlichen Profilen ist die Schaffung einer vertrauensvollen Beziehung zwingende Voraussetzung. Unternehmen, die dies erreichen, verfügen jedoch dann über ein hohes Potenzial zur Bindung des Kunden bzw. Mitarbeiters (Lock-in), wenn der Kunde oder Mitarbeiter – wie heute häufig der Fall – seine persönlichen Profile nicht ohne grösseren Aufwand zu einem anderen Anbieter übertragen kann. Wie bei der Leistungsintegration wird es auch hier darum gehen, Standards zu etablieren und/oder zu nutzen.

Quellenverzeichnis

[AaMi99]
Aagedal, J. Ø.; Milošević, Z.: ODP Enterprise Language: UML perspective. In: Atkinson, C. (Hrsg.): Proceedings of The 3rd International Conference on Enterprise Distributed Object Computing, IEEE, 1999.

[Bach03]
Bach, V.: Architektur rollenzentrierter Unternehmensportale – Geschäfts- und Systemarchitekturen für individualisierte Mitarbeiter- und Konsumentenbeziehungen. Habilitationsschrift der Universität St. Gallen, St. Gallen 2003.

[BaÖs00]
Bach, V.; Österle, H. (Hrsg.): Customer Relationship Management in der Praxis. Berlin et al. 2000.

[BaÖV00]
Bach, V.; Österle, H.; Vogler, P. (Hrsg.): Business Knowledge Management – Prozessorientierte Lösungen zwischen Knowledge Portal und Kompetenzmanagement. Berlin et al. 2000.

[Bell75]
Bell, D.: Die nachindustrielle Gesellschaft. Frankfurt a.M./New York 1975.

[BeHo98]
Beyer, H.; Holtzblatt, C.: Contextual Design – Defining Customer-Centered Systems. San Francisco et al. 1998.

[Blei99]
Bleicher, K.: Das Konzept Integriertes Management: Visionen – Missionen – Programme. 5.A., Frankfurt a.M./New York 1999

[Chri01]
Christ, O.: Eine Architektur für das Content-Management – Strategien, Prozessmodelle, Softwarelösungen und Projektszenarien. Dissertation der Universität St. Gallen, St. Gallen 2001.

[CuKO92]
Curtis, B.; Kellner, M. I.; Over, J.: Process Modelling. In: Communications of the ACM, 9 (35) 1992, S. 75-90.

[Dahr74]
Dahrendorf, R.: Pfade aus Utopia. 3.A., München 1974.

[DeVÖ95]
Derungs, M.; Vogler, P.; Österle, H.: Metamodell Workflow. Arbeitsbericht IM HSG/CC PSI/3 des Instituts für Wirtschaftsinformatik, St. Gallen 1995.

[Druc01]
Drucker, P.: The next society – A survey of the near future. In: The Economist, 2001-11-03.

[Fisc92]
Fischer, L.: Rollentheorie. In: *Frese, E. (Hrsg.):* Handwörterbuch der Organisation. 3. A., Stuttgart 1992, S. 2224-2234.

[Flei01]
Fleisch, E.: Das Netzwerkunternehmen. Berlin et al. 2001.

[Gros67]
Gross, H.: Neues Wirtschaftsdenken – Erfolg durch Marketing. Düsseldorf/ Wien 1967.

[HeHe99]
Hess, T.; Herwig, V.: Portale im Internet. In: Wirtschaftsinformatik, 6 (41) 1999, S. 551-553.

[Kais00]
Kaiser, T. M.: Methode zur Konzeption von Intranets. Dissertation der Universität St. Gallen, St. Gallen 2000.

[Koul99]
Koulopoulos, T. M.: Corporate Portals: Make Knowledge Accessible To All. April 26, 1999, http://www.informationweek.com/731/31erall.htm, Abruf am 2003-11-03.

[LeSc00]
Lechner, U.; Schmid, B.: Communities and Media – Towards a Reconstruction of Communities on Media. In: *Sprague, E. (Hrsg.):* Hawaiian International Conference on System Sciences (HICSS 2000), http://www.knowledgemedia.org/netacademy/publications.nsf/all_pk/1392, Abruf am 2001-09-11.

[LüRü98]
Lüthi, B. E.; Rüegg-Stürm, J.: Markterfolg dank zielorientiertem Kundendialog bei Mettler-Toledo. In: *Reinecke, S.; Sipötz, E.; Wiemann, E.-M. (Hrsg.):* Total Customer Care: Kundenorientierung auf dem Prüfstand. St. Gallen/Wien 1998, S. 264-302.

[Mass99]
Massfeller, N. M.: Automobile Finanzdienstleister im Wandel der Zeit. In: Die Bank, 10/1999, S. 682-686.

[McKe01]
McKenzie, R.: The Relationship-Based Enterprise. Toronto 2001.

[Meff98]
Meffert, H.: Marketing. Darmstadt 1998.

[Mend95]
Mende, M.: Ein Führungssystem für Geschäftsprozesse. Dissertation der Universität St. Gallen, St. Gallen 1995.

[MoCS00]
Mobasher, B.; Cooley, R.; Srivastava, J.: Automatic Personalization Based on Web Usage Mining. In: Communications of the ACM, 8 (43) 2000, S. 142-150.

[Öste99]

Österle, H.: Enterprise in the Information Age. In: *Österle, H.; Fleisch, E.; Alt, R. (Hrsg.):* Business Networking. Berlin et al. 1999, S. 17-54.

[Öste00a]

Österle, H.: Geschäftsmodell des Informationszeitalters. In: *Österle, H.; Winter, R. (Hrsg.):* Business Engineering. Berlin et al. 2000, S. 21-42.

[Öste00b]

Österle, H.: Auf dem Weg zum Service-Portal. In: *Belz, C.; Bieger, T. (Hrsg.):* Dienstleistungskompetenz und innovative Geschäftsmodelle. St. Gallen, 2000, S. 168-176.

[Ovum00]

o.V.: Enterprise Portals: New Strategies for Information Delivery. London 2000.

[PfSt98]

Pfiffner, M., Stadelmann, P.: Wissen wirksam machen: Wie Kopfarbeiter produktiv werden. Bern 1998

[PlSh95]

Plaisant, C.; Shneiderman, B.: Organization overviews and role management: Inspiration for future desktop environments. In: Proceedings of the CHI '95 – Conference on Human Factors and Computing Systems, 1995 http://www.acm.org/sigchi/chi95/Electronic/documnts/videos/cp_bdy.htm, Abruf am 2003-03-15.

[SaSW01]

Saatcioglu, K.; Stellaert, J.; Whinston, A. B.: Design of a Financial Portal. In: Communications of the ACM, 6 (44) 2001, S. 33-38.

[SaPr00]

Sawhney, M.; Prandelli, E.: Beyond Customer Knowledge Management: Customers as Knowledge Co-Creators,. In: *Malhotra, Y. (Hrsg.):* Knowledge Management and Virtual Organizations. London 2000.

[Schi93]

Schierenbeck, H.: Grundzüge der Betriebswirtschaftslehre. 11.A., München/Wien 1993.

[Schm01]

Schmid, R.: Eine Architektur für Customer Relationship Management und Prozessportale bei Banken. Dissertation der Universität St. Gallen, St. Gallen 2001.

[ScBa00]

Schmid, R.; Bach, V.: Customer Relationship Management bei Banken. Arbeitsbericht BE HSG / CC BKM / 4 des Instituts für Wirtschaftsinformatik, St. Gallen 2000.

[Thie01]

Thiesse, F.: Prozessorientiertes Wissensmanagement: Konzepte, Methode, Fallbeispiele. Dissertation der Universität St. Gallen, St. Gallen 2001.

[Veri01]
  Vering, M. et al.: Der e-Business-Workplace: Das Potenzial von Unterneh-mensportalen. Bonn 2001.

[Weib96]
  Weiber, R.: Was ist Marketing? Ein informationsökonomischer Erklärungs-ansatz. 2.A., Arbeitspapier zur Marketingtheorie Nr. 1, Trier 1996.

[Wisw95]
  Wiswede, G.: Einführung in die Wirtschaftspsychologie. 2.A., München 1995.

[WuGr80]
  Wunderer, R.; Grunwald, W.: Führungslehre, Band 1: Grundlagen der Füh-rung. Berlin 1980.

Gemeinsamkeiten und Unterschiede von Informations-, Qualitäts- und Wissensmanagement

Angelika Mittelmann

voestalpine Stahl GmbH
Abteilung FPO/Organisationsentwicklung
angelika.mittelmann@voestalpine.com

Inhalt

Informations-, Qualitäts- und Wissensmanagement (IM, QM, WM) werden in der betrieblichen Praxis nebeneinander zur Stärkung der Wettbewerbsfähigkeit eines Unternehmens eingesetzt. Weitere Effizienzsteigerungen wären durch Integration der drei Management-Konzepte möglich. Dazu ist es erforderlich:

- IM, QM und WM als Prozesse zu definieren;
- die Nahtstellen zwischen ihnen zu klären und festzulegen;
- im QM-System zu beschreiben und
- in der Organisation zum Leben zu erwecken.

Diese Integration wird am Beispiel der Teilprozesse Softwareentwicklung (Teilprozess von IM) und Wissenssicherung (Teilprozess von WM) im Rahmen eines QM-Systems skizziert.

1 Einleitung

Betrachtet man die Entwicklung von Qualitäts-, Informations- und WM (QM, IM, WM) im betriebswirtschaftlichen Kontext, wird deutlich, dass die Zunahme ihrer Bedeutung mit der Abnahme der Bedeutung der klassischen Produktionsfaktoren einhergeht. Waren früher Arbeit, Betriebsmittel und Werkstoffe die wesentlichen Produktionsfaktoren für Unternehmen, um Produkte herzustellen, so nehmen diese Rolle zusehends die Ressourcen Information und Wissen ein. Wissen wird heute als wesentliche Grundlage für wirtschaftliche Wettbewerbsvorteile und Wachstumsfähigkeit – als Erfolgsfaktor der Zukunft – angesehen (vgl. [Bull98; Neum98; Stew98]).

Das in den Köpfen der Mitarbeiter verankerte Wissen über Technologien, Produkte, Prozesse, Strukturen, Kunden und Konkurrenten ermöglicht es Unternehmen, Prozesse zu optimieren, Produkte und Dienstleistungen zu entwickeln sowie deren Qualität ständig zu verbessern (vgl. [Neum98]). Die steigende Bedeutung von WM hat sich aus dem Bewusstwerden heraus entwickelt, dass die Professionalisierung des IM nicht ausreichen wird, um Organisationen den nötigen Vorsprung gegenüber ihren Konkurrenten zu sichern, weil ein nicht unbeträchtlicher Teil erfolgsrelevanten Wissens nur in den Köpfen von Organisationsmitgliedern existiert. Dieses Wissen kann nur sehr schwer in Informationssystemen abgelegt werden, manchmal entzieht es sich sogar ganz einer Kodifizierung (siehe dazu [Pola67, 108]).

Professionelles IM wird meist nur in größeren Unternehmen betrieben, weil kleineren und mittleren Unternehmen die Notwendigkeit oft nicht einsichtig ist bzw. gut ausgebildete Fachkräfte zu teuer erscheinen. Nichtsdestotrotz hat sich das IM als eines der wichtigsten Teilgebiete der Wirtschaftsinformatik etabliert, als klar wurde, dass die Informatik wichtige Aufgaben im Rahmen der betriebswirtschaftlichen Aufgabenstellungen in Organisationen übernehmen kann. Ziel dabei ist, weitere Effizienzsteigerungen durch Automatisierung von Arbeitsschritten mit Hilfe von Informations- und Kommunikationstechnologien zu erreichen (siehe dazu „Geschichte der Wirtschaftsinformatik" in [Hein93, 54 ff.]).

Mit dem QM-Thema setzen sich Unternehmen schon lange auseinander. Das spiegelt sich nicht zuletzt darin wider, dass einige Normenreihen (z.B. ISO 900x bzw. ISO 14000), allgemeine Vorgehensmodelle (z.B. EFQM [EFQM02]) und spezielle für den Softwareentwicklungsprozess (z.B. das V-Modell [Plög03], CMMI [Kneu02; CMMI03], SPICE/ISO 15504 [SPICE03], SPI [SPI02]) existieren, welche die Einführung, Aufrechterhaltung und Weiterentwicklung eines adäquaten QMsystems in Organisationen unterstützen sollen (für eine kompakte Zusammenfassung siehe [Kneu03; KnSo95]). Für das Thema Softwareentwicklung gibt es mittlerweile auch Arbeitsgruppen, Mailing-Listen und spezialisierte Beratungsunternehmen (vgl. [Kneu03]). Viele Unternehmen verfolgen bereits eine nachhaltige Qualitätspolitik, weil sie dadurch wirtschaftlich nachweisbare Erfolge erreichen.

Ziel des nachfolgenden Vergleichs ist es, das sinnvolle Zusammenspiel von IM, QM und WM in der Unternehmenspraxis zu skizzieren und damit einen Beitrag zur sinnvollen Integration, aber auch notwendigen Abgrenzung dieser Management-Konzepte zu leisten.

2 Definitionen

Zur Verdeutlichung der Gemeinsamkeiten und Unterschiede werden zunächst die Definitionen der drei Konzepte angeführt.

2.1 IM

IM umfasst alle Tätigkeiten, die zur Konstruktion, Implementierung und Nutzung der Informationsinfrastruktur erforderlich sind (vgl. [Hein93, 171]).

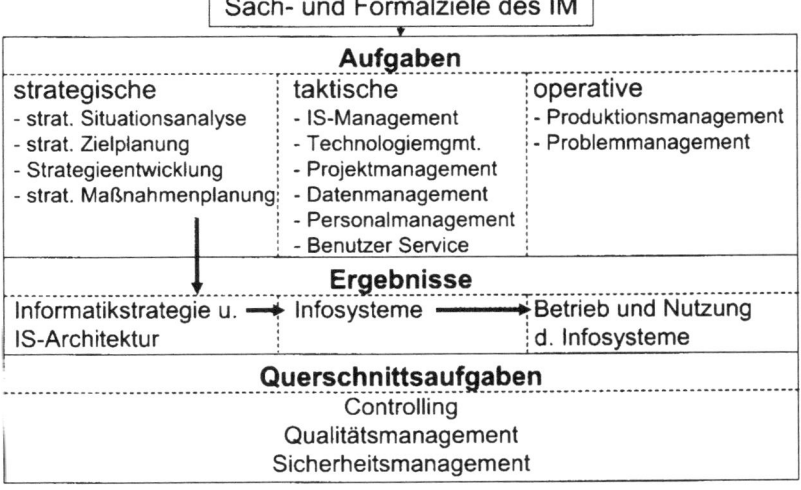

Abbildung 1: Übersicht Aufgaben/Ergebnisse des IM (vgl. [Hein93])

Generelles Sachziel des IM ist durch Schaffung und Aufrechterhaltung einer geeigneten Informationsinfrastruktur einen Beitrag zum Unternehmenserfolg zu leisten, indem auf die Wirtschaftlichkeit (= generelles Formalziel) der Informationsinfrastruktur geachtet wird (vgl. [Hein02, 19]). Um diese Ziele zu erreichen, hat das IM strategische, taktische und operative Aufgaben zu bewältigen. Ergebnisse dieser Aufgaben sind auf der strategischen Ebene eine auf die Unternehmensziele abgestimmte Informatikstrategie und IS-Architektur, auf der taktischen Ebene die in Entwicklung befindlichen Informationssysteme mitsamt der erforderlichen Infrastruktur, auf der operativen Ebene der wirtschaftliche Betrieb und die adäquate Nutzung der produktiven Informationssysteme. Die Querschnittsaufgaben Controlling, Qualitäts- und Sicherheitsmanagement beschäftigen sich ausschließlich mit Informationssystemen und der Informationsinfrastruktur.

2.2 QM

Nach ISO 9000:2000 bedeutet QM „aufeinander abgestimmte Tätigkeiten zum Leiten und Lenken einer Organisation bezüglich Qualität" (vgl. [ISO04, Def. 3.2.8, 21]). QM umfasst alle Tätigkeiten des Gesamtmanagements, die im Rahmen des QM-Systems die Qualitätspolitik, die Ziele und Verantwortungen festlegen sowie diese durch Mittel wie Qualitätsplanung, -sicherung, QM-Darlegung und -verbesserung verwirklichen (nach ISO 8402).

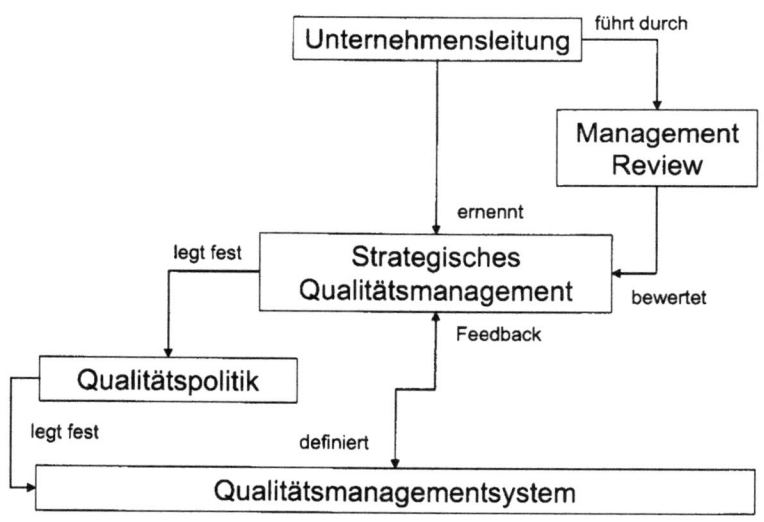

Abbildung 2: Konzeptkarte QM (nach [Bäch96])

Im Sinne der ISO-Forderung „Verantwortung der Leitung" ernennt die Unternehmensleitung einen Verantwortlichen für „Strategisches QM". In Abstimmung mit den Unternehmenszielen legt dieser QM-Verantwortliche die Qualitätspolitik fest, die operativ in einem QM-System (QMS) umgesetzt wird. Periodische Management-Reviews und Feedback aus dem QMS gewährleisten die kontinuierliche Anpassung des QMS an die Unternehmensgegebenheiten und dessen zielgerichtete Weiterentwicklung (siehe Abbildung 2).

2.3   WM

Da es mittlerweile eine Fülle von Definitionen für WM gibt, sei an dieser Stelle eine bestimmte herausgegriffen, die für den nachfolgenden Vergleich sehr geeignet ist.

[Will98, 81 ff.] betrachtet WM als einen Geschäftsprozess, der sich nicht aus sich selbst heraus legitimiert. Er dient der Organisation dazu, ihre strategischen Ziele besser, schneller und effizienter zu erreichen, um damit ihre Leistungserbringung gegenüber ihren Kunden und damit insgesamt ihr Überleben im Wettbewerb zu ermöglichen. Je kritischer die Ressource Wissen für diesen Wettbewerb ist, umso größer ist die Bedeutung eines professionellen WM. WM ist und bleibt aber eine Unterstützungsfunktion. Es muss sich daher einer doppelten Prüfung stellen:

1. Wie lässt sich WM für sich optimal organisieren?
2. Wie gelingt es die Ergebnisse eines optimierten WM auf die Ziele der Organisation auszurichten?

Dieser Notwendigkeit der doppelten Prüfung lässt sich mit Hilfe des Konzepts der doppelten Wissensbuchführung begegnen.

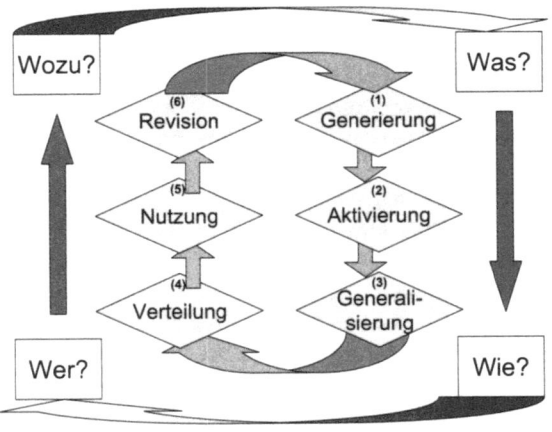

Abbildung 3: Konzept der doppelten Wissensbuchführung (nach [Will98])

Diese doppelte Wissensbuchführung lässt sich in einem doppelten Kreislauf darstellen. In dem inneren, geschäftsprozessbezogenen Kreislauf geht es darum, (1) relevantes Wissen zu generieren, (2) es zu aktivieren und (3) zu generalisieren. Liegt es in einer generalisierten (d.h. explizierten und dokumentierten) Form vor, dann ist damit noch keineswegs garantiert, dass dieses Wissen auch an allen relevanten Stellen der Organisation zur Kenntnis genommen und verwertet wird. Daher kommen die Schritte der (4) Verteilung und der (5) Nutzung des Wissens hinzu. Der letzte Schritt in diesem Kreislauf ist die Bewertung und (6) Revision des generierten und genutzten Wissens. In Organisationen, die Wissen nicht um seiner selbst willen generieren, greift an dieser Stelle der zweite, externe oder fremdreferenzielle Kreislauf ein. Die Leitfrage der Revision ist: Wozu brauchen wir welches Wissen? Welcher organisationale Mehrwert lässt sich durch welches neue oder revidierte Wissen schaffen? Welche zukünftige Leistungsfähigkeit erwerben wir durch welche organisationale Expertise? Diese Leitfragen zwingen dazu, die kollektive Vision und die strategische Ausrichtung der Organisation auf bestimmte, spezifische Kernkompetenzen ins Spiel zu bringen (siehe Abbildung 3).

3   Gemeinsamkeiten

Aus diesen Definitionen und weiteren wichtigen Aspekten werden nachfolgend Gemeinsamkeiten herausgearbeitet und gegeneinander abgewogen. Dabei werden zuerst die Gemeinsamkeiten aller drei Konzepte diskutiert, anschließend paarweise untersucht.

3.1   Gemeinsamkeiten von IM, QM und WM

Erfolgreiche Unternehmen setzen Geschäftsprozessmanagement (GPM, oder kurz auch Prozessmanagement) ein, um ihre Prozesse ständig zu verbessern und sich an ändernde Marktbedingungen optimal anzupassen. Ziel dabei ist, die erzeugten Produkte oder Dienstleistungen auf den Nutzen der Kunden auszurichten und damit die eigenen Wettbewerbsvorteile gegenüber Konkurrenten auszubauen.

GPM beschäftigt sich mit der Erhebung, Dokumentation, Analyse, Verbesserung und kontinuierlichen Veränderung aller Geschäftätigkeiten in einer Organisation mit dem Ziel der Erhaltung und des Ausbaus der Wettbewerbsfähigkeit der Organisation (vgl. [Mitt01, 82]). Ausgehend von den Geschäftszielen und -strategien werden im Rahmen der Prozessentwicklung u.a. die zugehörigen Organisationsstrukturen, Nahtstellen zwischen Organisationseinheiten sowie Anforderungen an unterstützende Informationssysteme bestimmt. Im Rahmen der Prozessführung wird die Prozessabwicklung ausgehend von den Kundenbedürfnissen bis zu den erbrachten Leistungen optimal angepasst (siehe Abbildung 4). In diesem Zusammenhang spielt der kontinuierliche Verbesserungsprozess (KVP) eine wichtige Rolle, in dem alle Mitarbeiter aufgefordert sind Verbesserungsideen für die Prozessentwicklung einzubringen. Gelingt die Einbeziehung möglichst vieler Mitarbeiter gut, dann ist die evolutionäre Weiterentwicklung aller Geschäftsprozesse gewährleistet.

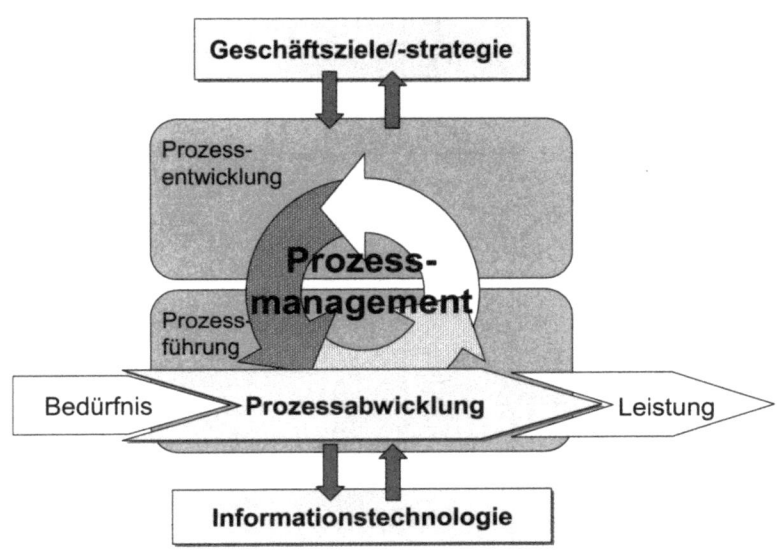

Abbildung 4: Prozessmanagement (nach [MMS04])

Qualität, Information und Wissen sind in allen Phasen des GPM – von der Prozessentwicklung bis zur Prozessabwicklung – von zentraler Bedeutung (vgl. [Gapp98]), daher müssen IM, QM und WM integrale Bestandteile eines erfolgreichen GPM sein.

3.1.1   Prozesssicht

Der Schlüsselbegriff des GPM ist der Prozess. Nach EN ISO 9000:2000 [ISO04, Def. 3.4.1, 23] ist ein (Geschäfts-)Prozess ein „Satz von in Wechselbeziehung oder Wechselwirkung stehenden Tätigkeiten, der Eingaben in Ergebnisse umwandelt". Dieser Umwandlungsprozess wird durch Verfahren und Mittel unterstützt (siehe Abbildung 5).

In der Prozessabwicklungsphase des GPM kann diese Prozess-Definition auf IM, QM und WM angewendet werden. Es ergibt sich daraus, dass alle drei Konzepte als Prozesse aufgefasst werden können. Eingaben bedeuten dabei Zielsetzungen für den Prozess. Ziel eines Produktionsprozesses ist es, ein bestimmtes Produkt oder eine Produktpalette in entsprechender Qualität für ein bestimmtes Marktsegment oder eine Kundengruppe zu erzeugen. Generelles Ziel von IM, QM und WM ist die Aufrechterhaltung und der Ausbau der Wettbewerbsfähigkeit der Organisation, was sich auf der Ergebnisseite als Unternehmenserfolg niederschlägt.

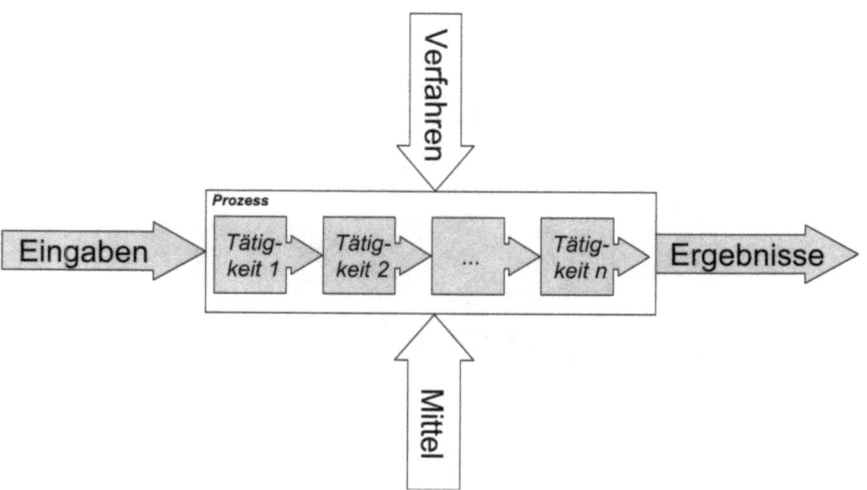

Abbildung 5: Prozess-Definition

Der Beitrag eines Produktionsprozesses zum Unternehmenserfolg ist ein direkt
messbarer, da die hergestellten Produkte durch Verkauf unmittelbar in Geldwert
umgewandelt werden können. Es handelt sich also um einen wertschöpfenden
Geschäftsprozess. Aus der Zwecküberlegung ergibt sich für IM, QM und WM,
dass sie einen indirekten Beitrag leisten, da sie nicht unmittelbar wertschöpfend
wirken. Nach ISO 9000:2000 handelt es daher um „spezielle Prozesse" (vgl.
[ISO04, Def. 3.4.1, Anmerkung 3, 23]). Gemeinsam ist ihnen auch, dass ihr
Beitrag nicht sofort nach ihrer Einführung wirksam wird, sondern erst allmäh-
lich durch intensive und kontinuierliche Anstrengungen.

Die erfolgreiche Einführung von IM, QM und WM bedeutet, dass sie in die
Geschäftsprozesse der Organisation integriert sind. Es gibt keinen Geschäftsprozess in einem Unternehmen, in dem nicht Information und Wissen von Nö-
ten sind bzw. die Arbeitsschritte qualitätsgesichert durchgeführt werden (müssen). Durch diese Verschränkung mit allen Unternehmensprozessen läßt sich
ableiten, dass IM, QM und WM besondere Querschnittsprozesse darstellen (vgl.
[Hein93, 8]). Dass deren Implementierung nicht ganz einfach ist, da sie alle
Geschäftsprozesse gleichermaßen betreffen, liegt auf der Hand.

3.1.2   Implementierungssicht

Wie bereits angedeutet, sind IM, QM und WM keine Prozesse, die „von selbst"
zu laufen beginnen; sie bedürfen eines gut geplanten und professionell begleite-
ten Implementierungsprozederes, also im Sinne des GPM einer Prozessentwick-
lungsphase. Soll die Implementierung von IM, QM und WM gelingen, müssen

in den Einstellungen und dem Verhalten möglichst vieler Mitarbeiter – das gilt besonders für QM und WM – nachhaltige Veränderungen erreicht werden.

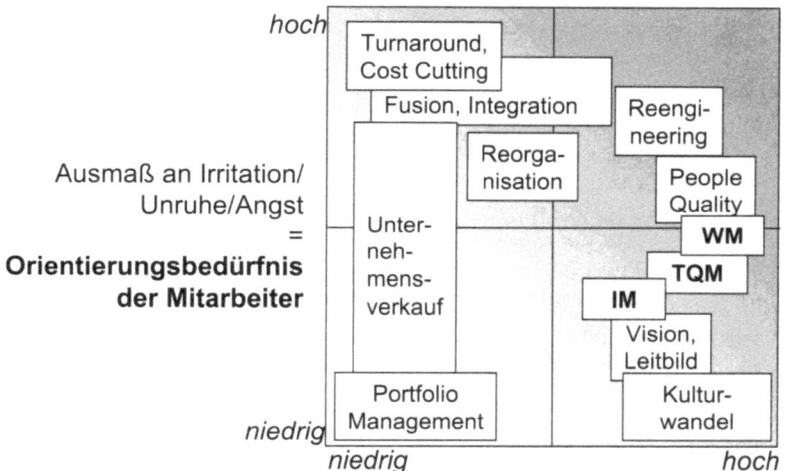

Bedarf für Einstellungs- und Verhaltensänderungen
= **Kommunikationsbedarf des Managements**

Abbildung 6: Typologie von Veränderungsprozessen (nach [Bern04])

In allen drei Fällen wird ein Veränderungsprozess mit Auswirkungen auf das gesamte Unternehmen eingeleitet. Das Ausmaß an Irritation, Unruhe oder Angst bei den Mitarbeitern wird dabei eher niedrig sein, aber aus der Sicht des Managements wird der Bedarf für Einstellungs- und Verhaltensänderungen eher hoch sein. Von der Typologie von Veränderungsprozessen her gesehen liegt daher eine Push-Konstellation (vgl. [Bern04]) vor, was einen hohen Kommunikationsbedarf des Managements bedeutet.

3.2   Gemeinsamkeiten von IM und WM

Kernbegriffe von IM und WM sind Information und Wissen. Die „Wissenstreppe" (vgl. [Nort98, 41]) beschreibt modellhaft, wie aus Daten Information und aus Information Wissen entsteht. Eine Sichtung von weiteren Begriffsbestimmungen (vgl. [For99; Mitt04]) zeigt, dass eine scharfe Trennung zwischen Daten, Information und Wissen nicht möglich ist. Vielmehr handelt es sich um ein Kontinuum mit stetigem Qualitätswandel zwischen den beiden Polen Daten und Wissen (siehe Abbildung 7).

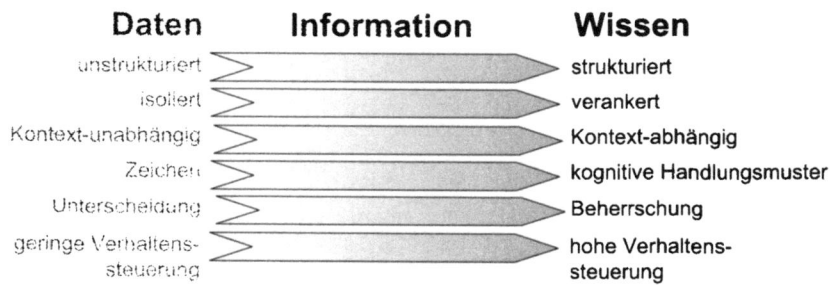

Abbildung 7: Kontinuum von Daten, Information und Wissen (nach [Prob98])

Daraus ergibt sich für IM und WM die erste wesentliche Gemeinsamkeit: beide bauen auf Daten auf und sind daher von der Qualität der Daten und des Datenmanagements abhängig.

Ein Ergebnis der Aktivitäten von IM bzw. WM sind Informations- (IS) bzw. WM-Systeme (WMS). Diese können strukturell als Mensch-Aufgabe-Technik-System (MAT-System, [Hein93, 13 f.]) aufgefasst werden. Menschen, sowohl als Individuen als auch als Gruppen, sind in beiden Fällen in unterschiedlichen Rollen an der Gestaltung der Systeme beteiligt, betreiben sie oder sind zumindest von deren Auswirkungen betroffen. IS und WMS unterstützen bei der Problemlösung im Rahmen von betrieblichen Aufgabenstellungen. Informations- und Kommunikationstechniken spielen dabei eine wesentliche Rolle. IM und WM sorgen dafür, dass die Beziehungen zwischen diesen Komponenten optimal gestaltet werden.

3.3   Gemeinsamkeiten von IM und QM

Aus der Definition von IM geht hervor, dass QM eine Querschnittsaufgabe des IM ist. Objekte des QM aus Sicht des IM sind die bestehende Informationsinfrastruktur mit allen ihren Komponenten und die Prozesse sowohl zu deren Entstehung als auch zu deren Nutzung (vgl. [Hein03, 83]). Aus Sicht des QM ist IM ein Geschäftsprozess, der wie alle anderen Geschäftsprozesse in ein QMS integriert werden muss. Ein QMS wiederum benötigt Daten und Informationssysteme, um gut funktionieren zu können. Aus dieser Betrachtungsweise ergibt sich eine wechselseitige Abhängigkeit zwischen IM und QM. Dies kann nur im weitesten Sinne als Gemeinsamkeit interpretiert werden.

3.4   Gemeinsamkeiten von QM und WM

Die augenfälligste Gemeinsamkeit von QM und WM ist, dass beide nur dann erfolgreich implementiert werden können, wenn im Rahmen der Prozessentwicklung ganzheitlich vorgegangen wird. Mit Ganzheitlichkeit ist dabei gemeint, dass die gesamte Organisation (Individuum, Struktur, Kultur) erfasst wird. Dieser ganzheitliche Ansatz ist sowohl im Total-Quality-Management(TQM)-Konzept (vgl. [Bäch96, 23]) als auch in einigen Einführungskonzepten für WM (siehe K2BE® in [Mitt01]) zu finden. Nur durch einen solchen Ansatz kann die Nachhaltigkeit der Implementierung gewährleistet werden, weil damit die Integration in alle Geschäftsprozesse des Unternehmens unterstützt wird.

Die ganzheitliche Betrachtung von QM und WM lenkt die Aufmerksamkeit auf den meist sehr „versteckten", nichtsdestotrotz aber sehr wesentlichen Aspekt der Weiterentwicklung der Unternehmenskultur in Richtung einer qualitäts- und wissensbewussten Organisation. Diese Entwicklung erfordert sowohl für QM als auch für WM mehrere Jahre Zeit, Geduld und die permanente Aufmerksamkeit des Top-Managements.

Durch die Implementierung von QM und WM (siehe [Mitt03]) werden neue Rollen definiert. Beispiele für diese Rollen sind QM-Verantwortliche oder der vielzitierte „Chief Knowledge Officer" (CKO, [Guns98, 315]). QM und WM müssen im Unternehmen ständig ein Thema bleiben, wenn sie auf Dauer wirksam bleiben sollen. Das kann nur gelingen, wenn diese neuen Rolleninhaber permanent über QM/WM-spezifische Themen informieren und kommunizieren.

Sowohl QM als auch WM benötigen eine an ihre Bedürfnisse angepasste Informationsinfrastruktur. Unter diesem Blickwinkel betrachtet, ist IM ein unterstützender Prozess für QM und WM, der für die optimale Informationsbereitstellung mit Hilfe integrierter Informationssysteme sorgt.

4   Unterschiede

Durch das oben Gesagte ist bereits offensichtlich geworden, dass es mehr Gemeinsamkeiten als Unterschiede zwischen den untersuchten Konzepten gibt. Der wesentlichste Unterschied ist, wie IM, QM und WM die Organisation bei der Erreichung verstärkter Wettbewerbsfähigkeit unterstützen.

Im Falle von WM bedeutet dies professionelles Management der intangiblen Ressourcen der gesamten Organisation. Dieser Ansatz von WM basiert auf dem Verständnis von Wissen als strategischer Ressource, die in den Kernkompetenzen aller Organisationsmitglieder und in den Geschäftsprozessen zu finden ist (vgl. [Mitt01]). WM sorgt dafür, dass das für die Geschäftätigkeiten der Organisation wichtige Wissen in das Unternehmen integriert wird, erhalten bleibt und weiterentwickelt wird. Dazu können auch Komponenten der Informationsinfrastruktur zum Einsatz kommen.

(T)QM versucht dieses Ziel durch die Einführung von Qualitätsdenken in der gesamten Organisation zu erreichen (vgl. [Mitt01]). Der Fokus liegt dabei neben der Kundenorientierung auf den Produkten und den Geschäftsprozessen, die diese Produkte hervorbringen (vgl. [EFQM02]). QM ist damit das Bindeglied zum KVP und unterstützt die evolutionäre Prozessverbesserung. WM hingegen ist über seinen Teilprozess der Wissensgenerierung (siehe Abbildung 3) mit Innovationsmanagement verknüpft, das auf die Entwicklung neuer Produkte und Märkte und dadurch auf radikale Prozessveränderung abzielt.

IM leistet seinen Betrag durch die Sicherstellung der optimalen Informationsversorgung im gesamten Unternehmen. Wichtig ist dabei ein Gleichgewicht der Wirksamkeit und Wirtschaftlichkeit der Informationsinfrastruktur zu erreichen (vgl. [Hein93]). Es wird sich des QM bedienen, um die nötigen Qualitätsstandards erfüllen zu können und des WM, um im Rahmen der Aufgabenerfüllung erworbenes Wissen zu erhalten und weiterzuentwickeln.

5   Integration und Abgrenzung von IM, QM und WM im Rahmen eines QMS

Es bleibt die Frage, wie das Zusammenspiel von IM, QM und WM in einer Organisation optimal gestaltet werden kann. Am sinnvollsten lässt sich die Integration von IM und WM im QMS des Unternehmens bewerkstelligen. Ein QMS umfasst die zur Verwirklichung des QM erforderlichen Organisationsstrukturen, Verfahren, Prozesse und Mittel (ISO 8402). Das QMS beschreibt für möglichst alle Geschäftsprozesse

⇒ die Prozessabläufe mit allen Teilprozessen;
⇒ die Nahtstellen zwischen ihnen und zu anderen relevanten Management-Prozessen (wie z.B. der Strategieplanung, welche die strategischen Vorgaben für die gesamte Organisation liefert) sowie
⇒ ihre (Zwischen-)Ergebnisse und
⇒ die Verantwortlichkeiten je Prozess.

Hier erfolgt auch die Verknüpfung zu benötigten Ressourcen und zu den Rollen je Teilprozess. Damit wird die Prozess- und Ergebnisqualität und die kontinuierliche Weiterentwicklung von IM, QM und WM gewährleistet.

5.1   Struktur einer Prozessbeschreibung

Üblicherweise wird ein Prozessbeschreibungswerkzeug verwendet, um diese komplexen Zusammenhänge zwischen Prozess-, Organisations-, Ressourcen- und Dokumentenmodell (siehe Abbildung 8) darstellen und veröffentlichen zu können.

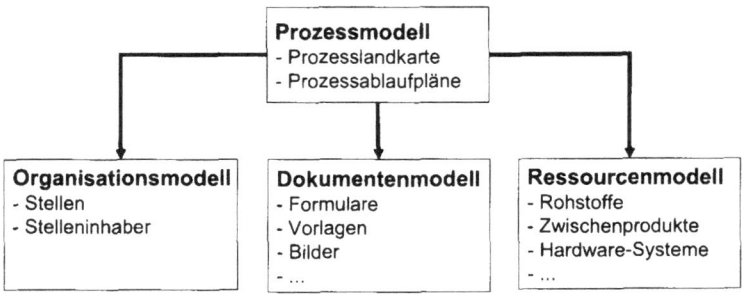

Abbildung 8: Struktur einer Prozessbeschreibung

Das Prozessmodell enthält neben der Prozesslandkarte als oberste Ebene Prozessablaufpläne mit der Abfolge der Teilprozesse bzw. Aktivitäten in mehreren weiteren Ebenen und die Verknüpfungen zu den übrigen Modellen. Das Organisationsmodell umfasst die Aufbauorganisation mit ihren Stellen und Stelleninhabern, die Verknüpfung zum Prozessmodell erfolgt über Prozesseigentümer und Rolleninhaber. Das Ressourcenmodell enthält Beschreibungen von Rohstoffen und Zwischenprodukten sowie Objekte der Informationsinfrastruktur (z.B. Hardware-Systeme), die zur Prozessdurchführung notwendig sind. Das Dokumentenmodell beinhaltet alle Arten von Dokumenten (z.B. Formulare, Vorlagen, Pläne, Bilder), die zur Abwicklung des Prozesses benötigt werden.

5.2   Beschreibungshilfsmittel Prozessstammblatt

Da sich eine solche umfassende Darstellung nur schwer in einem Dokument erfassen lässt, wird in der Praxis als Beschreibungshilfsmittel ein Prozessstammblatt verwendet. Prozessstammblätter sind daher ebenfalls Teil eines QMS.

Sie beinhalten neben der Kurzbeschreibung des Prozesses wichtige Informationen zu jedem Prozess wie den Zweck und die Zielsetzung des Prozesses, Name und Funktion des Prozesseigentümers, Beteiligte (= Rolleninhaber), Input und Output, Nahtstellen zu anderen Prozessen, mitgeltende Unterlagen, Schlüsselkennzahlen, geltende Normen oder Vorschriften, sowie Begriffsdefinitionen (siehe Tabelle 1).

Tabelle 1: Funktion und Inhalt eines Prozessstammblatts (verkürzt)

	Funktion	Inhalt
1	**Prozessbeschreibung**	Kurze Beschreibung, wie der Prozess ablaufen soll, ev. auch in grafischer Form.
2	**Zweck / Zielsetzung**	Ziel, Zweck des Prozesses
3	**Prozesseigentümer**	Name und Funktion der verantwortlichen Person
4	**Beteiligte**	Rolleninhaber
5	**Input**	Benötigte Ressourcen
6	**Output**	Ergebnisse am Ende der Prozessdurchführung
7	**Nahtstellen**	Aufzählung von Nahtstellen zu anderen Prozessen
8	**Mitgeltende Unterlagen**	Für die Abwicklung des Prozesses wichtige Dokumente bzw. Vorlagen
9	**Schlüsselkennzahlen**	Die wichtigsten Kennzahlen, an dem der Prozesserfolg gemessen werden kann
10	**Norm oder Vorschriften**	Normen (ISO 9001, 14001, ISO/TS 16949, usw.) Ev. interne Vorgaben
11	**Begriffsdefinitionen**	Wichtige, spezifische Begriffe

5.3   Illustrationsbeispiel

Als einfaches Illustrationsbeispiel wird der IM-Teilprozess *Softwareentwicklung* (SWE) und seine Verschränkung mit WM und QM skizziert. Als Darstellungshilfsmittel werden Prozessablaufpläne und Prozessstammblätter verwendet. Die Darstellung erhebt nicht den Anspruch auf Vollständigkeit, sondern soll nur die Machbarkeit einer Integration von IM, QM und WM im Rahmen eines QMS demonstrieren.

5.3.1   Prozessablaufpläne für IM und WM

Prozessablaufpläne auf der zweiten Ebene (direkt unter der Ebene der Prozesslandkarte) geben eine Übersicht über die Teilprozesse, die in diesem Prozess ablaufen. Sie enthalten meist keine Prozesssteuerelemente wie z.B. Verzweigungen. Auf die Beschreibung eines Prozessablaufplans für QM wird an dieser Stelle verzichtet, weil ein QMS bereits Teil der Implementierung von QM ist. QM ist gewissermaßen ein Metaprozess bezogen auf ein QMS.

Aus der Definition für IM in Abschnitt 2.1 kann ein vereinfachter Prozessablaufplan für IM (siehe Abbildung 9) bestehend aus den Teilprozessen *Strategieentwicklung, Softwareentwicklung* und *Systembetrieb* abgeleitet werden. Im

Teilprozess *Strategieentwicklung* wird die Informatikstrategie und die IS-Architektur erarbeitet. Der Teilprozess SWE produziert Software-Systeme als Teile der IS-Architektur. Bezogen auf die Software-Systeme kümmert sich der Teilprozess *Systembetrieb* um den Betrieb und die Wartung der betreffenden Software-Systeme.

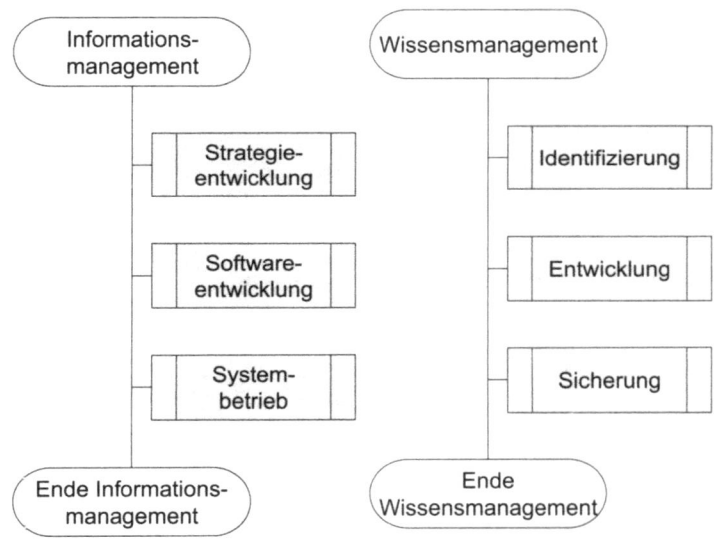

Abbildung 9: Prozessablaufpläne für IM und WM (vereinfacht)

Der Prozessablaufplan für WM (siehe Abbildung 9) kann ebenfalls in vereinfachter Form aus der Definition in Abschnitt 2.3 abgeleitet werden. WM besteht aus den Teilprozessen (Wissens-) *Identifizierung*, *Entwicklung* und *Sicherung* (vgl. [Mitt01, 85]). Im Teilprozess *Identifizierung* wird erarbeitet, welche Wissensobjekte bzw. -träger zur Lösung einer gegebenen Problemstellung erforderlich sind, welche wo zu finden sind und welche fehlen. Fehlende Wissensobjekte werden im Teilprozess *Entwicklung* eventuell auch mit Hilfe von externen Wissensträgern generiert. Der Teilprozess *Sicherung* sorgt dafür, dass die erzeugten Wissensobjekte entsprechend den Vorgaben des QMS dokumentiert und wiederauffindbar abgelegt werden. Referenzen auf die bei der Entwicklung beteiligten Wissensträger werden dabei ebenfalls erfasst, um nicht dokumentierbares Wissen beim Wissensträger direkt erfragen zu können.

5.3.2   Prozessstammblätter

Im QMS kann auf der dritten Prozessebene der SWE-Prozess in die Teilprozesse Anforderungsanalyse (siehe Tabelle 2), Grob-/Feindesign und Softwareproduktion aufgegliedert werden. Diese Teilprozesse werden vom SW-Analytiker sowie -Designer und Programmierer im Sinne von Rolleninhabern durchgeführt. Das QMS beschreibt als Ergebnis der Anforderungsanalyse die Struktur eines Pflichtenhefts, als Ergebnis des Grob-/Feindesigns die Struktur eines Klassen-/Datenmodells und als Ergebnis der Softwareproduktion, welchen Qualitätsanforderungen der produzierte Code (z.b. Namenskonventionen für Klassen, Kommentare im Code) genügen muss.

Das Ergebnis der Wissenssicherung (siehe Tabelle 3) können Best-Practice-Beispiele sein. Hier kann eine Nahtstelle von der Wissenssicherung zur Anforderungsanalyse definiert sein, die z.b. Best-Practice-Beispiele für Pflichtenhefte bereit hält. Das QMS sorgt dafür, dass die Best-Practice-Beispiele für Pflichtenhefte den definierten Qualitätsstandards entsprechen. Eine Nahtstelle zwischen Feindesign und Wissenssicherung könnte dafür sorgen, dass allgemein verwendbare Klassenmodelle qualitätsgesichert dokumentiert werden.

Tabelle 2: Prozessstammblatt Anforderungsanalyse (beispielhaft)

	Prozess	*Anforderungsanalyse*
1	**Prozessbeschreibung**	In der Anforderungsanalyse werden die Bedarfe der zukünftigen Benutzer erhoben, die zugehörigen Prozesse analysiert und in Beziehung zu bestehenden Software-Systemen in der IS-Architektur gesetzt.
2	**Zweck / Zielsetzung**	Ziel der Anforderungsanalyse ist, alle für das zukünftige Software-System relevanten Anforderungen vollständig zu erfassen und in geeigneter Form zu dokumentieren.
3	**Prozesseigentümer**	NN, Abteilung
4	**Beteiligte**	Systemanalytiker, Benutzer, IS-Architekturverantwortlicher
5	**Input**	Vorhandene Prozess- und Verfahrensbeschreibungen, IS-Architektur
6	**Output**	Pflichtenheft
7	**Nahtstellen**	Wissenssicherung / Best-Practice-Pflichtenhefte
8	**Mitgeltende Unterlagen**	Vorlage Pflichtenheft

Tabelle 3: Prozessstammblatt Wissens- Sicherung (beispielhaft)

	Prozess	(Wissens-)Sicherung
1	Prozessbeschreibung	In der (Wissens-)Sicherung werden aus vorhandenen Dokumentationen Best-Practice-Beispiele abgeleitet und wiederauffindbar abgelegt.
2	Zweck / Zielsetzung	Ziel der (Wissens-)Sicherung ist, dokumentierte gute Erfahrungen zu Best-Practice-Beispielen zu aggregieren.
3	Prozesseigentümer	NN, Abteilung
4	Beteiligte	Wissensträger, Wissensingenieur
5	Input	Dokumentationen
6	Output	Best-Practice-Beispiele
7	Nahtstellen	Anforderungsanalyse, Feindesign
8	Mitgeltende Unterlagen	Vorlage Best-Practice-Beispiel

5.4   Fazit

Die Prozessbeschreibungen von IM und QM werden den Unternehmen nicht allzu schwer fallen, weil es dazu bereits genügend Wissen in Form von Normen (z.B. ISO 9000:2000 für QM) und Industriestandards (z.B. V-Modell für die Softwareentwicklung im IM) gibt. Schwierigkeiten wird die Prozessbeschreibung von WM machen, weil sich dafür noch kein Quasi-Standard herausgebildet hat.

Im Gegenteil, es herrscht die Meinung vor, dass jedes Unternehmen seinen WM-Prozess selbst definieren muss (vgl. [Mitt99, 3]), weil jede Organisation einzigartig im Sinne von Unternehmenskultur, Organisationsmitgliedern und -struktur ist.

6   Zusammenfassung und Schlussfolgerungen

IM, QM und WM haben mehr Gemeinsames als Trennendes. Sie sind besondere Querschnittsprozesse und integraler Bestandteil von GPM und leisten einen indirekten Beitrag zum Unternehmenserfolg nach erfolgreicher Implementierung. Ihre Implementierung ist ein Veränderungsprozess mit Push-Konstellation, was hohen Kommunikationsbedarf auf Seiten des Managements erfordert, wenn die Integration in alle anderen Geschäftsprozesse nachhaltig gelingen soll.

Die Unterschiede ergeben sich vor allem daraus, auf welche Art und Weise IM, QM und WM ihren Beitrag zum Unternehmenserfolg leisten. Bei IM steht die Ressource Information im Zentrum des Interesses, bei QM die Produkt- und

Prozessqualität, bei WM die Ressource Wissen. Sie umfassen unterschiedliche Aktivitäten mit verschiedenen Rollen.

Allerdings sind sie, wie im obigen Beispiel skizziert, vielfach miteinander verschränkt, sodass die Erarbeitung und Pflege einer guten Prozessbeschreibung mit adäquaten Nahtstellendefinitionen angeraten erscheint. Die beste Prozessbeschreibung nützt aber nichts, wenn es nicht gelingt, den definierten IM-, QM- und WM-Prozessen im Unternehmen Leben einzuhauchen. Die Unterstützung und permanente Aufmerksamkeit der gesamten Managementebene ist dazu unumgänglich notwendig.

Quellenverzeichnis

[Bäch96]
Bächle, M.: QM der Softwareentwicklung. Wiesbaden 1996.

[Bern04]
Berner, W. et al.: Der Change Guide.
http://www.umsetzungsberatung.de/diagnose/typologie.php, Abruf am 2004-01-17.

[Bull98]
Bullinger, H.-J. et al.: Wissensmanagement – Anspruch und Wirklichkeit: Ergebnisse einer Unternehmensstudie in Deutschland. In: Information Management 13 (1998) 1, S. 7-23.

[CMMI03]
CMMI: CMMI Models. Carnegie Mellon Software Engineering Institute, http://www.sei.cmu.edu/cmmi/models/, 18.12.2003, Abruf am 2004-01-17.

[EFQM02]
EFQM: EFQM Excellence Model.
http://www.efqm.org/modelawards/model/excellencemodel.htm, 16.04.2002, Abruf am 2004-01-17.

[For99]
Forst, A.: Information und Wissen (Teil 1): Die neuen betrieblichen Ressourcen. doculine news,
http://www.doculine.com/news/1999/Februar/infowiss.htm, 1.2.1999, Abruf am 2004-01-17.

[Gapp98]
Gappmaier, M.: Ganzheitliches Geschäftsprozeßmanagement durch Process Prototyping. In: CC WPM (Hrsg.): Proceedings der 3. Österreichischen WPM-Konferenz, Linz 1998.

[Guns98]
Guns, B.: The Chief Knowledge Officer's Role – Challenges and Competencies. In: Journal of Knowledge Management, Vol. 1 (1998) 4, S. 315-321.

[Hein93]
Heinrich, L. J.: Wirtschaftsinformatik. München/Wien 1993.

[Hein02]
Heinrich, L. J.: Informationsmanagement – Planung, Überwachung und Steuerung der Informationsinfrastruktur. 7.A., München/Wien 2002.

[ISO04]
ISO 9000:2000: QM-Systeme – Grundlagen und Begriffe (ISO 9000:2000), Ausgabe: 2000-12-17.
http://www.iso.org/iso/en/iso9000-14000/iso9000/iso9000index.html, Abruf am 2004-01-25 (Abruf der Normen ist kostenpflichtig).

[Kneu02]
Kneuper, R.: CMMI – Verbesserung von Softwareprozessen mit Capability Maturity Model Integration. Heidelberg 2002.

[Kneu03]
Kneuper, R.: QM, Qualitätssicherung und Vorgehensmodelle zur Software-entwicklung. http://www.kneuper.de/qm-vm-sw.htm, 11.10.2003, Abruf am 2004-01-17.

[KnSo95]
Kneuper, R.; Sollmann, F.: Normen zum QM bei der Softwareentwicklung. Informatik Spektrum, Band 18 (1995), S. 314-323.

[Mitt99]
Mittelmann, Angelika: Weitergabe von Wissen - keine Selbstverständlichkeit. In: Wissenstransfer in Unternehmen, IBM - Tage des Wissensmanagements, Wien 1999.

[Mitt01]
Mittelmann, A. et al.: Holistic Knowledge Management. In: *Hofer, C.; Chroust, G. (Hrsg.)*: IDIMT-2001 9th Interdisciplinary Information Management Talks Proceedings. Schriftenreihe Informatik, Band 6, Linz 2001, S. 81-90.

[Mitt03]
Mittelmann, A.: Neue Rollen bei der Einführung von Wissensmanagement. In: KM-Journal 2/2003, http://www.km-a.net/41/artikel/127/127.html, 8.5.2003, Abruf am 2004-01-17.

[Mitt04]
Mittelmann, A.: Wissensbegriff. http://artm-friends.at/am/km/basics/wissend.html, Abruf am 2004-02-06.

[MMS04]
MMS Consulting: Prozessmanagement. http://www.mms-consulting.ch/prozess.htm, Abruf am 2004-01-25.

[Neum98]
Neumann, S.; Flügge, B.; Finerty, T.: The Art of Knowledge – Potential aus dem Wissen schöpfen. In: Information Management 13 (1998) 1, S. 66-74.

[Nort98]
North, K.: Wissensorientierte Unternehmensführung, Wertschöpfung durch Wissen. Wiesbaden 1998.

[Stew98]
Stewart, T. A.: Der vierte Produktionsfaktor – Wachstum und Wettbewerbsvorteile durch WM. München/Wien 1998.

[Plög03]
Plögert, K.: Das V-Modell. http://www.v-modell.iabg.de/, 17.6.2003, Abruf am 2004-01-17.

[Pola67]
Polanyi, M.: The Tacit Dimension. New York 1967.

[Prob98]
Probst, G.; Raub, S.; Romhardt, K.: Wissen managen – Wie Unternehmen ihre wertvollste Ressource optimal nutzen. Frankfurt/Wiesbaden 1998.

[SPICE03]
SPICE: ISO/IEC TR 15504 Standard. http://isospice.com/standard/tr15504.htm, 30.11.2003, Abruf am 2004-01-17.

[SPI02]
SPI: About Software Process Improvement (SPI). http://www.curans.be/spi6.htm, 1.3.2002, Abruf am 2004-01-17.

[Will98]
Willke, H.: Systemisches Wissensmanagement. Stuttgart 1998.

Ein Messsystem zur (Online-)Erfassung des EBusiness-Potenzials und der EBusiness-Nutzung

Claudia M. Thonabauer

Universität Linz
Institut für Wirtschaftsinformatik – Information Engineering
claudia.thonabauer@jku.at

Inhalt

Informationen, die für rationale Entscheidungen über Investitionen in die EBusiness-Infrastruktur erforderlich sind, stehen Unternehmen meist nicht zur Verfügung. Dazu gehören insbesondere Informationen über das EBusiness-Potenzial des Unternehmens und dessen EBusiness-Nutzung. Nicht genutztes EBusiness-Potenzial sollte EBusiness-Entwicklungsprojekte initiieren. Der Beitrag beschreibt das am Institut für Wirtschaftsinformatik – Information Engineering entwickelte Messsystem zur (Online-)Erfassung des EBusiness-Potenzials und der EBusiness-Nutzung.

1   Problembeschreibung

Die durch EBusiness ermöglichten unternehmensinternen und -externen Veränderungen, wie beispielsweise Erweiterungen und Beschleunigungen von
Geschäftsprozessen, stärkere Kundenbindung, höhere Flexibilität, weltweite
Vermarktung, verstärkte Netzwerkeffekte und Senkung der Transaktionskosten
(vgl. z.B. [MoMo03; Foth01; MüTh01; FrKK01; EgHo01]), veranlassen viele
Unternehmen dazu, die Erfolgsaussichten von weiteren Investitionen in EBusiness zu prüfen. Dazu ist es nötig, das EBusiness-Potenzial des Unternehmens zu
erfassen und es der EBusiness-Nutzung gegenüberzustellen.

In den EBusiness-Fachbüchern (z.B. [MoMo03; FrSt02; HeSa01]), die in
den letzten Jahren erschienen sind, wird zwar die Bedeutung von EBusiness für
die Sicherung und Schaffung von Unternehmenserfolg betont, ein Messsystem,
mit dem das EBusiness-Potenzial und die EBusiness-Nutzung ermittelt werden
können, wird in keinem der Werke angegeben.

Ziel des Forschungsprozesses war es daher, ein Messsystem für die Erfassung des EBusiness-Potenzials und der EBusiness-Nutzung zu entwickeln und
prototypisch zu erproben. Mit diesem Messsystem können die für Investitionsentscheidungen erforderlichen Informationen über das EBusiness-Potenzial und
die EBusiness-Nutzung beschaffen und dem Management als Grundlage für
rationale Investitionsentscheidungen zur Verfügung gestellt werden.

2   Begriffe und Definitionen

In der Fachsprache herrscht keine Einigkeit darüber, welche Phänomene der
Wirklichkeit mit ECommerce und EBusiness bezeichnet werden bzw. ob diese
Bezeichnungen überhaupt zweckmäßig sind. Für die Durchführung dieser Un-
tersuchung wurden nach [HeHR04] folgende Nominal- und Realdefinitionen für
EBusiness und ECommerce verwendet:

EBusiness ist jede Art von wirtschaftlichem Handeln entlang der Wert-
schöpfungskette, das durch Internet-Technologien unterstützt wird und unternehmensinterne Geschäftsprozesse mit denen von Geschäftskunden (Business-
to-Business, *B2B*) verbindet oder unternehmensinterne Geschäftsprozesse bis
zum Privatkunden (Business-to-Consumer, *B2C*) ausdehnt sowie andere Verbindungen auf der Grundlage eines wesentlich veränderten, elektronischen Ge-
schäftsmodells ermöglicht. Je nachdem, welche Partner an einer elektronischen
Geschäftsabwicklung beteiligt sind, werden ähnliche Bezeichnungen verwendet
(z.B. Business-to-Government, *B2G* für den elektronischen Geschäftsprozess
zwischen öffentlichen Verwaltungen und Bürgern).

Da die bei B2B relevanten Geschäftsprozesse der beteiligten Unternehmen
meist mit unterschiedlichen Informationssystemen (insbesondere mit unterschiedlicher kommerzieller Standardsoftware, vor allem sog. Enterprise-
Resource-Planning(ERP)-Systeme, oder mit Individualsoftware) realisiert sind,

erfordern B2B-Anwendungen die Abstimmung zwischen den Informationssystemen der Geschäftspartner einschließlich einer Vereinheitlichung von Geschäftsregeln, Begriffen und Konzepten. Anbieter von ERP-Systemen entwickeln als B2B-Integrationstechnologie bezeichnete Standardsoftware-Komponenten, mit denen die Abstimmung unterstützt wird. Eine typische B2B-Anwendung ist das Lieferkettenmanagement, typische B2C-Anwendung der elektronische Buchhandel (z.B. Amazon.com).

Die englische Bezeichnung EBusiness ist Oberbegriff für Bezeichnungen wie ECommerce (wenn primär Handelsgeschäfte in elektronischer Form abgewickelt werden), eProcurement (wenn primär Beschaffungsprozesse in elektronischer Form abgewickelt werden), usw.

EBusiness-Potenzial meint die Gesamtheit der für EBusiness im Unternehmen bestehenden Möglichkeiten, Mittel, Qualifikationen usw., kurz gesagt das an vorhandener Infrastruktur, was zur Erhöhung der Produktivität, Senkung der Kosten usw. mittels EBusiness zur Verfügung steht.

Die EBusiness-Nutzung meint das Ausmaß, in dem das EBusiness-Potenzial ausgeschöpft ist, von ihm also tatsächlich Gebrauch gemacht wird.

3 Problemlösungsweg

Das Messsystem wurde prototypisch durch Literaturanalysen, Stichprobenanalysen und Fallstudien entwickelt und erprobt. Im ersten Entwicklungszyklus wurden mit einer Literaturanalyse Eigenschaften identifiziert, die für das Potenzial und die Nutzung von EBusiness typisch sind. Davon ausgehend wurde ein erster Prototyp des Messsystems entwickelt, welcher durch Stichprobenanalysen in 20 oberösterreichischen kleinen und mittleren Unternehmen (KMU) erprobt wurde.

Der zweite Entwicklungszyklus baute auf den Ergebnissen des ersten Entwicklungszyklus auf. Der erste Prototyp des Messsystems wurde aufgrund der Befunde der Stichprobenanalysen und einer vertiefenden Literaturanalyse weiterentwickelt und einem Pretest unterzogen. Die Ergebnisse des Pretests trugen wiederum zur Weiterentwicklung bei. Der so entstandene zweite Prototyp des Messsystems wurde in 15 Unternehmen aus vier unterschiedlichen Branchen durch Stichprobenanalysen erprobt.

Dieser zweite Prototyp wurde im dritten Entwicklungszyklus wiederum aufgrund der Befunde der Stichprobenanalysen und einer vertiefenden Literaturanalyse weiterentwickelt. Der durch diese Weiterentwicklung entstandene dritte Prototyp wurde in fünf Fallstudien erprobt. Im Unterschied zu den vorhergehenden Erprobungen wurden die Messergebnisse mit Managementmitgliedern der jeweiligen Unternehmen eingehend analysiert und die Realitätsnähe und Nachvollziehbarkeit der Messergebnisse wurde von den Managementmitgliedern beurteilt. Nachdem die Fallstudien die Anwendbarkeit aller

Kriterien und Metriken zeigten, wurde im nächsten Entwicklungsschritt der dritte Prototyp des Messsystems in einer Datenbank abgebildet, dessen Benutzerschnittstelle ein Online-Fragebogen ist.

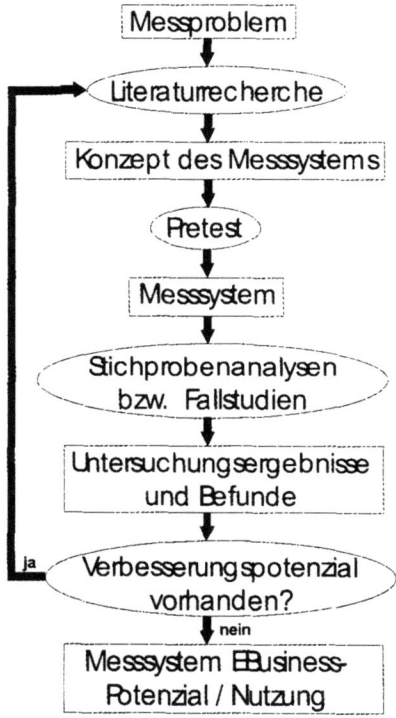

Abbildung 1: Vorgehensmodell zum Entwickeln des Messsystems

Abbildung 1 zeigt das Vorgehensmodell zur Entwicklung des Messsystems; die Aktivitäten sind als Ellipsen abgebildet, die erzeugten Produkte bzw. Zwischenprodukte als Rechtecke dargestellt. Da es den Umfang dieses Artikels überschreiten würde, alle drei Prototypen des Messsystems und dessen Implementierung als Datenbank mit Online-Benutzerschnittstelle darzustellen und eine solche Darstellung außerdem redundant wäre, wird in den nächsten Kapiteln der zweite Prototyp des Messsystems dargestellt, dessen Weiterentwicklung zum dritten Prototyp und die anschließende Implementierung beschrieben werden. Eine ausführliche Beschreibung des ersten und zweiten Prototyps ist unter www.ie.jku.at/research/reports.htm zu finden.

4   Zweiter Prototyp des Messsystems

4.1   *Messsystem*

Die Messung des EBusiness-Potenzials erfolgt mit den vier Kriterien Leistungsangebotseignung, Markt, Awareness und Ökonomischer Nutzen. Diese werden durch 13 Metriken präzisiert, wie Abbildung 2 zeigt. Mit einer Metrik je Kriterium wird das Messsystem für das EBusiness-Potenzial beispielhaft erläutert.

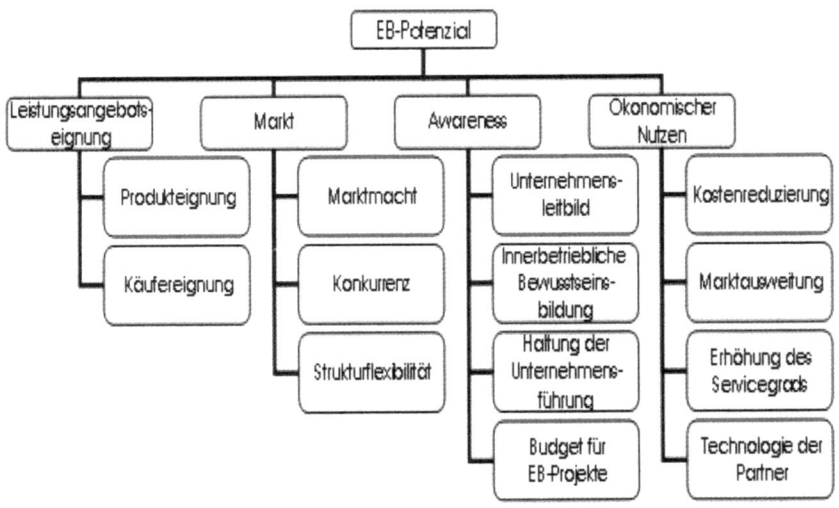

***Abbildung 2: Zweiter Prototyp des Messsystems für das EBusiness-Potenzial
[HeTh02, 59]***

Produkteignung ist die Möglichkeit, das Produkt bzw. die Dienstleistung mit EBusiness zu vertreiben, die von der Standardisierbarkeit und Digitalisierbarkeit des Produkts bzw. der Dienstleistung abhängig ist. *Annahme:* Je höher die Standardisierbarkeit und Digitalisierbarkeit des Produkts sind, desto höher ist das EBusiness-Potenzial.

Marktmacht ist die Einflussmöglichkeit des Unternehmens auf seine Lieferanten und Kunden. *Annahme*: Je größer die Marktmacht ist, desto höher ist das EBusiness-Potenzial, da in diesem Fall die Kunden und Lieferanten beeinflusst werden können, auf dem vom Unternehmen gewählten Marktplatz teilzunehmen.

Unternehmensleitbild ist die verbindliche Formulierung der EBusiness-Grundhaltung des Top-Managements. *Annahme*: Je aussagefähiger das Unternehmensleitbild ist, desto höher ist das EBusiness-Potenzial, da dann davon ausgegangen werden kann, dass EBusiness-Aktivitäten vom Top-Management mit Nachdruck vorangetrieben werden. *Kostenreduzierung* sind alle Möglichkeiten, durch EBusiness Kosten zu senken, insbesondere Transaktionskosten. *Annahme*: Je höher die mögliche Kostenreduzierung ist, desto höher ist das EBusiness-Potenzial.

Das EBusiness-Potenzial eines Unternehmens ist nicht statisch, sondern kann sich im Zeitablauf durch Maßnahmen des Unternehmens und/oder durch die Veränderung der Unternehmensumwelt erhöhen oder reduzieren. So erhöht beispielsweise eine steigende Anzahl von Internet-Nutzern und die damit verbundene Vergrößerung der Käufereignung das EBusiness-Potenzial eines Unternehmens.

Bei Unternehmen mit sehr heterogenen Geschäftsfeldern empfiehlt sich ein getrenntes Messen der einzelnen Geschäftsfelder. Dies ermöglicht auch eine gezieltere Beantwortung der Frage, in welche EBusiness-Projekte investiert werden soll.

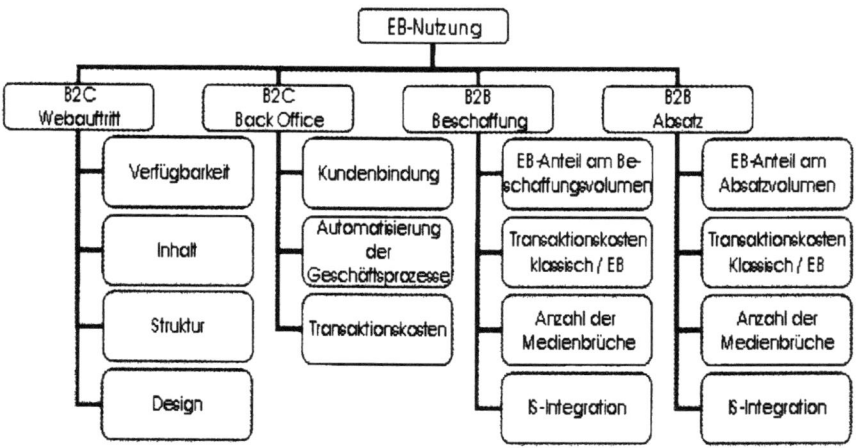

Abbildung 3: Zweiter Prototyp des Messsystems für die EBusiness-Nutzung [HeTh02,60]

Die Messung der EBusiness-Nutzung erfolgt getrennt für B2C (Business to Consumer) und B2B (Business to Business), weil – im Unterschied zur Messung des EBusiness-Potenzials – dafür unterschiedliche Eigenschaften typisch zu sein scheinen. Auch die EBusiness-Nutzung wird mit vier Kriterien gemessen, wie Abbildung 3 zeigt. So wie beim EBusiness-Potenzial gilt, dass aus den Metriken jedes Kriteriums zu erkennen ist, was gemessen werden soll. Mit einer

Metrik je Kriterium wird das Messsystem für die EBusiness-Nutzung beispiel-haft erläutert.

Verfügbarkeit ist die Länge der Lade- und Übertragungszeiten, die Zuver-lässigkeit der Provider und Server und die Existenz von Broken-Links (Links, die ins Leere führen). *Annahme*: Je kürzer die Übertragungszeiten sind, je zu-verlässiger der Provider und Server ist und je weniger Broken-Links existieren, desto höher ist die EBusiness-Nutzung.

Kundenbindung ist die Art und Anzahl verwendeter und geeigneter Custo-mer-Relationship-Management(CRM)-Instrumente (z.B. Newsletter, Chats, Foren, kundenspezifische Informationen). *Annahme*: Je besser die Kundenbin-dung ist, desto höher ist die EBusiness-Nutzung.

EBusiness-Anteil am Beschaffungsvolumen ist der Anteil am gesamten Be-schaffungsvolumen, der durch EBusiness abgewickelt wird. *Annahme*: Je höher der EBusiness-Anteil am Beschaffungsvolumen ist, desto höher ist die EBusi-ness-Nutzung.

Anzahl der Medienbrüche ist die Anzahl der Medienwechsel innerhalb eines Geschäftsprozesses im Bereich Absatz, bei denen Daten nicht automatisiert und ohne Verlust übertragen werden können. *Annahme*: Je geringer die Anzahl der Medienbrüche im Bereich Absatz ist, desto höher ist die EBusiness-Nutzung.

4.2   Messmethoden

Methoden zum Erfassen der Ausprägungen der Metriken sind Beobachtung, Dokumentenanalyse und Befragung. Befragung wird nur bei jenen Metriken verwendet, deren Ausprägung durch Beobachtung oder Dokumentenanalyse nicht feststellbar ist. Die Zielerträge werden auf einer nominalen Skala mit den Werten 1 (= sehr gering), 3, 5 und 7 (= sehr hoch) abgebildet. Sollte kein Inter-net-Auftritt vorhanden sein, sind die Zielerträge der Metriken des Kriteriums B2C Webauftritt mit 1 zu bewerten.

Zur Visualisierung der Messergebnisse wurde das in Abbildung 4 darge-stellte Portfolio entwickelt. Die Diagonale des Portfolios entspricht der optima-len Potenzialnutzung. Ist das EBusiness-Potenzial größer als die EBusiness-Nutzung (Einordnung des Unternehmens links der Hauptdiagonalen), werden Erfolgschancen nicht genutzt. Es werden Investitionen in EBusiness-Projekte empfohlen. Ist die EBusiness-Nutzung höher als das EBusiness-Potenzial (Ein-ordnung des Unternehmens rechts der Hauptdiagonalen), ist mehr in EBusiness-Projekte investiert worden, als zur Ausschöpfung von Erfolgschancen erforder-lich gewesen wäre. Es sind weitere Untersuchungen erforderlich, um Emp-fehlungen über Investitionen in EBusiness-Projekte geben zu können. Gegebe-nenfalls sind Desinvestitionen empfehlenswert.

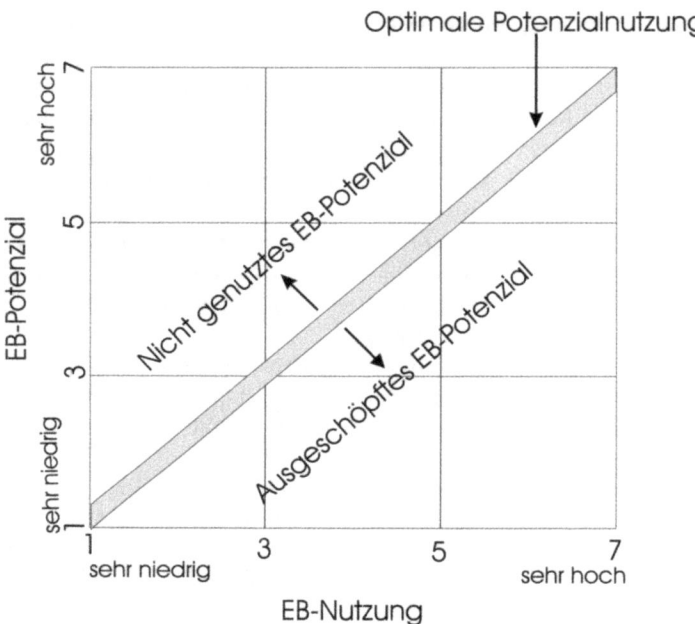

Abbildung 4: Portfolio zur Visualisierung der Messergebnisse [HeTh02, 60]

4.3   Erprobung

Abbildung 5 zeigt das Ergebnis von Messungen des EBusiness-Potenzials und der EBusiness-Nutzung aus 15 Stichprobenanalysen in oberösterreichischen Unternehmen. Es ist erkennbar, dass die Versicherungen ihr EBusiness-Potenzial nicht ausschöpften, während die Speditionen und Banken ihr EBusiness-Potenzial annähernd optimal nutzten. Bei Banken konnte eine leichte Tendenz zur Überinvestition in EBusiness festgestellt werden. Druckereien besaßen ein vergleichsweise geringes EBusiness-Potenzial, nutzten dieses aber fast optimal aus.

Die Unterschiede im EBusiness-Potenzial zwischen Banken und Versicherungen stehen im Widerspruch zu der weit verbreiteten Annahme, dass Versicherungen und Banken ein ähnlich hohes EBusiness-Potenzial haben, da beide Dienstleistungen anbieten und das Back-Office seit Jahren von leistungsfähigen Informationssystemen unterstützt wird.

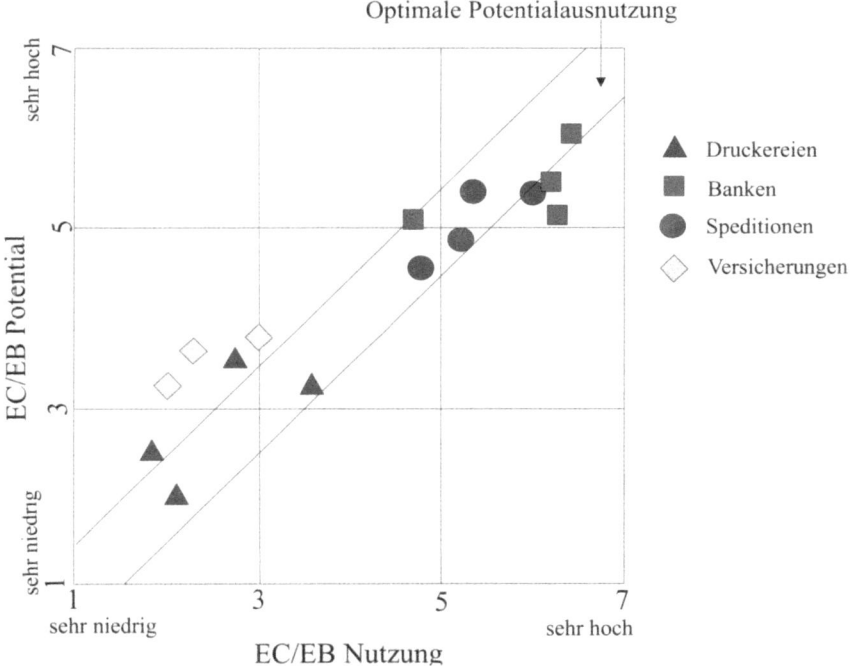

Abbildung 5: Messergebnisse EBusiness-Potenzial / EBusiness-Nutzung

Die Analyse des Messsystems zur Bestimmung des EBusiness-Potenzials zeigt die Gründe für diese unterschiedlich hohe Bewertung der Unternehmen der Stichprobe. So war das Internet-Engagement der Banken im Messzeitraum wesentlich höher als jenes der Versicherungen, und es waren die besonders ertragreichen Produkte der Banken (z.B. Wertpapiere), die über das Internet gehandelt wurden. Im Unterschied dazu boten Versicherungen, wenn überhaupt, eher für sie nicht ertragreiche Produkte (z.B. Kfz-Versicherungen) über das Internet zum Online-Verkauf an. Diese Situation beeinflusste die Awareness und damit die zu erwartende Managementunterstützung für EBusiness-Projekte, die eng mit den Erfolgsaussichten weiterer EBusiness-Projekte verbunden ist. Auch der ökonomische Nutzen von EBusiness für das einzelne Unternehmen wird vom Internet-Engagement der Branche, der sich beispielsweise im Entwicklungsgrad branchenspezifischer EBusiness-Software widerspiegelt, stark beeinflusst. Das Messsystem ist also bezüglich der Tatsache, dass Versicherungen und Banken ein unterschiedlich hohes EBusiness-Potenzial haben, durchaus als valide zu bezeichnen.

4.4   Befunde

Das Messsystem ermöglichte eine Messung des EBusiness-Potenzials und der EBusiness-Nutzung bei allen 20 Unternehmen. Probleme bei der Messung des EBusiness-Potenzials entstanden durch das breite Produkt- und Dienstleistungsangebot der Unternehmen der Stichprobe. So wiesen einige Produkte eines Unternehmens ein hohes EBusiness-Potenzial auf, während andere Produkte ein geringes EBusiness-Potenzial hatten. Bei der Gesamtbeurteilung wurden alle Produkte zusammengefasst. Es kann daher zutreffen, dass das EBusiness-Potenzial eines Unternehmens insgesamt niedrig ist, obwohl einzelne Produkte bzw. Dienstleistungen ein hohes EBusiness-Potenzial aufweisen.

Bei der Messung der EBusiness-Nutzung gab es bei der Metrik Transaktionskosten der Kriterien B2B-Absatz und B2B-Beschaffung dann Messprobleme, wenn in dem untersuchten Unternehmen keine Vergleichszahlen mit E-Business und ohne EBusiness vorlagen.

5   Dritter Prototyp des Messsystems

5.1   Weiterentwicklung des Messsystems

Wie in Abbildung 1 dargestellt, beginnt jeder Entwicklungszyklus mit einer Literaturanalyse. Bei dieser wurde unter anderem festgestellt, dass in der Zwischenzeit zahlreiche Publikationen zum Thema Mobile Business erschienen sind. Es wurde daher der Frage nachgegangen, ob für die Berücksichtigung von Mobile Business im Messsystem neue Kriterien oder Metriken notwendig sind. Ein Ergebnis der Literaturanalyse ist, dass die Aspekte des Mobile Business im Messsystem durch die Metrik Kooperationsbereitschaft des Kriteriums Management Awareness berücksichtigt werden.

Ein weiteres Ergebnis der Literaturanalyse sind Informationen zu den in der Zwischenzeit standardisierten österreichischen Gütesiegeln zur Beurteilung von Internetauftritten und deren Tauglichkeit für EBusiness ([ÖIAT03; Hand03]). In Anlehnung an die Metriken des Internet Siegels „E-Commerce Quality" vom Handelsverband und jene des Gütesiegels „Österreichische E-Commerce Gütezeichen" vom ÖIAT wurden beim dritten Prototypen des Messsystems die Metriken des Kriteriums B2C Webauftritt überarbeitet.

Aufgrund der Befunde der Erprobung des zweiten Prototyps wurde die Metrikdefinition Produkteignung des Kriteriums Leistungsangebotseignung erweitert. Bei der Metrik Produkteignung wird in Zukunft nicht nur die Standardisierbarkeit und Digitalisierbarkeit des Produkts, sondern auch dessen Umsatzanteil berücksichtigt. Aus den Standardisierbarkeits-, Digitalisierbarkeits- und Umsatzanteilswerten der einzelnen Produkte wird der Zielertrag für die Metrik (Gesamt-)Produkteignung des Unternehmens errechnet.

Für den Fall, dass bei der Metrik Transaktionskosten der Kriterien B2B-Absatz und B2B-Beschaffung keine Vergleichszahlen vorliegen, wurde im dritten Prototypen folgende Regel festgelegt: Wenn für die Messung der EBusiness-Nutzung bei der Metrik Transaktionskosten keine Vergleichszahlen vorliegen, dann bleibt diese Metrik unberücksichtigt.

5.2   Messsystem

Wie im vorhergehenden Abschnitt begründet, wird das Messsystem zur Messung des EBusiness-Potenzials beim Kriterium Produkteignung überarbeitet und beim Kriterium Management Awareness um die Metrik Kooperationsbereitschaft erweitert. Kooperationsbereitschaft ist die Willigkeit einer Unternehmung, Partnerschaften mit anderen Unternehmen einzugehen. *Annahme:* Je höher die Kooperationsbereitschaft, desto höher ist das EBusiness-Potenzial, da dann davon ausgegangen werden kann, dass Synergieeffekte eine Effizienzsteigerung und Angebotsverbreiterung ermöglichen. Abbildung 6 zeigt das um die Metrik Kooperationsbereitschaft erweiterte Messsystem zur Bestimmung des EBusiness-Potenzials.

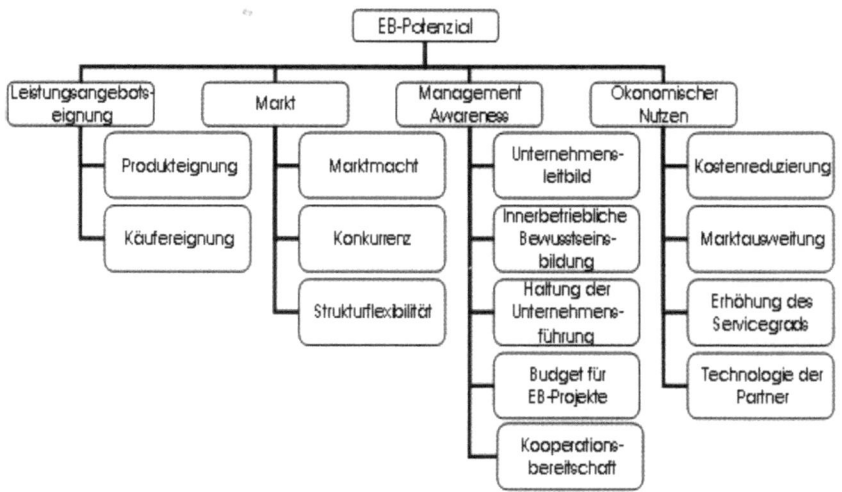

Abbildung 6: Dritter Prototyp des Messsystems für das EBusiness-Potenzial

Die Verbesserung der Messung der EBusiness-Nutzung erfolgt durch die Überarbeitung der Metriken des Kriteriums B2C-Webauftritt in Anlehnung an die Kriterien der Gütesiegel zur Beurteilung von Internetauftritten. Die beiden Metriken Struktur und Design werden zur Metrik Benutzerfreundlichkeit zusammengefasst. *Benutzerfreundlichkeit* ist die Verständlichkeit der Bedienbarkeit und Navigation der Website, die von der durchgängigen Navigation mit Vorwärts- und Rückwärtstasten, der Betitelung der Webseiten und der Funktionalität der Links abhängig ist. *Annahme:* Je größer die Benutzerfreundlichkeit, desto höher die EBusiness-Nutzung. Außerdem wird die Metrik Verfügbarkeit beim dritten Prototypen des Messsystems zur Metrik Technik erweitert. *Technik* ist die Qualität der technischen Funktionen der Webseite, die von der Darstellbarkeit auf Standard-Browsern, der Verwendung von allgemein verfügbaren Standardtechnologien, der Erreichbarkeit zu unterschiedlichen Tageszeiten und der Auffindbarkeit abhängig ist. *Annahme:* Je besser die Technik, desto höher die EBusiness-Nutzung. Abbildung 7 zeigt Messsystem mit den überarbeiteten Metriken zur Messung des Kriteriums B2C-Webauftritt.

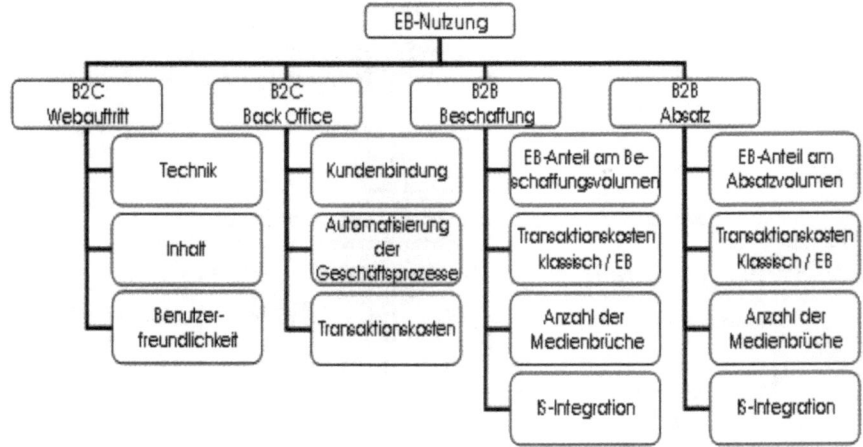

Abbildung 7: Dritter Prototyp des Messsystems für die EBusiness-Nutzung

Da bei der Erprobung des zweiten Prototyps bei den restlichen Kriterien und Metriken keine Messprobleme auftraten, wurden diese Kriterien und Metriken in den dritten Prototypen des Messsystems unverändert übernommen.

5.3   Fallstudien und Datenbankimplementierung

Die Erprobung des dritten Prototyps erfolgte durch Fallstudien in fünf Unternehmen aus Oberösterreich. Für die Durchführung der Fallstudien wurden Unternehmen gewählt, deren Managementmitglieder Interesse an einer intensiven Zusammenarbeit während der Messung und der anschließenden Analyse der Messergebnisse zeigten.

Die im dritten Entwicklungszyklus verbesserten Metriken des Kriteriums B2C-Webauftritt erwiesen sich in den Fallstudien als anwendbar, ebenso wie neu hinzu gekommene Metrik Kooperationsbereitschaft und die verbesserte Metrik Produkteignung. Die an die Messung anschließende Befragung der Managementmitglieder ergab, dass die Managementmitglieder aller fünf Unternehmen die Messergebnisse als realistisch und nachvollziehbar beurteilten. In einem Unternehmen waren die Managementmitglieder über die Höhe des ihrem Unternehmen zugeordneten EBusiness-Potenzials überrascht, nach einer Analyse der Kriterien und Metriken, die zur Berechnung des EBusiness-Potenzials herangezogen wurden, wurde das Messergebnis auch von diesen Managementmitgliedern als realistisch eingeschätzt.

Im Rahmen der Analyse der Messergebnisse mit den Managementmitgliedern entwickelte sich die Idee, das Messsystem in einer Datenbank abzubilden, deren Benutzerschnittstelle ein Online-Fragebogen ist. Zielgruppe dieses Systems sollten Managementmitglieder sein, die sich mit Hilfe dieses Online-Fragebogens einen schnellen Überblick über das EBusiness-Potenzial und die EBusiness-Nutzung ihrer Unternehmen verschaffen können. Diese Idee wurde im Rahmen einer Diplomarbeit (vgl. [Walch03]) aufgegriffen und verwirklicht.

Nach einer Einarbeitung ins Messsystem und den Besonderheiten der Online-Befragung, sowie einer Überarbeitung der Kriterien und Metriken, wurde eine Datenbank entworfen und eine Online-Benutzerschnittstelle entwickelt. Abbildung 8 zeigt einen Teil dieser Online-Benutzerschnittstelle.

Als Abschluss der Messung des EBusiness-Potenzials und der EBusiness-Nutzung wird dem Benutzer automatisch eine übersichtliche Darstellung des EBusiness-Potenzials und der EBusiness-Nutzung seines Unternehmens errechnet, die mit einer kurzen standardisierten Erklärung versehen ist.

Diese Abbildung des Messsystems durch eine Datenbank mit Online-Benutzerschnittstelle wurde in einer Fallstudie mit einem oberösterreichischen Großhandelsunternehmen erprobt. Da das Ziel der Online-Messung des EBusiness-Potenzials und der EBusiness-Nutzung eine Messung mit möglichst geringem Zeitaufwand war, wurde als Messmethode in dieser Fallstudie hauptsächlich Befragung eingesetzt. Auf die stärkere Subjektivität der Bewertung der Metriken durch diese Messmethodenwahl wurde bei der Interpretation der Messergebnisse hingewiesen.

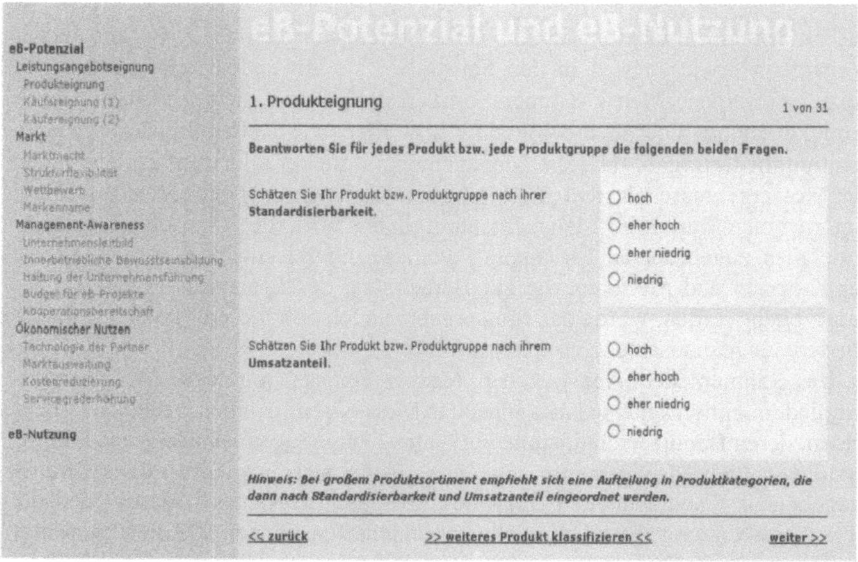

Abbildung 8:   *Screenshot – Teil der Online-Benutzerschnittstelle zur Messung des EBusiness-Potenzials*

Trotz einer breiten Produktpalette des Großhandelsunternehmens konnte dessen EBusiness-Potenzial und -Nutzung gemessen werden, das starke Engagement des Unternehmens im Bereich EBusiness wurde durch das Messsystem abgebildet. Die Managementmitglieder hielten das Messergebnis für realistisch und nachvollziehbar. Sie entwickelten aus der Interpretation der Messergebnisse Ideen für neue EBusiness-Projekte. Weitere Fallstudien zur Erprobung der Datenbank mit Online-Benutzerschnittstelle zur Messung des EBusiness-Potenzials und der EBusiness-Nutzung sind in Planung.

6   Interpretation der Messergebnisse

Es ist nicht Zweck des Messsystems, bereits erfolgte EBusiness-Investitionen zu beurteilen. Es liefert jedoch Informationen, die für Investitionsentscheidungen erforderlich sind.

Ist das EBusiness-Potenzial „niedrig" und die Potenzialausnutzung „optimal", sind EBusiness-Investitionen auf Grundlage der Messung nicht zu empfehlen. Da sich das EBusiness-Potenzial durch vom Unternehmen verursachte oder nicht verursachte Veränderungen erhöhen oder reduzieren kann und die Messung eine Momentaufnahme ist, bedeutet dies im Fall einer erwarteten Erhöhung, dass Investitionen – wie beispielsweise die Teilnahme an einem elektronischen Marktplatz – trotzdem empfehlenswert sind. Typische Beispiele für Veränderungen, die das EBusiness-Potenzial erhöhen können, sind Veränderungen des Leistungsangebots oder der Awareness (intern), Verfügbarkeit kostengünstiger Software und/oder Hardware oder stärkere Verbreitung der Internet-Nutzung (extern).

Die Ergebnisse der Messung des EBusiness-Potenzials und der EBusiness-Nutzung sind Ausgangsbasis für Investitionsentscheidungen und Projektfindung. Die Maßnahmenplanung erfordert jedoch mehr als nur die Ergebnisse dieser Messung.

Quellenverzeichnis

[EgHo01]
Eggers, B.; Hoppen, G. (Hrsg.): Strategisches E-Commerce-Management – Erfolgsfaktoren für die Real Economy. Wiesbaden 2001.
[Foth01]
Foth, E.: Handbuch eBusiness – Geschäftsgrundlagen in einer vernetzten Welt. Köln 2001.
[FrSt02]
Frese, E.; Stöber, H. (Hrsg.): E-Organisation – Strategische und organisatorische Herausforderungen des Internet. Wiesbaden 2002.
[FrKK01]
Frischmuth, J.; Karrlein, W.; Knop, J. (Hrsg.): Strategien und Prozesse für neue Geschäftsmodelle. Berlin et al. 2001.
[Hand03]
Handelsverband: Das Internet-Siegel E-Commerce Quality. http://www.handelsverband.at/ecommercequality/ecommercequality.htm. Abruf am 2003-04-20.
[HeHR04]
Heinrich, L. J.; Heinzl, A.; Roithmayr, F.: Wirtschaftsinformatik-Lexikon. 7.A., München/Wien 2004.
[HeTh02]
Heinrich, L. J; Thonabauer, C.: Messung des EB-Potenzials und der EB-Nutzung. In: HMD – Praxis der Wirtschaftsinformatik 223 (2002), S. 58-62.
[HeSa01]
Hermanns, A.; Sauter, M.: Management-Handbuch Electronic Commerce – Grundlagen, Strategien, Praxisbeispiele. 2.A., München 2001.
[MoMo03]
Mocker, H.; Mocker, U.: E-Nutzen – eBusiness und eKommunikation auf dem Prüfstand der betrieblichen Praxis. Ferchen 2003.
[MüTh01]
Müller, A.; von Thienen, L.: e-Profit: Controlling-Instrumente für erfolgreiches e-Business. Berlin et al. 2001.
[ÖIAT03]
Österreichisches Institut für angewandte Telekommunkation: Vergabekriterien für das Österreichische E-Commerce-Gütezeichen. http://www.guetezeichen.at/kriterien/kriterien.pdf. Abruf am 2003-04-20.
[Walch03]
Walchshofer, S.: Weiterentwicklung eines Messsystems zur Erfassung von Potenzial und Nutzung von eBusiness. Diplomarbeit, Linz 2003.

Methoden und Modelle für den Entwurf von Data Warehouses

Günter Preuner, Michael Schrefl

Universität Linz
Institut für Wirtschaftsinformatik – Data & Knowledge Engineering
guenter.preuner@jku.at
michael.schrefl@jku.at

Inhalt

Data Warehouses sind Datenbanken, die Unternehmensdaten für interaktive und automatische Datenanalysen verwalten. Der Beitrag behandelt die zentralen Phasen im Entwurf von Data Warehouses sowie die dafür verfügbaren Modelle.

- Die multidimensionale Datenstruktur von Data Warehouses unterscheidet sich von typischerweise relationalen operativen Systemen und erfordert daher eigene Datenmodelle.
- Multidimensionale Schemata werden im konzeptuellen Entwurf halbautomatisch aus einem integrierten Datenbankschema der operativen Datenhaltungen abgeleitet.
- Im logischen Entwurf werden multidimensionale Schemata in das Datenmodell des für das Data Warehouse verwendeten Datenbanksystems übersetzt. Diese Übersetzung wird anhand verschiedener Repräsentationsformen relationaler Data Warehouses präsentiert.

1   Einleitung

Herkömmliche operative Datenbanksysteme eignen sich zwar dazu, die Bearbeitung von Geschäftsfällen eines Unternehmens zu unterstützen und Daten, die für alltägliche Entscheidungen benötigt werden, zu verwalten, sind jedoch für Entscheidungsprozesse auf Management-Ebene zumeist ungeeignet. Aus diesem Grund wird bereits seit einigen Jahrzehnten versucht, Entscheidungsprozesse mit Hilfe von *Management-Unterstützungssystemen,* wie *Management-Informationssystemen, Entscheidungsunterstützungssystemen* oder *Führungsinformationssystemen* [ChGl98, 6f.], zu verbessern. Chamoni und Gluchowski führen aus, dass diese Systeme jedoch – unter anderem mangels ausreichender Flexibilität – von den potenziellen Benutzern nur ungenügend angenommen werden.

Zu Beginn der 1980er Jahre wurde in [Inmo02, 31] der Begriff des *Data Warehouse* definiert als *„[...] a subject-oriented, integrated, nonvolatile, and time-variant collection of data in support of management's decisions".* Dies bedeutet, dass ein Data Warehouse einen Datenbestand umfasst, der nach Themenbereichen strukturiert wird („subject-oriented"), Daten aus verschiedenen operativen Datenquellen zusammenführt („integrated"), Daten permanent unabhängig von den Datenquellen speichert („nonvolatile") und sowohl aktuelle als auch historische Daten verwaltet („time-variant"). Dieser Datenbestand soll Entscheidungen auf Management-Ebene unterstützen. Aufgrund der Verwaltung historischer Daten kann die Datenmenge im Data Warehouse ein Vielfaches der Datenmenge ausmachen, die in den operativen Systemen gespeichert wird, sodass für Data Warehouses Datenbanksysteme eingesetzt werden. [ChDa97] gibt einen Überblick über die Architektur von Data-Warehouse-Systemen.

Damit aus der Fülle der im Data Warehouse verwalteten Daten auch für Entscheidungen relevante Erkenntnisse gewonnen werden können, sollen die Daten vom Management möglichst schnell und flexibel für Analysen verwendet werden können. Das bedeutet, dass ein Manager die Daten in verständlicher Form präsentiert bekommt und in diesen Daten frei navigieren kann, also beispielsweise beliebig den Detailliertheitsgrad der Daten wählen, verschiedene Daten anhand gemeinsamer Eigenschaften miteinander verknüpfen sowie die graphische Darstellung (Tabellen, Diagramme) wechseln kann, ohne Kenntnisse einer Datenbankanfrage- oder Programmiersprache zu benötigen. Diese Datenanalyse wird als *Online Analytical Processing (OLAP)* bezeichnet.

Für OLAP werden die zur Analyse verfügbaren Daten in einer *multidimensionalen Struktur* verwaltet und präsentiert. Sie bestehen aus Kennzahlen, die entlang verschiedener Dimensionen betrachtet werden können. Beispielsweise kann jeder Verkauf mit Kennzahlen Menge und Preis pro Einheit entlang der Dimensionen Zeitpunkt, Produkt, Kunde und Filiale analysiert werden. Bei *n* Dimensionen wird also ein *n*-dimensionaler Raum, der auch als *Hypercube* bezeichnet wird, aufgespannt, wobei auf jeder Dimension die in dieser Dimension möglichen Werte aufgetragen werden. Für jede Kombination von möglichen Werten der Dimensionen gibt es im Hypercube eine Zelle (d.h., einen Punkt im n-dimensionalen Raum), in welcher der Wert der betrachteten Kennzahlen für die jeweilige Wertekombination eingetragen wird. Kennzahlenwerte in einem Hypercube werden oft auch als *Fakten* bezeichnet.

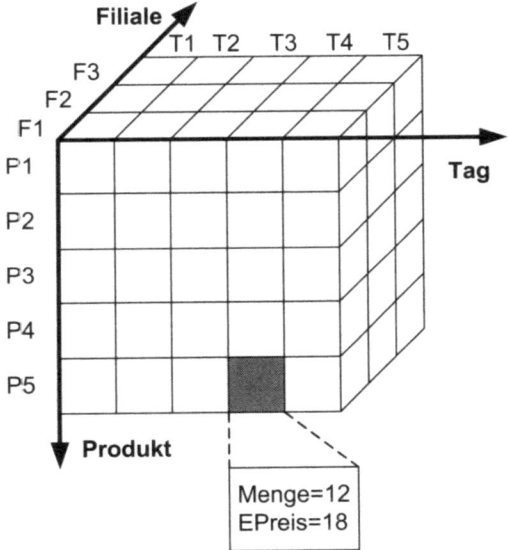

Abbildung 1: Multidimensionale Struktur von Verkaufsdaten

Zu analysieren seien beispielsweise Verkäufe einer Handelskette. Von jedem Verkauf sind Tag, Produkt und Filiale als Dimensionen bekannt. Für jede Kombination aus Tag, Produkt und Filiale werden zwei Kennzahlen gespeichert, die angeben, wie viele Stück von dem Produkt an diesem Tag in der Filiale verkauft wurden (Menge) und wie hoch dabei der durchschnittliche Einzelpreis war. Abbildung 1 zeigt die Darstellung als Würfel mit drei Dimensionen: Die Achsen sind mit jeweils einer Dimension bezeichnet, auf den Achsen sind die möglichen Werte der jeweiligen Dimension aufgetragen, für Produkt beispielsweise die Werte P1 bis P5. Der Kombination aus Produkt P5, Tag T4 und Filiale F1 wird genau ein Wert für Menge und für Einzelpreis, im Beispiel 12 bzw. 18, zugeordnet. Existieren in der operativen Datenhaltung mehrere Verkäufe mit dieser Kombination, werden die Kennzahlen aggregiert. Wurde also beispielsweise ein bestimmtes Produkt in einer bestimmten Filiale mehrmals pro Tag verkauft, wird die Menge im Würfel als Summe der Stückzahlen der einzelnen Verkäufe berechnet, während beim Einzelpreis der durchschnittliche erzielte Preis pro Stück festgehalten wird.

In der Fachliteratur (siehe z.B. [BaGü01, 100]) werden neben der Multidimensionalität weitere vier Anforderungen an OLAP-Systeme gestellt, die aufgrund der ursprünglich im Englischen gegebenen Definition *("fast analysis of shared multidimensional information")* als *FASMI*-Kriterien bezeichnet werden:

⇒ *Fast (schnell):* Die Antwortzeiten des Systems sollen auch bei komplexen Anfragen, die beispielsweise die Berechnung von benutzerspezifizierten Kennzahlen und von Summen bei Aggregierung von Daten erfordern, gering sein.

⇒ *Analysis (Analyse):* OLAP-Werkzeuge sollen bestimmte Analysefunktionen anbieten, wie die Untersuchung der Daten entlang verschiedener Dimensionen, die Navigation auf eine gröbere oder feinere Aggregationsstufe (sog. *Drill*-Operationen) und die Erstellung von Berichten mit unterschiedlicher Repräsentation der Daten, wie Tabellen oder Diagramme.

⇒ *Shared (mehrbenutzerfähig):* Mehrere Personen sollen gleichzeitig auf die Datenbestände zugreifen können. Durch geeignete Mehrbenutzerkontrolle ist sicherzustellen, dass alle Personen jederzeit einen konsistenten Datenzustand sehen.

⇒ *Multidimensional:* Daten werden in OLAP konzeptionell als multidimensionale Datenstrukturen betrachtet; im Falle von zwei Dimensionen also als Rechtecke, im Falle von drei Dimensionen als Quader (oder Würfel), sonst als Hypercubes. Daten können entlang beliebiger Dimensionen oder Kombinationen von Dimensionen analysiert werden.

⇒ *Information:* OLAP-Werkzeuge müssen skalierbar sein, das bedeutet, sie müssen Datenmengen in beliebigem Umfang aufnehmen können.

Die Analyse von Daten kann nicht nur interaktiv durch einen Benutzer erfolgen, sondern durch Verfahren unterstützt werden, die (halb-)automatisch interessante Muster und Zusammenhänge in den Daten suchen. Diese Verfahren werden unter der Bezeichnung *Data Mining* zusammengefasst. Für eine Einführung in dieses Thema und die detaillierte Erklärung der Techniken des Data Mining wird auf einschlägige Fachliteratur, z.B. [EsSa00; HaKa01], verwiesen.

Beim Entwurf eines Data Warehouse ist, ausgehend von den verfügbaren operativen Datenquellen, ein multidimensionales Schema zu definieren, welches in das Datenmodell des im Data Warehouse verwendeten Datenbanksystems übersetzt wird. Das Datenbanksystem kann entweder die multidimensionale Speicherung des Schemas ermöglichen (in diesem Fall spricht man von *Multidimensionalem OLAP* oder *MOLAP*) oder auf einem relationalen Datenmodell basieren, sodass das multidimensionale Schema in Relationenschemata übersetzt werden muss (*Relationales OLAP* oder *ROLAP*).

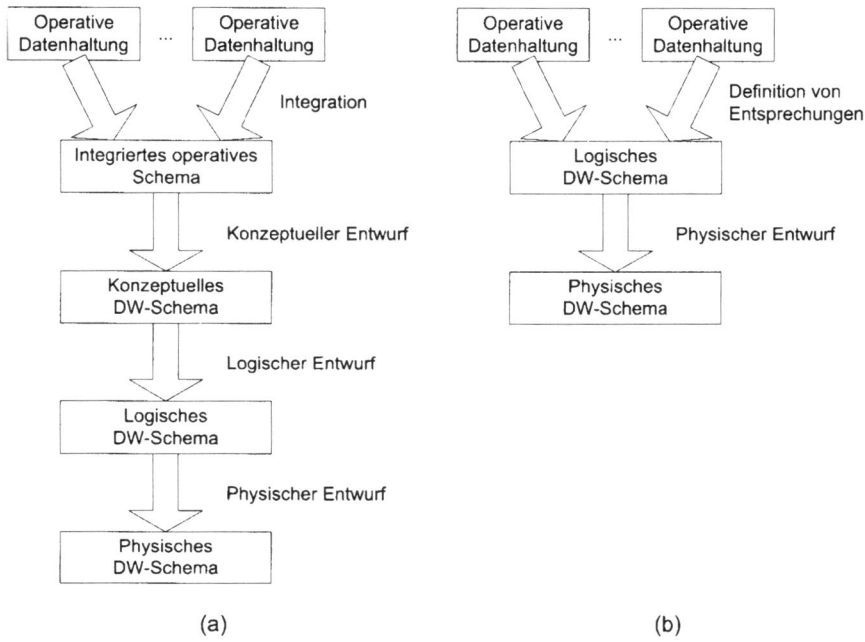

(a)   *(b)*

Abbildung 2: Entwurfsprozess für Data Warehouses

Der vollständige Prozess zum Entwurf von Data Warehouses wird in der Fachliteratur beschrieben, beispielsweise bieten [BaGü01, 31f.; Inmo02; KRRT98; LMTr03] eine umfangreiche Abhandlung dieses Themas. In [Lehn03] wird der Schwerpunkt auf die Betrachtung der Datenbankaspekte gelegt. Der Entwurf eines Data Warehouse umfasst im Wesentlichen die in Abbildung 2 (a) dargestellten Schritte: Zunächst werden die vorhandenen operativen Schemata zu einem integrierten Schema zusammengefasst. Diese Aufgabe ist verwandt mit dem Problem der Datenbankintegration in föderierten Datenbanken (siehe [Conr97]). Für die Darstellung des integrierten Schemas bietet sich ein konzeptuelles Datenmodell wie das *Entity-Relationship(ER)-Modell* oder die *Unified Modeling Language* (UML) [RuJB99] an. Sollten die operativen Datenhaltungen nicht in einem konzeptuellen Modell beschrieben worden sein, kann dies während der Integration mittels Reverse Engineering nachgeholt werden, siehe dazu [PrSc96]. Das integrierte Schema wird im konzeptuellen Entwurfsschritt in ein multidimensionales Data-Warehouse-Schema überführt. Das multidimensionale Schema beschreibt die Struktur der im Data Warehouse gehaltenen Daten *konzeptuell*, also unabhängig vom eingesetzten Datenbanksystem. Das konzeptuelle Schema muss während des logischen Entwurfs in ein logisches Data-Warehouse-Schema, im Falle von ROLAP also in Relationenschemata, überführt werden. Damit Anfragen möglichst effizient bearbeitet werden können, sind während des physischen Entwurfs geeignete physische Speicherstrukturen, wie beispielsweise Indexstrukturen, festzulegen.

Alternativ zu den Prozessphasen Schemaintegration mit anschließendem konzeptuellen Entwurf wird in [JLVV03, 28] die Möglichkeit erwähnt, aus den (relationalen) Datenquellen ohne vorherige Schemaintegration direkt ROLAP-Relationenschemata abzuleiten und Entsprechungen zwischen Attributen in den Quellen und Attributen im Data Warehouse zu definieren. Diese Variante wird in Abbildung 2 (b) dargestellt.

Dieser Beitrag gibt einen Überblick über den konzeptuellen sowie den logischen Entwurf. Für eine detaillierte Betrachtung aller Prozessschritte wird auf die oben angeführte Fachliteratur verwiesen. In Kapitel 2 werden Modelle für die Beschreibung konzeptueller Data-Warehouse-Schemata behandelt; Kapitel 3 stellt die Phase des konzeptuellen Entwurfs vor. In Kapitel 4 werden logische Data-Warehouse-Modelle sowie die Umsetzung von konzeptuellen Schemata in logische Schemata am Beispiel ROLAP präsentiert. Kapitel 5 schließt den Beitrag mit einer Zusammenfassung ab.

2   Konzeptuelle Data-Warehouse-Modelle

In diesem Kapitel werden die wesentlichen Aspekte konzeptueller Data-Warehouse-Modelle behandelt. In der Literatur sind mehrere Modelle vorgestellt worden, wie ADAPT [Bulo97], DFM [GoRi98], MD [CaTo98], ME/R [HaSB00], SERM [BoUl99], starER [TrBB99] und YAM^2 [AbSS02]. Während die ersten drei Modelle speziell für multidimensionale Modellierung konzipiert sind, handelt es sich bei den letzteren Modellen um Erweiterungen des ER- oder UML-Modells. Trotz der Unterschiede in der graphischen Darstellung und in den zugrunde liegenden formalen Modellen sind die repräsentierten Konzepte sehr ähnlich. Aus diesem Grund werden in diesem Beitrag die typischen Konzepte multidimensionaler Modelle unabhängig von einer Notation vorgestellt. In Abschnitt 2.1 wird die grundsätzliche Struktur multidimensionaler Schemata, bestehend aus Fakten und Dimensionen, vorgestellt. Abschnitt 2.2 beschäftigt sich mit der Aggregation von Kennzahlen auf verschiedene Aggregationsstufen. Abschnitt 2.3 diskutiert einen Ansatz zur Überprüfung der Qualität eines Schemas durch Definition von Normalformen.

2.1   Fakten und Dimensionen

Ein multidimensionales Schema besteht aus einem oder mehreren *Faktschemata*. Ein Faktschema besteht aus einer Menge von Kennzahlen, die anhand verschiedener Dimensionen analysiert werden können. Kennzahlen werden dann in einem gemeinsamen Faktschema zusammengefasst, wenn sie thematisch zusammengehören und nach den selben Dimensionen analysiert werden können. Beispielsweise könnten Verkäufe in folgender Art und Weise analysiert werden: Von Verkäufen sind die Kennzahlen Menge und Einzelpreis bekannt. Verkäufe werden nach vier Dimensionen, nämlich dem Tag, an dem der Verkauf getätigt wurde, dem Produkt, der Filiale und dem Kunden analysiert. Dies bedeutet, dass für jede gültige Kombination von Werten der vier Dimensionen maximal ein Wert für jede Kennzahl existieren kann. Kennzahlen können abgeleitet sein, d.h., deren Werte können aus den Werten anderer Kennzahlen berechenbar sein, beispielsweise der Umsatz aus Menge und Einzelpreis.

Jede Dimension kann eine Hierarchie von mehreren Hierarchiestufen umfassen. Beispielsweise können Verkäufe in der Filialdimension auf Ebene einzelner Filialen, Orte oder Staaten analysiert werden, wobei eine Filiale zu genau einem Ort und ein Ort zu genau einem Staat gehört. Für jede Dimensionshierarchie wird genau eine Hierarchiestufe definiert, welche die feinste Granularität aufweist; diese wird im Folgenden als Detailstufe bezeichnet. Im Beispiel ist die Stufe Filiale die Detailstufe der Filialdimension. Abbildung 3 zeigt das Beispiel-Faktschema über Verkäufe. Der Name des Faktschemas **Verkauf** sowie die Kennzahlen werden in einem Rechteck mit doppelter Umrandung dargestellt. Davon ausgehend verweisen Pfeile auf die Detailstufen einer jeden Dimensionshierarchie. Die Stufen der Dimensionshierarchien werden durch Rechtecke dargestellt und durch Pfeile miteinander verbunden, wobei ein Pfeil von einer Dimensionsstufe zur nächst-„gröberen" Stufe verweist.

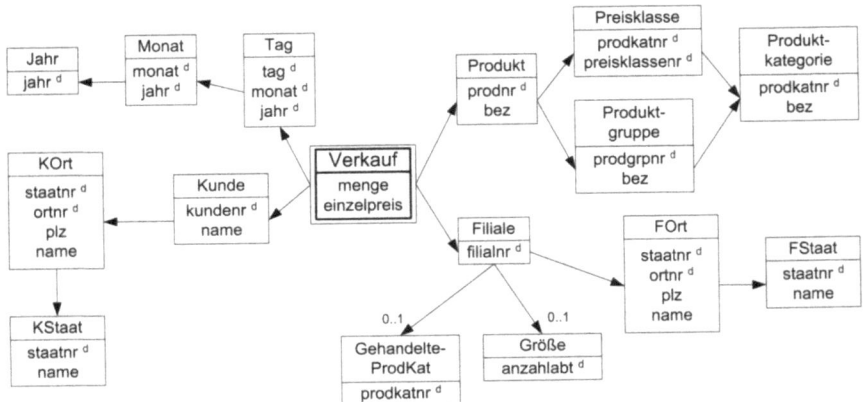

Abbildung 3: Konzeptuelles Data-Warehouse-Schema

Jede Dimensionsstufe hat einen eindeutigen Namen und kann durch bestimmte Attribute identifiziert werden sowie weitere, beschreibende Attribute aufweisen. Beispielsweise wird jedes Produkt (Dimensionsstufe **Produkt**) durch eine Produktnummer (**prodnr**) identifiziert und eine Bezeichnung (**bez**) beschrieben. Zur Identifizierung können mehrere Attribute nötig sein; im Beispiel werden Orte durch die Ortsnummer gemeinsam mit der Nummer des Staats, in dem der Ort liegt, identifiziert. Identifizierende Attribute einer Stufe werden häufig auch

als dimensionale Attribute bezeichnet und in der Abbildung mit einem hochge-
stellten „d" gekennzeichnet. In Analogie zu Datenbanksystemen könnte in diesem Fall auch von einem *Schlüssel* gesprochen werden.

Zwei Dimensionsstufen werden genau dann mit einem Pfeil verbunden,
wenn zu jedem Wert der genaueren Stufe maximal ein Wert der weniger detaillierten Stufe besteht. Die Stufen Produkt und Produktgruppe können verbunden werden, da jedem Produkt genau eine Produktgruppe zugeordnet ist. Die
Zeitdimension enthält Stufen Tag, Monat und Jahr. Die Stufe Tag bezieht sich
auf ein bestimmtes Datum; daher sind die Attribute tag, monat und jahr dimen-
sional, also gemeinsam Schlüssel. Monat bezieht sich auf einen Monat eines
bestimmten Jahres (beispielsweise „Februar 2004"). Jede Dimensionshierarchie
enthält implizit eine allgemeinste Stufe, die einen einzigen Wert Alle enthält. Da
diese Stufe grundsätzlich in jeder Dimensionshierarchie definiert ist, wird sie in
der Graphik nicht explizit dargestellt.

Dimensionshierarchien können im einfachsten Fall lineare Ketten von Hierarchiestufen sein, wie beispielsweise die Zeit- und die Kundendimension; es
sind jedoch auch Verzweigungen in der Hierarchie möglich. Im Beispiel weisen
die Produkt- und die Filial-Dimension je eine Verzweigung auf: Innerhalb jeder
Produktkategorie gibt es verschiedene Produktgruppen und Preisklassen, keine
der beiden Dimensionsstufen ist allgemeiner als die andere. Von der Stufe Filiale kann zu drei Stufen (FOrt, GehandelteProdKat und Größe) navigiert werden. Verschiedene Pfade in einer Dimensionshierarchie werden auf einer höheren Stufe wieder zusammengeführt, spätestens auf der Ebene Alle.

Dimensionshierarchien oder einzelne Stufen einer Dimensionshierarchie
können *optional* sein. Dies bedeutet, dass nicht für jedes Fakt ein definierter
Wert der jeweiligen Dimensionshierarchie oder Dimensionsstufe existiert. Im
Beispiel gibt es Filialen, von denen die Größe in Form der Anzahl von Abteilungen bekannt ist. Da kleine Filialen keine Abteilungsgliederung aufweisen, ist
die Dimensionsstufe Größe optional. Optionale Dimensionshierarchien oder
Dimensionsstufen werden – analog zu UML – mit „0..1" gekennzeichnet. Eine
optionale Stufe kann dahingehend interpretiert werden, dass diese Stufe für ein
Fakt den Wert „nicht anwendbar" oder „unbekannt" (oder einen Nullwert analog zu relationalen Datenbanken) annehmen kann.

Anmerkung: In manchen Ansätzen, beispielsweise [EdKo01], werden Kennzahlen als separate Dimensionshierarchie modelliert. Für das Beispiel würde
diese bedeuten, dass eine fünfte Dimension Kennzahl eingeführt wird, deren
Detailstufe zwei mögliche Werte Menge und Einzelpreis annehmen kann.
Dadurch würde das eigentliche Fakt für jede mögliche Kombination der Dimen-
sionswerte nur mehr eine einzige Zahl umfassen und nicht mehrere Kennzahlenwerte. Der alternative Ansatz ist dann sinnvoll, wenn Kennzahlen in Hierarchien strukturiert und verschiedene Kennzahlen aggregiert werden sollen; beispielsweise könnten verschiedene Kennzahlen für Kosten eingeführt werden,
die in einer höheren Hierarchiestufe zu Einzelkosten und Gemeinkosten

zusammengeführt werden. Für die Darstellung des Data-Warehouse-Entwurfs in unserem Beitrag wird – wie im überwiegenden Teil der Fachliteratur – auf eine separate Kennzahlen-Dimension verzichtet. Die hier vorgestellten Verfahren können aber direkt auf Ansätze mit Kennzahlen-Dimensionen umgesetzt werden.

2.2 Aggregation von Kennzahlen

Für jede Kombination möglicher Werte der Detailstufen kann für jede Kennzahl maximal ein Wert existieren. Für Analysen sind jedoch auch aggregierte Werte von Interesse, wie beispielsweise der Umsatz pro Produkt, Monat und Staat, in dem die Filiale liegt. Falls in einer Dimensionshierarchie Verzweigungen bestehen, können sich Analysen auch auf mehrere Dimensionsstufen dieser Hierarchie beziehen, beispielsweise könnte der Umsatz pro vorhandener Kombination aus Preisklasse und Produktgruppe abgefragt werden.

Aggregierte Werte werden durch Anwendung einer Aggregatfunktion, wie Summe, Durchschnitt oder Minimum, gebildet. Beispielsweise ist die Gesamtmenge, die pro Produkt und Jahr verkauft wurde, die Summe aller Werte von menge über alle Filialen, Kunden und Tage des jeweiligen Jahres. Der Modellierer hat zu spezifizieren, welche Aggregatfunktionen für bestimmte Kennzahlen sinnvoll sind. So wird eine Summe über den Preis pro Stück nicht sinnvoll sein, sondern nur Durchschnitt, Minimum oder Maximum. (Nichtsdestotrotz könnte der Preis pro Stück in andere, abgeleitete Kennzahlen einfließen, die selbst wieder summiert werden können, wie in den Umsatz.) Die zu verwendende Aggregatfunktion kann auch von der zu aggregierenden Dimension abhängen. Die insgesamt verkaufte Stückzahl eines Produkts in einem Jahr kann durch Summe ermittelt werden. Es ist aber zweifelhaft, ob es sinnvoll ist, die Summe der Stückzahlen über verschiedene Produkte der selben Kategorie zu bilden (und damit beispielsweise die Anzahl verkaufter CDs mit der Anzahl verkaufter Kaffeemaschinen zu addieren).

In [LeSh97] werden Kennzahlen in folgende drei Kategorien eingeteilt:

⇒ *Flow:* Kennzahlen, die Werte über Zeiträume erfassen, wie beispielsweise die von einem Produkt in einem Monat verkaufte Menge;

⇒ *Stock:* Kennzahlen, die zu einem bestimmten Stichtag gemessen werden, beispielsweise der Lagerbestand am Ende eines Monats;

⇒ *Value-per-unit:* Kennzahlen, die einen Wert pro Maßeinheit angeben, beispielsweise Preis pro Produkt (Stückpreis).

Bezüglich zulässiger Aggregationsfunktionen wird zwischen temporaler Aggregation (Aggregation über Zeiträume) und nicht-temporaler Aggregation (Aggregation über andere Dimensionen) unterschieden. *Value-per-unit*-Kennzahlen dürfen grundsätzlich nicht summiert werden (siehe Beispiel oben zur Kennzahl Preis pro Stück). *Stock*-Kennzahlen dürfen nur nicht-temporal aggregiert werden: Es ist sinnvoll, den Lagerwert über verschiedene Produkte zu summieren, nicht aber, den Lagerwert des selben Produkts über verschiedene Zeiträume. *Flow*-Kennzahlen können temporal und nicht-temporal summiert werden. Unabhängig davon können weitere Einschränkungen sinnvoll sein (siehe Beispiel oben).

2.3   Normalformen für multidimensionale Schemata

In der Fachliteratur wurde das Thema Normalformen in multidimensionalen Schemata nur sporadisch betrachtet. Der Begriff der Normalformen wurde in relationalen Datenbanken eingeführt, um die Qualität eines relationalen Datenbankschemas festzustellen. Der Begriff wurde in [LeAW98] auf multidimensionale Schemata angewendet und in [LeVo03] modifiziert und erweitert. In diesem Kapitel wird kurz auf die multidimensionalen Normalformen nach [LeVo03] eingegangen.

[LeVo03] gehen davon aus, dass aus dem Anwendungsbereich der multidimensionalen Schemata bestimmte funktionale Abhängigkeiten (1) zwischen Dimensionsstufen, (2) zwischen Kennzahlen und (3) zwischen Dimensionsstufen und Kennzahlen vorgegeben sind. Funktionale Abhängigkeiten können im multidimensionalen Schema adäquat repräsentiert werden, da (1) Dimensionshierarchien mit Kanten zwischen spezielleren und allgemeineren Stufen eingeführt werden, (2) gekennzeichnet wird, welche Kennzahlen andere (abgeleitete) Kennzahlen bestimmen, und (3) die Detailstufen der Dimensionshierarchien gemeinsam jede Kennzahl bestimmen.

Die *erste Normalform* ist erfüllt, wenn alle im Schema dargestellten funktionalen Abhängigkeiten im Anwendungsbereich gültig sind, alle funktionalen Abhängigkeiten des Anwendungsbereichs gemäß (1) und (2) im Schema korrekt abgebildet sind und jede Kennzahl durch die Gesamtheit aller Detailstufen bestimmt werden kann, nicht aber durch eine echte Teilmenge der Detailstufen oder durch allgemeinere Dimensionsstufen. Im Beispiel-Faktschema für Verkäufe wird angenommen, dass die Kennzahl Einzelpreis von allen vier Dimensionen abhängig ist. Würde der Wert von Einzelpreis beispielsweise nur vom Produkt, Jahr und dem Land, in dem die Filiale liegt, abhängen, nicht aber vom Kunden, da kein Kunde einen Rabatt oder Skonto oder sonstige Sondervereinbarungen erreichen kann, wäre die erste Normalform verletzt.

Die zweite und dritte Normalform beziehen sich auf *optionale* Dimensionsstufen. Man betrachte das Faktschema über Verkäufe, in dem in der Dimensionshierarchie zu Filialen unter anderem zwei optionale Stufen GehandelteProdKat und Größe definiert sind. Es wird keine Aussage getroffen, in welchen Situationen diese beiden Stufen einen gültigen Wert haben und ob es eine Abhängigkeit zwischen den beiden Stufen gibt, beispielsweise der Art, dass für eine bestimmte Filiale entweder beide oder keine der beiden Stufen einen gültigen Wert hat oder ob immer nur einer der beiden Stufen einen gültigen Wert aufweisen darf.

[LeVo03] gehen bei Vorhandensein einer optionalen Dimensionsstufe davon aus, dass eine Menge von Objekten (die sog. Basismenge) existiert, von der eine Teilmenge für die optionale Dimensionsstufe einen gültigen Wert aufweist, während die übrigen Objekte für die Dimensionsstufe keinen Wert haben, und dass die Zugehörigkeit von Objekten zu ersterer Teilmenge mit Hilfe einer einfachen Bedingung über die Objekte spezifiziert werden kann. Im Beispiel könnten zwei Arten von Filialen unterschieden werden: Großmärkte, die ein breites Sortiment haben und die aufgrund ihrer Größe in mehrere Abteilungen gegliedert sind, und Spezialgeschäfte, die sich auf eine einzige Produktkategorie beschränken und keine Abteilungsgliederung aufweisen. Für Großmärkte ist daher ein Wert für anzahlabt definiert, nicht aber prodkatnr, während es sich bei Spezialgeschäften genau umgekehrt verhält.

Die *zweite Normalform* schreibt vor, dass für jede optionale Dimensionsstufe ein *Kontextabhängigkeit* definiert ist, die angibt, in welchen Fällen eine optionale Stufe einen gültigen Wert aufweist. Eine Kontextabhängigkeit besteht aus einer optionalen Stufe o, einer weiteren Dimensionsstufe derselben Hierarchie mit einem dimensionalen Attribut d als Schlüssel und einer Konstante k. Attribut d wird im Folgenden als Unterscheidungsattribut bezeichnet. Die Kontextabhängigkeit ist erfüllt, wenn o genau dann einen gültigen Wert aufweist, wenn d den Wert k hat. Im Beispiel müsste nun also eine Dimensionsstufe mit einem Unterscheidungsattribut (beispielsweise filialart) eingeführt werden, das für Großmärkte den Wert „G" und für Spezialgeschäfte den Wert „S" aufweist. In diesem Fall wird ein Unterscheidungsattribut (filialart) für zwei verschiedene optionale Stufen (Größe und GehandelteProdKat) herangezogen. Informal kann gesagt werden, dass dieses Unterscheidungsattribut eine Menge von Filialen in zwei Teilmengen teilt.

Die *dritte Normalform* ist erfüllt, wenn – verkürzt ausgedrückt – folgende Bedingungen gelten: Es muss für jedes Unterscheidungsattribut eine Basismenge geben, über welche die Bedingungen der Kontextabhängigkeiten ausgewertet werden. Diese Basismenge ist die Menge aller Werte einer Dimensionsstufe, die in der Hierarchie unmittelbar „unter" den jeweiligen optionalen Dimensionsstufen liegt. Das Unterscheidungsattribut selbst muss der Schlüssel einer Dimensionsstufe sein, die unmittelbar „über" den optionalen Stufen liegt. Wird ein Unterscheidungsattribut für n Kontextabhängigkeiten über optionale Dimensionsstufen $o_1, ..., o_n$ mit verschiedenen Konstanten $k_1, ..., k_n$ herangezogen, so ist gewährleistet, dass jedes Objekt der Basismenge nur für jeweils eine dieser Stufen einen definierten Wert aufweisen kann (wohingegen alle anderen Stufen undefiniert sind), weil die Dimensionsstufe der Basismenge die in der Hierarchie weiter oben liegende Stufe mit dem Unterscheidungsattribut bestimmen muss und daher jedem Objekt der Basismenge nur ein Wert des Unterscheidungsattributs zugeordnet sein kann. Im Beispiel müsste die neue Dimensionshierarchie für Filiale, wie in Abbildung 4 auszugsweise dargestellt, definiert werden: Die Basismenge ist die Menge aller Filialen (Stufe **Filiale**), das Unterscheidungsattribut heißt filialart, dazwischen liegen die beiden optionalen Dimensionsstufen.

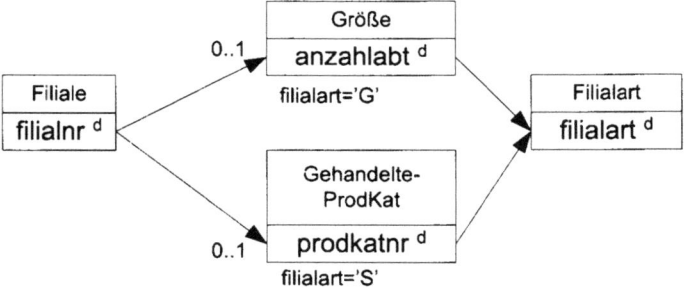

Abbildung 4: Dimensionshierarchie mit Kontextabhängigkeiten

3 Konzeptueller Data-Warehouse-Entwurf

Dieses Kapitel befasst sich mit dem konzeptuellen Data-Warehouse-Entwurf, in dem aus einem integrierten Schema der operativen Datenhaltung ein konzeptuelles Data-Warehouse-Schema in dem in Kapitel 2 vorgestellten Modell abgeleitet wird. Der konzeptuelle Entwurf wurde beispielsweise in [GoMR98] und [HüLV00] untersucht. In diesem Kapitel werden die wesentlichen Schritte in Anlehnung an diese Ansätze präsentiert. Gegeben sei dazu das integrierte operative Schema einer Handelskette in Form eines UML-Diagramms, wie in Abbildung 5 dargestellt.

Beim Entwurf muss zunächst geklärt werden, welche Klassen für die Analyse relevante Kennzahlen aufweisen. Jede dieser Klassen ist Ausgangspunkt eines Faktschemas. Ausgehend von dieser Klasse sind Klassen zu identifizieren, zu denen über eine Assoziation mit der Multiplizität „1" oder „0..1" navigiert werden kann (solche Assoziationen werden im Folgenden kurz als „Zu-Eins"-Assoziationen bezeichnet) und die daher Basis für potenzielle Dimensionshierarchien sind. Durch Navigation über weitere „Zu-Eins"-Assoziationen entsteht ein vorläufiges Gerüst von Dimensionshierarchien. Zuletzt werden Dimensionshierarchien und Kennzahlen endgültig festgelegt.

Der konzeptuelle Entwurf umfasst daher im Wesentlichen die folgenden Schritte (in Anlehnung an [GoMR98]):

1. *Definition der Fakten:* Identifizieren von Klassen, die häufig instantiiert werden und deren Objekte daher für Analysen interessant sein könnten; Erstellung eines Faktschemas für jede dieser Klassen noch ohne Festlegung der Kennzahlen;

2. *Erstellen der vorläufigen Dimensionshierarchien:* Identifizierung aller potenziellen Dimensionsstufen mit dimensionalen und beschreibenden Attributen;

3. *Definition der Kennzahlen und der endgültigen Dimensionshierarchien:* Festlegung der Kennzahlen aus den verfügbaren Attributen sowie Bestimmung der Zahl der Dimensionen und endgültiges Festlegen der Hierarchien und der zulässigen Aggregatoperationen.

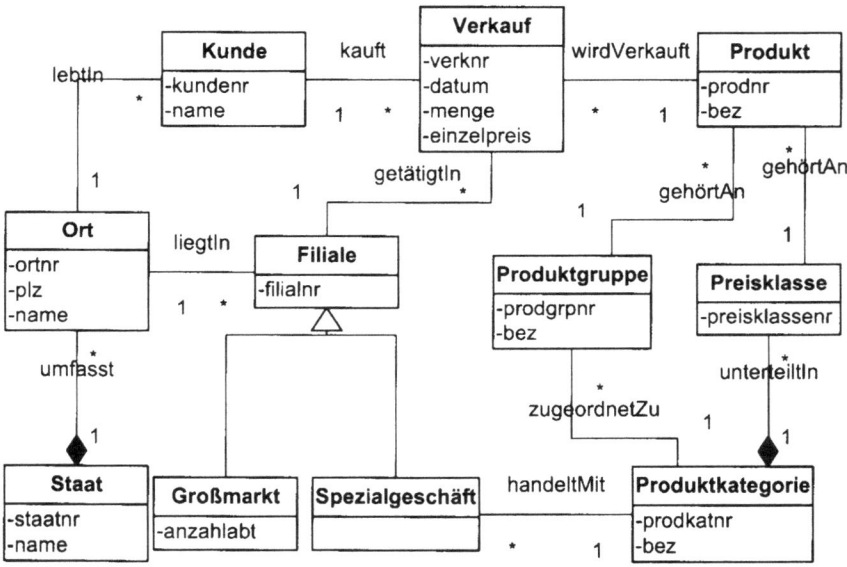

Abbildung 5: Operatives Schema der Handelskette

3.1 Definition der Fakten

Als Basis für Faktschemata kommen Klassen in Frage, die häufig instantiiert werden, d.h., von denen häufig Objekte angelegt werden, und über die Analysen aufgrund ihrer Attribute sinnvoll erscheinen. Im Beispiel ist die Klasse **Verkauf** ein guter Kandidat, da eine sehr große Zahl an Objekten dieser Klasse angelegt wird, wohingegen Ort ein denkbar schlechter Kandidat ist, da die Zahl der Orte weitgehend konstant ist und auch keine interessanten Attribute für Analysen zur Verfügung stehen. Gibt es mehrere relevante Klassen, sind mehrere Faktschemata anzulegen. Im vorliegenden Beispiel genügt ein Faktschema zur Analyse von Verkäufen.

3.2   Erstellung der vorläufigen Dimensionshierarchien

Die Dimensionshierarchien werden ausgehend von derjenigen Klasse erstellt, die als Basis des Faktschemas identifiziert worden ist. Da in Dimensionshierarchien jeder Wert einer spezielleren Stufe maximal einem Wert einer allgemeineren Stufe zugeordnet werden darf, dürfen während des Aufbaus der vorläufigen Dimensionshierarchien nur Assoziationen mit einer Multiplizität „1" oder „0..1" traversiert werden. Die Hierarchien werden wie folgt erstellt:

1. Definiere als Wurzel aller Hierarchien einen Knoten, welcher der Klasse mit den potenziellen Kennzahlen entspricht. Die Wurzel gilt nun als „aktueller Knoten", die Klasse als „aktuelle Klasse".
2. Definiere Subknoten des aktuellen Knotens für:
   – jedes Attribut der aktuellen Klasse, das nicht Schlüssel oder Teilschlüssel ist,
   – jede Klasse, die mit der aktuellen Klasse in einer „Zu-Eins"-Assoziation steht; dabei wird jede Klasse durch ihren Schlüssel repräsentiert.
3. Definiere jeden in 2. für eine Klasse gebildeten Subknoten als aktuellen Knoten sowie die betreffende Klasse als aktuelle Klasse und wiederhole Schritt 2 rekursiv.

Im Beispiel wird ein Knoten für die Klasse Verkauf angelegt. Es werden Subknoten angelegt für jedes Attribut, das nicht zum Schlüssel der Klasse gehört, also für datum, menge und einzelpreis, sowie für jede Klasse, die über eine „Zu-Eins"-Assoziation erreicht wird, also Kunde, Filiale und Produkt. Die für Klassen anzulegenden Knoten enthalten als dimensionale Attribute den Schlüssel der jeweiligen Klasse (also kundenr, filialnr bzw. prodnr). Für jede dieser Klassen wird Schritt 2 rekursiv angewendet: Ausgehend von Produkt wird ein Knoten für die Bezeichnung des Produkts (bez), für Produktgruppe (repräsentiert durch ihren Schlüssel prodgrpnr) und für Preisklasse (repräsentiert durch den Schlüssel, der aus preisklassenr und dem Schlüssel der übergeordneten Klasse prodkatnr besteht) angelegt.

Falls im Zuge des Algorithmus eine Klasse zweimal besucht wird, sind zwei Knoten anzulegen, wenn ein Fakt verschiedene Objekte der selben Klasse referenzieren kann. Beispielsweise wird die Klasse Ort sowohl über Kunde als auch über Filiale erreicht. Da bei einem Verkauf der Ort des Kunden im Allgemeinen ein anderer ist als der Ort der Filiale, sind zwei Knoten für Ort zu bilden. Die Klasse Produktkategorie wird ebenfalls von zwei anderen Klassen (Produktgruppe und Preisklasse) erreicht. Da für ein Produkt die Produktkategorie eindeutig ist, egal ob über Produktgruppe oder Preisklasse navigiert wird, wird für die Produktkategorie nur ein Knoten angelegt. Ob ein Objekt über verschiedene Pfade verschiedene Instanzen einer Klasse erreichen kann, muss aus dem Anwendungswissen entschieden werden oder ist – im Idealfall –

aus dem operativen Schema ersichtlich, wenn dieses entsprechend genaue Einschränkungen inkludiert. Falls eine Klasse in verschiedenen Dimensionshierarchien auftritt, müssen jedenfalls mehrere Knoten angelegt werden.

Generalisierungen können nach [GoMR98] einfach als „Zu-Eins"-Assoziationen betrachtet werden. Bei der Navigation von der Superklasse zur Subklasse ist die Assoziation optional. Daher werden unter dem Knoten für Filiale (mit Attribut filialnr) zwei optionale Knoten für Großmarkt (Knoten Größe mit Attribut anzahlabt) und Spezialgeschäft (Knoten GehandelteProdKat mit prodkatnr) angelegt. Folgt man beim Entwurf den Normalformen gemäß [LeVo03], so repräsentiert der Knoten der Superklasse die für optionale Knoten nötige Basismenge und ein weiterer Knoten das Unterscheidungsattribut (siehe Abbildung 4).

3.3   Definition der Kennzahlen und endgültigen Dimensionshierarchien

In diesem Schritt werden die Kennzahlen, die analysiert werden können, sowie die endgültigen Dimensionshierarchien festgelegt. Das Festlegen der Dimensionshierarchien umfasst zunächst die Festlegung der Anzahl von Dimensionen. Die Anzahl der Dimensionen ist nach oben aufgrund der Knoten, die mit dem Wurzelknoten verbunden sind, beschränkt. Allerdings könnte der Modellierer entscheiden, bestimmte Dimensionshierarchien zu streichen oder den Detailliertheitsgrad einer Dimension durch Streichen des detailliertesten Knoten zu reduzieren.

Da Data Warehouses grundsätzlich historische Daten verwalten, um temporale Analysen zu ermöglichen, ist eine Zeitdimension einzuführen. Weist das operative Schema bereits eine geeignete Zeitangabe auf (z.B. das Rechnungsdatum bei Verkäufen), so resultiert die Zeitdimension bereits aus den vorhergehenden Prozessschritten. Bei Zeitdimensionen werden typischerweise Knoten für größere Zeiträume wie Monate und Jahre eingeführt, um Analysen auf größeren Aggregationsstufen zu ermöglichen (siehe Beispiel). Je nach Anwendungsgebiet kann es zweckmäßig sein, in der Zeitdimension Verzweigungen zu definieren, um Zeitpunkte oder Zeiträume anhand weiterer Eigenschaften zu untersuchen: In einem Schema über Verkäufe könnte es sinnvoll sein, über Tag eine Stufe mit dem Wochentag einzuführen, um beispielsweise Umsätze an Samstagen mit Umsätzen an anderen Wochentagen zu vergleichen. Wird nicht nur das Datum des Verkaufs erfasst, sondern auch die Uhrzeit, könnte eine Dimensionsstufe für Tageszeit (z.B. Vormittag, Mittagszeit, Abend) eingeführt werden, um zu erheben, wie viel zu welchen Tageszeiten verkauft wurde.

Beim Festlegen der endgültigen Dimensionshierarchien können vorläufig angelegte Knoten entfernt und die Attribute eines Knotens als beschreibende Attribute in einen anderen Knoten aufgenommen werden, falls eine Aggregation auf die Dimensionsstufe des Knotens unsinnig ist. Im Beispiel wurde ein separater Knoten für die Bezeichnung eines Produkts generiert (siehe oben).

Dies macht dann Sinn, wenn man Analysen über die Produktbezeichnung durchführen will, z.B.: „Gesucht ist der Umsatz aller Produkte mit der Bezeichnung ‚XY‘". Sind solche Analysen nicht sinnvoll, beispielsweise weil die Produktbezeichnung als Aggregationsstufe unbrauchbar ist, sollte der Knoten entfernt und die Produktbezeichnung als beschreibendes Attribut im Knoten **Produkt** eingefügt werden. Abschließend ist für jede Kennzahl (im Beispiel **menge** und **einzelpreis**) die Kategorie, der sie angehört, festzulegen (*Flow, Stock, Value-per-unit*). Daraus ergeben sich die zulässigen Aggregatoperationen, die im Bedarfsfall weiter eingeschränkt werden können. Als Ergebnis des konzeptuellen Entwurfs entsteht das in Abbildung 3 dargestellte Schema.

4   Logische Data-Warehouse-Modelle und Logischer Data-Warehouse-Entwurf

Während des logischen Entwurfs ist das konzeptuelle Schema in ein logisches Schema zu übersetzen. Das logische Schema ist abhängig vom verwendeten Datenbanksystem. Im Wesentlichen wird zwischen zwei Arten von logischen Modellen unterschieden: Bedient sich das Datenbanksystem eines multidimensionalen Modells, so kann das konzeptuelle Modell direkt übernommen werden. In diesem Fall spricht man von *multidimensionalem OLAP* (MOLAP). Die meisten für Data Warehouses verwendeten Datenbanksysteme sind jedoch relational, sodass das konzeptuelle Schema in Relationenschemata zu übersetzen ist (*relationales OLAP*, kurz: ROLAP). Im Folgenden werden die bekanntesten Repräsentationsformen von multidimensionalen Schemata im Relationenmodell präsentiert: (1) das *Star*-Schema, (2) das *Fact-Constellation*-Schema und (3) das *Snowflake*-Schema. Weitere Details zu logischen Data-Warehouse-Modellen können in der Fachliteratur (z.B. [BaGü01, 197f.; Hahn97; KRRT98, 139f.]) nachgelesen werden.

4.1   Das Star-Schema

Das Star-Schema für ein bestimmtes Faktschema besteht aus folgenden Relationen:

1. Für jede Dimensionshierarchie wird genau eine Relation angelegt, welche alle Attribute dieser Dimensionshierarchie umfasst. Der Schlüssel der Detailstufe ist Schlüssel der Relation.
2. Es wird genau eine Faktenrelation angelegt, die folgende Attribute enthält:
   - je ein Attribut pro Kennzahl
   - alle Schlüssel der gemäß 1. angelegten Relationen; diese Attribute werden als Fremdschlüssel auf die jeweiligen Relationen definiert und bilden gemeinsam den Schlüssel der Faktenrelation.

Gegeben sei das konzeptuelle Schema gemäß Abbildung 3: Tabelle 1 zeigt die zu bildenden Relationenschemata (Schlüssel werden durch Unterstreichen,

Fremdschlüssel werden durch Kursivschrift und gleiche Benennung gekennzeichnet). Beispielsweise wird für die Dimension Kunden ein Relationenschema mit kundenr als Schlüssel und allen weiteren Attributen der Dimensionshierarchie angelegt. In der Dimension Produkte ist zu beachten, dass gleichnamige Attribute mit unterschiedlicher Bedeutung umbenannt werden (bez als Bezeichnung des Produkts, der Produktgruppe bzw. der Produktkategorie). Attribute mit der selben Bedeutung (prodkatnr als Schlüssel der Produktkategorie und Teilschlüssel der Preisklasse) werden nur einmal aufgenommen.

Tabelle 1: Star-Schema für Faktschema Verkäufe

Aspekt im konzeptuellen Schema	*Relationenschema*
Dimension Datum	Datum (<u>tagnr</u>, tag, monat, jahr)
Dimension Kunden	Kunden (<u>kundenr</u>, name, staatnr, ortnr, plz, oname, sname)
Dimension Produkte	Produkte (<u>prodnr</u>, bez, prodkatnr, preisklassenr, prodgrpnr, pgbez, pkbez)
Dimension Filialen	Filialen (<u>filialnr</u>, staatnr, ortnr, plz, oname, sname, anzahlabt, prodkatnr)
Fakten	Verkauf (*<u>tagnr, kundenr, prodnr, filialnr</u>*, menge, einzelpreis)

In der Praxis werden Tupel der Dimensionsrelationen oft durch einen einfachen numerischen Schlüssel, beispielsweise eine laufende Nummer, identifiziert. Ein solches Attribut wird – falls nicht ohnehin vorhanden – während des logischen Entwurfs eingeführt, wie das Attribut tagnr in Relation Datum. Der Hauptvorteil solcher Surrogatschlüssel liegt darin, dass sie meist kürzer sind und daher der in der speicherplatzkritischen Faktenrelation anzugebende Fremdschlüssel weniger Speicherplatz verbraucht. Außerdem werden Anfragen einfacher, wenn für die Verknüpfung der Faktenrelation mit einer Dimensionsrelation nur je ein Attribut der beiden Tabellen verglichen werden muss. Das Schema der Faktenrelation besteht aus den Schlüsseln der Dimensionen (tagnr, kundenr, prodnr, filialnr) und den beiden Kennzahlen menge und einzelpreis.

Werden in einer graphischen Darstellung die Faktenrelation zentral und die Dimensionsrelationen um die Faktenrelation angeordnet und die Fremdschlüsselbeziehungen durch Verbindungslinien visualisiert, erinnert die entstehende Abbildung an einen Stern, worin die Begründung für die Bezeichnung Star-Schema liegt.

Das Star-Schema ist nicht normalisiert im Sinne der relationalen Normalformen. Beispielsweise bestimmen in der Relation Filialen die Attribute staatnr und ortnr die Attribute plz und oname, was der dritten Normalform widerspricht. Verletzungen von Normalformen führen zu redundanter Datenspeicherung (da bei jeder Filiale sämtliche Daten über den Ort und den Staat gespeichert werden), Mehraufwand bei Datenänderungen und zu drohenden Dateninkonsistenzen. In Data Warehouses können diese Probleme vernachlässigt werden, da die Dimensionsrelationen im Vergleich zu den Faktenrelationen klein und daher nicht speicherplatzkritisch sind. Der Mehraufwand bei Datenänderungen ist tolerabel, wenn diese nur selten auftreten. Im Normalfall kann davon ausgegangen werden, dass Daten in Dimensionsrelationen nur selten verändert werden. Verweise auf Fachliteratur, die sich eingehend mit Änderungen in Dimensionen beschäftigt, werden in der Zusammenfassung gegeben. Dateninkonsistenzen können dadurch vermieden werden, dass das Data Warehouse von nur einem Prozess geschrieben wird, nämlich dem regelmäßig laufenden Aktualisierungsprozess.

Bei Analysen werden im Normalfall nicht hauptsächlich Detaildaten benötigt, sondern vorwiegend aggregierte Daten. Aggregierte Daten könnten theoretisch zum Zeitpunkt der Anfrage aus den Detaildaten berechnet werden. Da Data Warehouses jedoch historische Daten verwalten und daher oft mehrere Gigabyte oder Terabyte an Daten beinhalten, würde die Berechnung im Allgemeinen inakzeptabel lange (mehrere Minuten oder Stunden) dauern. Aus diesem Grund werden aggregierte Daten oft vorab berechnet und gemeinsam mit den Detaildaten in den Relationen gespeichert. Die Festlegung, welche Aggregate vorab berechnet werden, erfolgt aufgrund der Einschätzung, welche Daten häufig angefragt werden. Dafür sind verschiedene Kostenmodelle und Heuristiken bekannt, siehe z.B. [BaPT97].

Zur Aufnahme von aggregierten Werten werden in den Dimensionstabellen weitere Einträge mit Daten auf höherer Abstraktionsstufe definiert und durch aggregierte Daten in der Faktentabelle referenziert. Um Einträge verschiedener Abstraktionsstufen voneinander unterscheiden zu können, wird in den Dimensionsrelationen je ein Attribut, das die Abstraktionsstufe angibt, eingeführt. Ein Beispiel wird in Abbildung 6 dargestellt: In Relation **Kunden** sind zwei Kunden (mit Kundennummern 1 und 2) zu sehen. Die Zeile mit Kundennummer 1523 repräsentiert die österreichische Stadt 4020 Linz, also einen Eintrag auf Aggregationsstufe **Ort**. Die zweite Zeile der Faktenrelation aggregiert Verkaufsdaten des Produkts 384 in Filiale 2 am Tag 128 auf die Ebene des Orts Linz und referenziert daher die „Kundennummer" 1523.

Wird eine bestimmte Dimensionshierarchie in mehreren Faktschemata verwendet, so genügt es, eine Relation für diese Dimensionshierarchie anzulegen und mehrere Faktenrelationen darauf verweisen zu lassen. In diesem Fall spricht man von einer *Galaxie*. Beispielsweise könnte neben dem Faktschema **Verkauf** ein Faktschema **Lagerbestand** bestehen, das genauso wie **Verkauf** Dimensionen für Produkte und Filialen inkludiert.

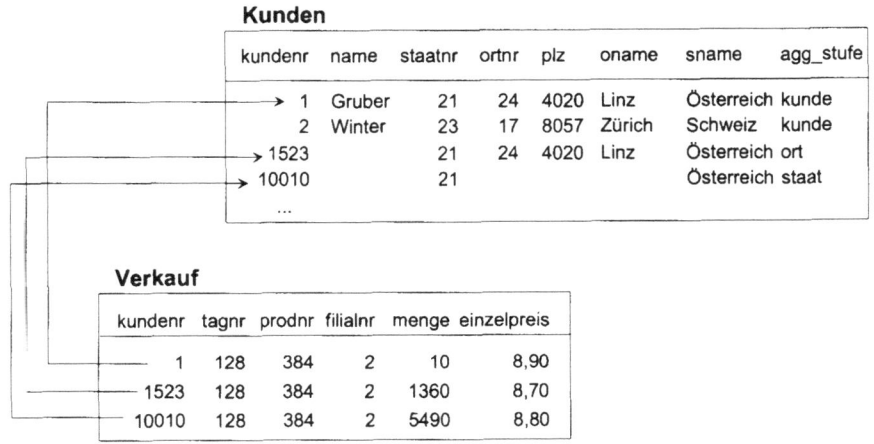

Abbildung 6: Star-Schema mit aggregierten Daten

4.2   Das Fact-Constellation-Schema

Das Fact-Constellation-Schema unterscheidet sich vom Star-Schema dadurch, dass für die Fakten mehrere Relationen, aufgeteilt nach Aggregationsstufe, angelegt werden. In diesem Fall kann das Attribut, das die Aggregationsstufe angibt, entfallen. Der Vorteil des Fact-Constellation-Schema gegenüber dem Star-Schema liegt darin, dass anstelle einer sehr großen Faktenrelation mehrere kleine Relationen angelegt werden. Wird eine Anfrage über eine bestimmte Aggregationsstufe formuliert, muss nur auf eine Faktenrelation zugegriffen werden, die im Gegensatz zum Star-Schema wesentlich kleiner ist. Der größte Nachteil liegt darin, dass die Anzahl der Relationen sehr hoch ist. Im laufenden Beispiel könnten Faktenrelationen angelegt werden, die folgende Aggregationsstufen kombinieren:

⇒   Die Datums-Dimension weist vier Stufen auf (Tag, Monat, Jahr, Alle), wobei die Stufe Alle den Fall abdeckt, dass über den gesamten Zeitraum aggregiert wird.

⇒   Die Kunden-Dimension weist vier Stufen auf (Kunde, KOrt, KStaat, Alle).

⇒   Die Produkt-Dimension weist aufgrund der nicht-linearen Hierarchie folgende sechs Stufen auf: Produkt, Produktgruppe, Preisklasse, Produktgruppe kombiniert mit Preisklasse, Produktkategorie, Alle.

⇒   Die Filial-Dimension umfasst zehn Stufen: Filiale, FOrt, FStaat, Größe, GehandelteProdKat, FOrt kombiniert mit Größe, FOrt kombiniert mit GehandelteProdKat, FStaat kombiniert mit Größe, FStaat kombiniert mit GehandelteProdKat, Alle.

Da die Dimensionsstufen beliebig kombinierbar sind, können bis zu 960 (Produkt aus den vier Werten) Faktenrelationen angelegt werden. Die Bezeichnung der Relationen würde sinnvollerweise den Namen des Faktschemas sowie die Bezeichnungen der Aggregationsstufen umfassen, wie im folgenden Beispiel:

⇒ Verkauf_Monat_Kunde_Produktgruppe_Filiale
⇒ Verkauf_Tag_KOrt_Produktkategorie_FOrt
⇒ Verkauf_Jahr_Produktgruppe_Preisklasse_Filiale

4.3   Das Snowflake-Schema

Das Snowflake-Schema unterscheidet sich vom Star-Schema dadurch, dass die Dimensionsrelationen normalisiert gespeichert werden. Die Vorteile liegen im geringeren Speicherbedarf, da Redundanzen vermieden werden, wobei die Speicherplatzersparnis aufgrund der im Vergleich zu den Faktentabellen sehr kleinen Dimensionstabellen normalerweise keine wesentliche Rolle spielt. Außerdem können aggregierte Daten in der Faktentabelle direkt auf die entsprechende Relation verweisen. Der größte Nachteil liegt in komplexeren Anfragen, da mehrere Relationen verknüpft werden müssen. Im Beispiel würde die Dimension Kunden durch die in Tabelle 2 dargestellten Relationenschemata abgebildet werden.

Tabelle 2: Snowflake-Schema für Dimension Kunden

Dimensionsstufe	Relationenschema
Kunden	Kunden (kundenr, name, *staatnr, ortnr*)
KOrt	KundenOrte (*staatnr, ortnr*, plz, oname)
KStaat	KundenStaaten (staatnr, sname)

4.4   Auswahl der Repräsentationsform

Aufgrund der erwähnten Vor- und Nachteile der Repräsentationsformen wird die Auswahl einer konkreten Repräsentationsform von folgenden Aspekten abhängen: Werden Dimensionsdaten selten verändert, ist aufgrund der effizienteren Anfragebearbeitung einer nicht-normalisierten Speicherung der Vorzug zu geben. Bei häufigen Änderungen eignet sich aufgrund des geringeren Änderungsaufwands eine normalisierte Speicherung besser. Die Normalisierung ist auch dann zu erwägen, wenn verschiedene Faktenrelationen die Dimension auf verschiedenen Granularitätsstufen referenzieren (Beispiel: Verkäufe beziehen sich auf einzelne Tage, Lagerbestände auf Monate). Das Fact-Constellation-Schema ist sinnvoll, wenn die Faktenrelation aufgrund von Aggregaten zu groß wird und in Anfragen häufig nur eine Aggregationsstufe abgefragt wird. Die drei Repräsentationsformen können bei Bedarf gemischt werden, beispielsweise dadurch, dass einige Dimensionshierarchien gemäß Star-Schema, einige aber gemäß Snowflake-Schema modelliert werden – in der Fachliteratur wird diese Variante als Starflake-Schema bezeichnet.

5   Zusammenfassung

In diesem Beitrag wurden zwei zentrale Schritte des Entwurfs von Data Warehouses präsentiert: der konzeptuelle Entwurf, der aus einem operativen Schema der Datenquellen ein multidimensionales Schema ableitet, und der logische Entwurf, der das konzeptuelle Schema in ROLAP-Relationenschemata überführt. Nach dem Data-Warehouse-Entwurfsprozess können erstmals Daten aus den operativen Datenhaltungen im Data Warehouse gespeichert werden; im Rahmen regelmäßiger Aktualisierungsprozesse werden die Ergänzungen und Änderungen in den operativen Datenhaltungen im Data Warehouse nachgezogen. Spätere Änderungen des Data-Warehouse-Schemas und von Dimensionsdaten stellen eine Herausforderung dar: Wenn ein Kunde beispielsweise seinen Wohnort ändert und eine Analyse über den Umsatz pro Kunden-Ort durchgeführt wird, sollten Umsätze des Kunden vor dem Wohnortwechsel dem alten Wohnort, nach dem Wohnortwechsel aber dem neuen Wohnort zugerechnet werden. Dies erfordert eine Verwaltung von verschiedenen „Versionen" des Kunden im Data Warehouse. Änderungen auf Daten- und Schemaebene sind sowohl in der Wissenschaft als auch in der Praxis Gegenstand der Forschung, beispielsweise in [EdKo01; HuMV99; Kimb96].

Quellenverzeichnis

[AbSS02]
Abelló, A.; Samos, J.; Saltor, F.: YAM² (Yet Another Multidimensional Model): An extension of UML. In: *Nascimento, M.; Özsu, T.; Zaïane, O. (Hrsg.):* Proceedings of the International Database Engineering & Applications Symposium (IDEAS). Los Alamitos 2002, S. 172-181.

[BaGü01]
Bauer, A.; Günzel, H.: Data Warehouse Systeme: Architektur, Entwicklung, Anwendung. Heidelberg 2001.

[BaPT97]
Baralis, E.; Paraboschi, S.; Teniente, E.: Materialized Views Selection in a Multidimensional Database. In: *Jarke, M.; Carey, M.; Dittrich, K.; Lochovsky, F.; Loucopoulos, P.; Jeusfeld, M. (Hrsg.):* Proceedings of the 23rd International Conference on Very Large Data Bases (VLDB). San Francisco 1997, S. 156-165.

[BoUl99]
Boehnlein, M.; Ulbrich-vom Ende, A.: Deriving Initial Data Warehouse Structures from the Conceptual Models of the Underlying Operational Information Systems. In: Proceedings of the 2nd ACM International Workshop on Data Warehousing and OLAP (DOLAP). San Diego 1999, S. 15-21.

[Bulo97]
Bulos, D.: OLAP Database Design - A New Dimension. In: *Chamoni, P.; Gluchowski, P. (Hrsg.):* Analytische Informationssysteme: Data Warehouse, On-line Analytical Processing, Data Mining. Berlin 1998, S. 251-261.

[CaTo98]
Cabibbo, L.; Torlone, R.: Querying Multidimensional Databases. In: *Cluet, S.; Hull, R. (Hrsg.):* Proceedings of the 6th International Workshop on Database Programming Languages (DBPL). Berlin 1998, S. 319-335.

[ChDa97]
Chaudhuri, S.; Dayal, U.: An Overview of Data Warehousing and OLAP Technology. In: SIGMOD Record 26 (1997) 1, S. 65-74.

[ChGl98]
Chamoni, P.; Gluchowski, P.: Analytische Informationssysteme – Einordnung und Überblick. In: *Chamoni, P.; Gluchowski, P. (Hrsg.):* Analytische Informationssysteme: Data Warehouse, On-line Analytical Processing, Data Mining. Berlin 1998, S. 3-25.

[Conr97]
Conrad, S.: Föderierte Datenbanksysteme: Konzepte der Datenintegration. Berlin 1997.

[EdKo01]
Eder, J.; Koncilia, C.: Changes of Dimension Data in Temporal Data Warehouses. In: *Kambayashi, Y.; Winiwarter, W.; Arikawa, M. (Hrsg.):* Proceedings of the 3rd International Conference on Data Warehousing and Knowledge Discovery (DaWaK). Berlin 2001, S. 284-293.

[EsSa00]
Ester, M.; Sander, J.: Knowledge Discovery in Databases: Techniken und Anwendungen. Berlin 2000.

[GoMR98]
Golfarelli, M.; Maio, D.; Rizzi, S.: Conceptual Design of Data Warehouses from E/R Schemes. In: Proceedings of the 31st Annual Hawaii International Conference on System Sciences (HICSS) —Volume 7. Los Alamitos 1998, S. 334-343.

[GoRi98]
Golfarelli, M.; Rizzi, S.: A Methodological Framework for Data Warehouse Design. In: Proceedings of the 1st ACM International Workshop on Data Warehousing and OLAP (DOLAP). San Diego 1998, S. 3-9.

[Hahn97]
Hahne, M.: Logische Datenmodellierung für das Data Warehouse - Bestandteile und Varianten des Star Schemas. In: *Chamoni, P.; Gluchowski, P. (Hrsg.):* Analytische Informationssysteme: Data Warehouse, On-line Analytical Processing, Data Mining. Berlin 1998, S. 103-120.

[HaKa01]
Han, J.; Kamber, M.: Data Mining: Concepts and Techniques. San Francisco 2000.

[HaSB00]
Hahn, K.; Sapia, C.; Blaschka, M.: Automatically Generating OLAP Schemata from Conceptual Graphical Models. In: Proceedings of the 3rd ACM International Workshop on Data Warehousing and OLAP (DOLAP). San Diego 2000, S. 9-16.

[HüLV00]
Hüsemann, B.; Lechtenbörger, J.; Vossen, G.: Conceptual Data Warehouse Design. In: *Jeusfeld, M.; Shu, H.; Staudt, M.; Vossen, G. (Hrsg.):* Proceedings of the 2nd International Workshop on Design and Management of Data Warehouses (DMDW). CEUR Workshop Proceedings, RWTH Aachen 2000.

[HuMV99]
Hurtado, C.; Mendelzon, A.; Vaisman, A.: Maintaining Data Cubes under Dimension Updates. In: Proceedings of the 15th International Conference on Data Engineering (ICDE). Los Alamitos 1999, S. 346-355.

[Inmo02]
Inmon, W.: Building the Data Warehouse. New York 2002.

[JLVV03]
Jarke, M.; Lenzerini, M.; Vassiliou, Y.; Vassiliadis, P.: Fundamentals of Data Warehouses. 2. A., Berlin 2003.

[Kimb96]
Kimball, R.: Slowly Changing Dimensions. In: DBMS Magazine April 1996. http://www.dbmsmag.com/9604d05.html, Abruf am 2003-12-18.

[KRRT98]
Kimball, R.; Reeves, L.; Ross, M.; Thornthwaite, W.: The Data Warehouse Lifecycle Toolkit: Expert Methods for Designing, Developing, and Deploying Data Warehouses. New York 1998.

[LeAW98]
Lehner, W.; Albrecht, J.; Wedekind, H.: Normal Forms for Multidimensional Databases. In: *Rafanelli, M.; Jarke, M. (Hrsg.):* Proceedings of the 10th International Conference on Scientific and Statistical Database Management (SSDBM). Los Alamitos 1998, S. 63-72.

[Lehn03]
Lehner, W.: Datenbanktechnologie für Data-Warehouse-Systeme: Konzepte und Methoden. Heidelberg 2003.

[LeVo03]
Lechtenbörger, J.; Vossen, G.: Multidimensional normal forms for data warehouse design. In: Information Systems 28 (2003) 5, S. 415-434.

[LeSh97]
Lenz, H.-J.; Shoshani, A.: Summarizability in OLAP and Statistical Data Bases. In: *Ioannidis, Y.; Hansen, D. (Hrsg.):* Proceedings of the 9th International Conference on Scientific and Statistical Database Management (SSDBM). Los Alamitos 1997, S. 132-143.

[LMTr03]
Luján-Mora, S.; Trujillo, J.: A Comprehensive Method for Data Warehouse Design. In: *Lenz, H.-J.; Vassiliadis, P.; Jeusfeld, M.; Staudt, M. (Hrsg.):* Proceedings of the 5th International Workshop on Design and Management of Data Warehouses (DMDW). CEUR Workshop Proceedings, RWTH Aachen 2003.

[PrSc96]
Prückler, T.; Schrefl, M.: Reverse Engineering in der Datenmodellierung. In: *Heilmann, H.; Heinrich, L.; Roithmayr, Friedrich (Hrsg.):* Information Engineering: Wirtschaftsinformatik im Schnittpunkt von Wirtschafts-, Sozial- und Ingenieurwissenschaften. München 1996, S. 311-330.

[RuJB99]
Rumbaugh, J.; Jacobson, I.; Booch, G.: The Unified Modeling Language Reference Manual. Reading 1999.

[TrBB99]
Tryfona, N.; Busborg, F.; Borch Christiansen; J.: starER: A Conceptual Model for Data Warehouse Design. In: Proceedings of the 2nd ACM International Workshop on Data Warehousing and OLAP (DOLAP). San Diego 1999, S. 3-8.

Modelle zur Lernfortschrittskontrolle im E-Learning

Wolfgang Janko, Volker Stix

Wirtschaftsuniversität Wien
Abteilung für Informationswirtschaft
wolfgang.janko@wu-wien.ac.at
volker.stix@wu-wien.ac.at

Inhalt

International sieht man in Staaten mit fortgeschrittener Internetpräsenz Tendenzen zur generellen parallelen Bereitstellung von berufsbildenden Lehrgängen in E-Learning-Form (vgl. [Educ04]). Unabhängig von der Präsentationsform des Lernmaterials muss sowohl bei E-Learning als auch bei Frontalunterricht bzw. kombinierten Unterrichtsformen der Lernfortschritt entweder durch einmaligen Abschlusstest oder im Zuge von wiederholten Lernfortschrittskontrollen getestet und festgestellt werden. Bei E-Learning kann dieses Ergebnis vereinfacht auch zur Steuerung der Lernmaterialien-Präsentation verwendet werden. Zwischen- und Abschlusstests sind daher von entscheidender Bedeutung in der Steuerung der Lernmaterialien und in der Steuerung der Ausbildungsrichtung durch die Ausbildungsinstitution und den Lernenden selbst. In Folge der erheblichen Zunahme von Lernfortschrittskontrollen, die bei E-Learning-Kursen einerseits durch die erleichterte Möglichkeit der Durchführung solcher, wie auch bei Frontalunterricht bzw. kombinierten Formen durch Veränderung in den Studienbedingungen (z.B. die Einführung von neuen Studieneinrichtungen mit lernbegleitender Fortschrittskontrolle) hervorgerufen werden, wird der Zeitaufwand für die Lernfortschrittskontrolle ebenso wesentlich erhöht. Es ist daher Methoden zu einer verkürzten Lernfortschrittskontrolle ohne Qualitätseinbußen schon aus wirtschaftlichen Gründen zunehmendes Augenmerk zu zollen. Im Beitrag wird ein Modell zur Verkürzung des Aufwandes bei computerbasiertem Testen vorgestellt.

1   Einführung

Im Allgemeinen wird es kaum möglich sein, die Fähigkeiten eines Studenten, nach Ausbildung aus seinem Wissen in neuen analogen Situationen Ähnlichkeiten zu erkennen und Erlerntes darauf anzuwenden, zu beurteilen. Unserem Modell liegt daher eine Situation zugrunde, in der n Fragen aus einem großen Fragenkatalog (N Fragen) gestellt werden. Dieser legt einen Stoff zugrunde, in dem das gesamte Lernmaterial durch offene Fragestellungen, „Multiple Choice"-Fragen, Fragen aus einem parametrisierten Fragenkatalog, Fragen aus einem Fragengenerator u.ä. zur Verfügung gestellt werden können. Wesentlich ist hierbei, dass die Anzahl der Fragen bzw. Fragentypen auf einen Katalog von Fragen bzw. Fragentypen mit variablen Parametern beschränkt ist. Dies wird heute bereits in vielen Fächern, bei denen „Multiple-Choice"-basierte Tests oder Tests mit festen Antworten vorgegeben werden können, erfüllt sein. Bei Tests, deren Antworten aus qualitativen, umgangssprachlichen, aufsatzgleichen Antworten besteht, wird eine Bewertung der Antwort durch fachlich versierte Sachbearbeiter nicht zu umgehen sein. Dennoch kann auch bei derartigen Tests, wenn das Ausmaß der korrekten Beantwortung der Einzelfragen durch Sachbearbeiter festgestellt wird, das vorgestellte Modell angewandt werden, um den Gesamttestaufwand zu reduzieren. Wenn wir nun vereinfacht davon ausgehen, dass unter der Menge von vorhandenen Fragen bzw. Fragentypen insgesamt k Fragen vom Studenten erfolgreich beantwortet werden können (teilweise Richtigkeit ausgeschlossen), bzw. $n-k$ Fragen (Fragenteile) dies nicht können, so können wir ein wahrscheinlichkeitstheoretisches Modell aufstellen, welches die Wahrscheinlichkeit, dass k Fragen richtig beantwortet werden, angibt. **Abbildung 1** zeigt das beschriebene Modell und Formel (1) die dazugehörige hypergeometrische Verteilung, wobei die Zufallsvariable X die Anzahl der richtigen Antworten darstellt.

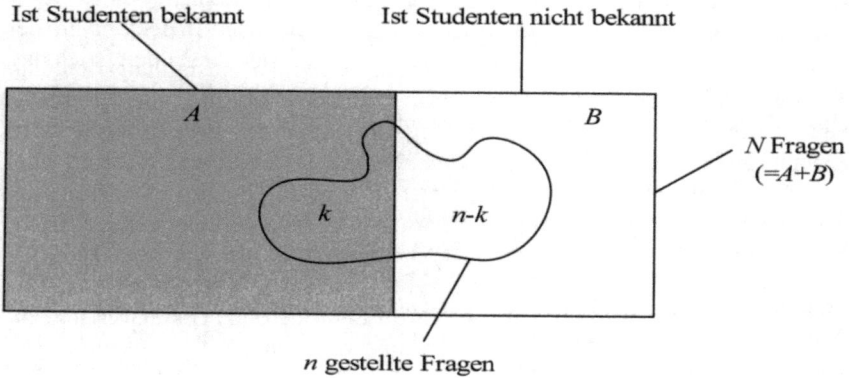

Abbildung 1: Wissensmodell

(1)
$$P(X = k) = \frac{\binom{A}{k}\binom{B}{n-k}}{\binom{N}{n}}$$

$$\text{mit } E(X) = n\frac{A}{N} \text{ und } Var(X) = n\frac{AB}{N^2}\frac{(N-n)}{(N-1)}$$

Ist N wesentlich größer als n, so können wir mit der einfacheren binomialen Approximation rechnen:

(2)
$$P(X = k) = \binom{n}{k}p^k(1-p)^{n-k}, \text{ mit } p = \frac{A}{N} \text{ und}$$

$$E(X) = np \text{ und } Var(X) = np(1-p)$$

Bei einer großen Grundgesamtheit kann man X mittels einer Normalverteilung (mit den Parametern $\mu=np$, $\sigma^2=np(1\text{-}p)$ und p wie in Formel (2)) annähern.

Die Bestimmung einer Wahrscheinlichkeit, die uns angibt, mit welcher Wahrscheinlichkeit bei einem bestimmten Vorwissen (in Werten von A bzw. B) ein Student genau dieses Antwortmuster erzeugt, nützt uns nur sehr bedingt und erlaubt mit Sicherheit keine Wirtschaftlichkeitsabschätzung. Wenn wir die Parameter von X, die Anzahl A der richtig beantwortbaren Fragen einer hypergeometrischen Verteilung bzw. p bei der Binomial- oder Normalverteilung variieren, so erhalten wir eine punktförmige bzw. bei Approximation durch die Normalverteilung eine stetige Funktion mit einem einzigen Maximum. Diese Funktion wird auch Likelihood-Funktion genannt (siehe Abbildung 2).

Wahrscheinlichkeit

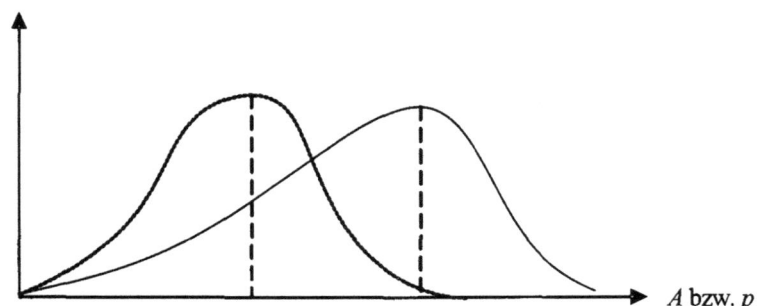

A bzw. p

Abbildung 2: Likelihood-Funktion für 2 verschiedene Beobachtungen

Wir können das Maximum dieser Funktion (den Modalwert) dazu heranziehen, jenen Anteil von Fragen aus dem Gesamttestfragenbestand zu bestimmen, der die größte Plausibilität besitzt, von den Studenten korrekt beantwortet zu werden (bei gegebenen Beobachtungen). Indem man nun einen gewissen Prozentanteil des Stoffes vorgibt, den der Student korrekt beantworten können soll, erhält man ein Kriterium, welches ein positives oder negatives Testresultat zu bestimmen erlaubt. Analog kann man vorgehen, um ein gezielteres Kriterium nach einer Notenskala zu erhalten. Ist nun die Anzahl der Plätze in einem Fortsetzungskurs von Haus aus beschränkt, so wird sehr häufig die Möglichkeit der Festsetzung eines solchen positiv zu beantwortenden Fragenvolumens dazu verwendet, um den Zugang zu Fortsetzungskursen zu steuern. Dies ist allerdings kein wirtschaftliches Kriterium. Ein wirtschaftliches Kriterium müsste sich an den „Kosten" eines derartigen Kurses orientieren und auch auf der Ertragsseite einen äquivalenten Nutzen einzusetzen erlauben.

Um daher das Problem nutzenorientiert zu sehen, versuchen wir es entscheidungstheoretisch zu formulieren. In der Entscheidungstheorie ist eine Prüfung nichts anderes als ein Informationssystem. Über Stichprobenverteilungen erhalten wir hierbei die Information über die Stichprobengesamtheit: Ist nun die Anzahl oder der Anteil der korrekt beantworteten Fragen gleich x und wir sind z.B. an A/N (Anteil der korrekt beantworteten Fragen) interessiert, dann ist x unsere Nachricht in einem Informationssystem. Hier ist n unser Kostenfaktor, wobei auch bei elektronischen Tests unserer Meinung nach davon ausgegangen werden kann, dass die variablen Kosten einer Prüfung linear von n abhängen. Unter Verwendung des Bayes'schen Theorems wollen wir nun die Wahrscheinlichkeit bestimmen, dass die Anzahl der von Studenten beantwortbaren Fragen gleich A ist. Ein einfaches Beispiel möge dies veranschaulichen:
Tabelle 1 zeigt ein Informationssystem, bei dem aus einem Gesamtfragenbestand von 3 Fragen ($N=3$) eine zufällig gewählte Frage ($n=1$) gestellt wird. Abhängig von der tatsächlichen Ausprägung von A erzeugt das Informations-

system die Nachricht x. Für eine falsche Antwort ist $x=0$ und für eine richtige gilt $x=1$. In einer Tabelle können wir die Wahrscheinlichkeiten angeben, bei denen mit unterschiedlichen Werten von A die jeweilige Nachricht vom Informationssystem erzeugt wird.

Tabelle 1: Einfaches Informationssystem

A	$x=0$	$x=1$
0	1	0
1	2/3	1/3
2	1/3	2/3
3	0	1

Kann der Student beispielsweise alle Fragen richtig beantworten (A=3), so wird er jede zufällig gewählte Frage richtig beantworten können. Die Wahrscheinlichkeit für die Nachricht $x=1$ ist daher eins.

Wir können uns nun die Frage stellen, wie groß die Wahrscheinlichkeit ist, dass für eine Nachricht von $x=0$ oder $x=1$ nun A einen bestimmten möglichen Wert annimmt. Diese Überlegung entspricht der bereits gemachten Überlegung bei Ermittlung einer Likelihood-Funktion. Nach dem Satz von Bayes ergibt sich daraus Tabelle 2, wenn wir davon ausgehen, dass wir ohne Vorwissen a-priori annehmen, dass P($A=a$) gleichverteilt mit je 1/4 ist. Hat man aus der Vergangenheit ein bereits besseres Wissen über die a-priori Verteilung des Anteils der bekannten Fragen, so wird diese natürlich in die Berechnungen einfließen.

Tabelle 2: Bedingte Wahrscheinlichkeitsverteilungen für A

A	P(A=a|x=0)	P(A=a|x=1)
0	1/2	0
1	1/3	1/6
2	1/6	1/3
3	0	1/2

Wenn wir nun die häufig anzutreffende einfache Situation zweier möglicher Entscheidungen, nämlich erfolgreiches Passieren des Tests und Nicht-Passieren des Tests mit E_1 und E_2 bezeichnen, so erhalten wir allgemein folgendes Entscheidungstableau bei hypergeometrisch verteilten Wahrscheinlichkeiten im Nachrichtensystem:

Tabelle 3: Entscheidungstableau bei Beobachtung x

	A=x	A=x+1	...	A=N-(n-x)
E_1	u_{11}	u_{12}	...	u_{1k}
E_2	u_{21}	u_{22}	...	u_{2k}

A kann für jede Prüfung die Werte von x bis $N-(n-x)$ annehmen. Mit u_{ij} bezeichnen wir den Nutzen für die Entscheidung E_i mit einem Wissensstand des Prüflings von $A=j$. Korrekterweise müsste man $u(y_{ij})$ scheiben, wobei y_{ij} die Menge aller möglichen Konsequenzen bei einer derartigen Entscheidung unter dem gegebenen Wissensstand des Prüflings umfasst. Wir vereinfachen hier allerdings und bezeichnen mit u_{ij} nur den in Geld ausdrückbaren Nutzen. Der Nutzen umfasst neben einer Ertragskomponente e_{ij} auch die Kostenkomponente. Ein plausibler Verlauf derartiger Ertragsfunktionen ist zunehmend (siehe z.B. e' und e'' in Abbildung 3), da mit zunehmendem Stichprobenumfang auch die Sicherheit wächst, den tatsächlichen Wissensanteil des Studenten am Gesamtwissensvolumen zu bestimmen. Die Kostenfunktion ergibt sich z.B. zu $k+nc$, wobei k die Fixkosten und c die variablen Kosten einer Prüfung darstellen. Unsere Nutzenfunktion lautet daher $u_{ij}=e_{ij}-(k+nc)$. Die Wahl eines optimalen Informationssystems ist daher in diesem Fall äquivalent zur Wahl eines optimalen Stichprobenumfanges n.

Auf Tabelle 3 können wir nun beliebige Entscheidungskriterien anwenden (Bayes, Mini-Max, etc.; vgl. [Fers75]). Wenn wir uns für das Bayes-Kriterium entscheiden, sind die Erwartungswerte von A bei einer „Nachricht" von x wie folgt: E(A|x=0)=0.667 und für E(A|x=1)=2,333. Unser Informationssystem hat in unserem Fall eine im Vorhinein feste Anzahl von Fragen verwendet. Unsere Stichprobe war vom Volumen her im Vorhinein *fest* fixiert worden.

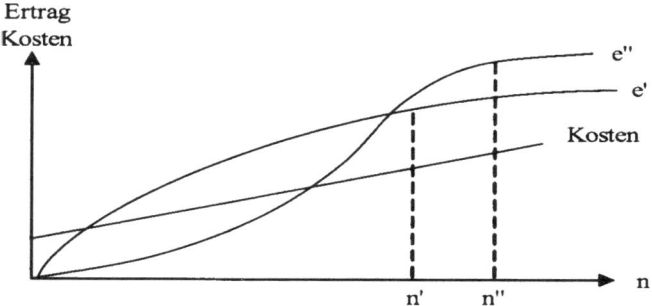

Abbildung 3: Mögliche Struktur der Ertrags- und Kostenfunktionen

Bei zwei verschieden angenommenen Verlaufskurven von Ertragsfunktionen einer Lernfortschrittskontrolle und bei angenommenem linearen Kostenverlauf mit einem Fixkostenblock erhalten wir in diesen Fällen eindeutige Informationsbeschaffungsoptima *n'* und *n''*.

Nun wissen wir aus der Entscheidungstheorie (vgl. [Fers75]), dass jedes Informationssystem einen positiven Wert darstellt und jeder Informationssystemzuwachs unter den genannten Bedingungen einen positiven Wert hat. Allerdings wissen wir aus der Statistik, dass nicht-sequenzielle Entscheidungsprobleme durch ihren Mangel an Flexibilität kostenintensiver sind. Eine sequenzielle Vorgangsweise, welche sich an den Teilergebnissen der Stichproben orientiert, ist daher zumeist kostengünstiger.

2   Sequenzielle Methoden bei der Überprüfung des Lernfortschritts

Es ist hierbei zu beachten, dass wir unser Problem durch Einführung entscheidungstheoretischer Gedanken von einem Problem, bei dem wir nach der maximalen Wahrscheinlichkeit unter konstanten variabeln Kosten fragen (Kosten und Wahrscheinlichkeiten sind zwei Messwerte, die nicht unmittelbar zueinander in Beziehung gesetzt werden können), zu einem Problem umformuliert haben, in dem es um die Maximierung des Nutzens bei gegebener Kosten- und Ertragsfunktion geht. Die Zuerkennung eines Nutzens zur perfekten Beherrschung eines Unterrichtsstoffes ist sicher eine große Herausforderung, da die zugrunde liegenden Bewertungsprobleme im Allgemeinen als nicht gelöst gelten können und nur in Spezialfällen eine solche Zuordnung einfach möglich sein wird. Trotzdem erscheint uns die Notwendigkeit einer solchen Zuordnung, wenn man überhaupt die Frage der Optimierung des Testaufwandes im Speziellen und des durch Steueraufkommen finanzierten Bildungsaufwandes einer Gesellschaft im Allgemeinen objektiv behandeln will, unausweichlich. Die

dadurch implizierten Fragestellungen, wie viel das positive Ablegen einer Prüfung aus Buchhaltung und Kostenrechnung oder eines Tests aus Statistik, aus
Modellierung/Programmierung o.ä. wert ist, sind sicher nur vereinfacht beant-
wortbar. Bestenfalls wird man solche Werte aus einer Erhöhung des Gehaltsan-
teils durch ein Studium bzw. durch die Absolvierung eines Kurses, ermitteln
können. Solchen Annahmen liegt wieder die Hypothese zugrunde, dass überre-
gionale Arbeitsmärkte diese Entgelte großflächig steuern und Ungleichheiten
sich über den Wohlstand der Nationen langfristig ausgleichen. In Einzelfällen
wird man auch unter Verwendung des hedonistischen Modells den zumindest
vorübergehend veränderten Effizienz- und Effekitvitätswert der Beschäftigten
durch Ausbildung in einem Unternehmen bewerten können (vgl. [JPT89]). Die
politisch häufig geäußerten Feststellungen, Erziehung an sich habe einen Wert,
würden sonst implizit eine Finanzierung von Studienreisen nach Südamerika
oder nach Ägypten mit Steuergeldern einer Ausbildung junger Menschen in
einer Gesellschaft gleich stellen.

Der Einfachheit halber beschränken wir uns in Folge auf den stetigen Fall.
Benutzen wir nun eine Ertragsfunktion e, so können wir auch optimales Stoppen als sequenzielles Entscheidungskriterium heranziehen. In der Stopptheorie
wird gewöhnlich ein optimaler Stoppwert v^* bestimmt, welcher folgende Glei-
chung erfüllt (vgl. [Degr70]):

$$(3) \quad E(e \mid v) - c = 0 \,,$$

wobei c die Kosten einer einzigen Prüfung und $E(e|v)$ den erwarteten Restertrag
bei Eintritt des Stoppkriteriums darstellt:

$$(4) \quad E(e \mid v) = \int_{v}^{\infty} (e - v) f(e) de$$

Hier gibt f die Dichte unserer Ertragsfunktion an. Die Ertragsfunktion geht über
die gesamte Prüfung, bestehend aus mehreren Prüfungsfragen, welche in diesem
Modell variabel und nicht beschränkt sein müssen.

Zur Veranschaulichung zeigen wir ein kleines Beispiel: Zur besseren Vergleichbarkeit mit dem traditionellen Modell formulieren wir das Abbruchkrite-
rium einer Prüfung in Wahrscheinlichkeiten und vernachlässigen die darauf
anzuwendende Nutzenfunktion. Wir gehen von einem Fragenkatalog von 1000
Fragen aus. Der Prüfling sollte 2/3 der Fragen für ein Bestehen der Prüfung
richtig beantworten können. Um dies zu überprüfen, werden dem Prüfling zufällig gewählte Fragen in sequenzieller Reihenfolge gestellt. Die bis dahin übli-
che Prüfung stellte dem Kandidaten 24 Fragen von denen er mindestens 16
richtig beantworten musste. Im sequenziellen Modell könnten wir die Prüfung
jederzeit abbrechen, wenn der Prüfling 2/3 der bis dahin gestellten Fragen korrekt beantwortet hat. Allerdings ist, wie man an dem Beispiel von 2 korrekt
beantworteten von 3 gestellten Fragen sehen kann, die Wahrscheinlichkeit für

die korrekte Beantwortbarkeit von 2/3 des Gesamtfragenbestandes in solchen Fällen wesentlich geringer, als wenn er 16 von 24 Fragen richtig beantwortet hat. Trivialerweise erfüllen 16 richtige Antworten von 16 Fragen auf jeden Fall unser 2/3 Kriterium. Man kann allerdings auch dieselbe Wahrscheinlichkeit und damit dieselbe Genauigkeit erreichen, wenn er beispielsweise 14 von 18 Fragen richtig beantwortet hat. Daher muss man auch beim sequenziellen Ansatz einen Mindestumfang vorsehen und gleitende Stoppgrenzen einführen. In dem von uns gewählten Stoppverfahren ist prinzipiell keine Beschränkung für die Anzahl der Fragen vorgesehen (stopping without recall). Wollten wir von vornherein eine Beschränkung der maximal gestellten Fragen vorsehen, so müssten wir das mit dem Modell „stopping with recall" in einem Verfahren, das sich „backward induction" nennt, realisieren (vgl. [CRS71]).

In unserem Fall haben wir bei „stopping without recall" prinzipiell die Möglichkeit, dem Studenten wiederholt einen festen Fragenblock anzubieten, wobei der Ertrag dieser Prüfung eine Zufallsvariable ist, die sich aus der Anzahl der richtig beantworteten Fragen und der daraus abgeleiteten Wahrscheinlichkeit der Beherrschung von 2/3 der Fragen des Fragenkataloges ableitet. Um den Nutzen wie oben definiert zu erhalten, müssen wir diesen um die Kosten dieser Prüfung c reduzieren. Eine andere, attraktivere Möglichkeit wäre, anstelle eines festen Blocks von Prüfungsfragen die Gesamtprüfung derart zu dynamisieren, dass die Anzahl der korrekt zu beantwortenden Fragen in jedem Zeitpunkt dynamisiert als Stoppwert aus der Nutzenfunktion ermittelt wird. Der Nutzen würde sich als Ertrag minus Kosten minus Risikozuschlag ergeben. Der Risikozuschlag begründet sich durch ein vorzeitiges Abbrechen der Prüfung. Er wäre null, wenn alle Fragen des Gesamtkatalogs geprüft werden und erhöht sich entsprechend mit einer kleineren Anzahl beantworteter Fragen. Durch Einführung des Risikozuschlages und der Kosten wird auch das Problem des optimalen Prüfungsausmaßes sinnvoll lösbar.

Auf der anderen Seite können derartige Modelle dazu herangezogen werden, die erwartete Anzahl von positiv beurteilten Absolventen zu steuern. Durch Variation der Stoppgrenze v können wir die Anzahl der Absolventen derart variieren, dass wir ein vorgegebenes Budget in der Erwartung einhalten. Umgekehrt können wir natürlich durch die Ermittlung der Wartezeit, welche gegeben ist durch

$$(5) \quad W(v_\lambda) = 1 / \int_{v_\lambda}^{\infty} f(e) de$$

unter Verwendung von λc anstelle von c in Formel (3) mit variierendem $\lambda > 0$ bei M Prüflingen, die erwartete Anzahl von Studenten, die den Test passieren, feststellen:

$$(6) \quad k_\lambda = \frac{M}{W(v_\lambda)}$$

Wollen wir nun, dass mehr Studenten den Test positiv bestehen, so genügt es, λ zu ändern. Wenn die Kosten ck_λ das Budget überschreiten, genügt es, M zu ändern. In jedem Falle gehen wir optimal im wirtschaftlichen Sinne vor. Eines der ungelösten Probleme ist allerdings noch die Ermittlung der Dichtefunktion des Ertrages $f(e)$. Um $f(e)$ zu ermitteln, müssen wir die Parameter der Verteilung aus den Stichprobenergebnissen schätzen. Dies führt zu einem noch nicht allzu sehr differenzierten Ergebnis, da es zu einem Durchschnitt aus jenen Studenten, die wenig bis gar keine Frage richtig beantworten können, und jenen Studenten, die alle Fragen richtig beantworten, führt.

3 Sequenzielle Methode bei blockweisem Testen

Derartige Methoden wurden mehrfach untersucht (vgl. [MaYa66, Ramd68, Stew81]), jedoch zeigte sich nur der Ansatz von McQueen weiterentwickelbar und praktisch durchrechenbar (vgl. [JaHa85]). Verwenden wir eine feste Anzahl von Prüfungsfragen für einen ersten Test, was aus organisatorischen Gründen häufig notwenig sein wird, so ist es gerade bei Studenten, die beinahe bestanden hätten, naheliegend, ihnen eine zweite Chance mit einer reduzierten Anzahl von gestellten Prüfungsfragen zu geben. Die Lösung in einem derartigen Fall des Stoppens bei 2 oder mehreren Tests, welche nur einen Wahrscheinlichkeitsbezug auf den tatsächlichen Anteil an beantwortbaren Fragen aufweisen, wurde von Janko und Hartmann (vgl. [JaHa85]) angegeben. In der einfachsten Form stellt sich unser Problem wie in **Abbildung 4** dar.

Es können hierbei folgende Fälle eintreten: (1) der Student besteht nach dem ersten Test, (2) der Student besteht nicht nach dem ersten Test, (3) das Wissensniveau des Studenten kann noch nicht zufriedenstellend beurteilt werden und er wird einem zweiten Test unterzogen. Der zweite Test kann durchaus einen anderen Umfang und damit andere Kosten als der erste Test aufweisen. Wir benennen die Kosten des ersten Tests mit c_1 und die des zweiten Tests mit c_2.

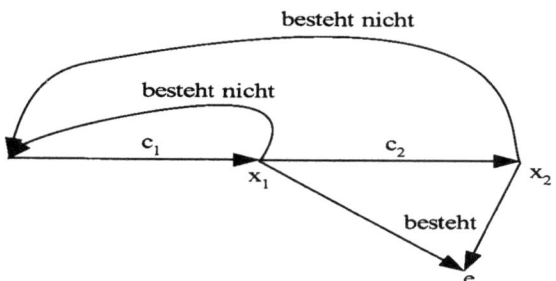

Abbildung 4: Prozessmodell bei zwei sequenziellen Tests

Ein einfaches Beispiel möge dies verdeutlichen: Wir benötigen hierzu eine mehrdimensionale Ertragsfunktion und deren Verteilung, wie sie in **Tabelle 4** angegeben ist. Der Einfachheit halber wurde der multinomiale Fall dargestellt, mit Ausprägungen beider Tests x_1 und x_2 zwischen 1 und 4. Die Kosten der beiden Prüfungen werden mit c_1=0,5 und c_2=0,1 festgesetzt. Das Ergebnis bei diesem einfachen Beispiel ist eine geringe Steigerung der Prüfungseffizienz. Diese kann durch geeignete Wahl der Parameter noch zusätzlich optimiert werden. Für die genauen Berechnungsschritte verweisen wir auf [JaHa85].

Tabelle 4: Wahrscheinlichkeitsfunktion der Ertragsfunktion

x_1, x_2, e	$f(.)$	x_1, x_2, e	$f(.)$	x_1, x_2, e	$f(.)$	x_1, x_2, e	$f(.)$
1,1,1	0,10	2,2,1	0,05	3,2,2	0,05	4,2,4	0,02
1,1,2	0,05	2,2,2	0,15	3,2,3	0,05	4,4,3	0,02
1,2,2	0,04	2,3,2	0,05	3,3,3	0,15	4,4,4	0,10
1,2,3	0,01	2,3,3	0,05	4,2,3	0,06		

Man geht bei diesem Modell nicht davon aus, dass man den wahren Anteil an Fragen, den ein Student beantworten kann, tatsächlich kennt. Benötigt wird allerdings, um dieses Modell zugrunde zu legen, bei k Tests eine $k+1$ dimensionale Verteilung, welche den Zusammenhang zwischen den Erfolgen der einzelnen Tests untereinander und mit dem tatsächlichen Erfolg herstellt. Eine solche Verteilung wird man ebenso nur durch periodisch durchzuführende ausführliche Lernfortschrittskontrollen im Sinne einer Zufallsstichprobe annähernd ermitteln können. Um auch potenzielle Veränderungen solcher Verteilungen über die Zeit berücksichtigen zu können, ist es zweckmäßig, ein Erlernen einer Veränderung vorzusehen. A-priori-Verteilungen über die Parameter einer solchen Verteilung erscheinen nach dem Bayes'schen Ansatz geeignet, ein solches Lernen zu berücksichtigen. Bei konjugierten Familien von Verteilungen (vgl. [Degr70]) ist eine derartige Vorgangsweise am einfachsten zu realisieren. Bezugnehmend auf die Arbeiten von Randolph (vgl. [Rand68]) der optimales Stoppen bei einer Dirichlet-a-priori-Verteilung für die Multinomialverteilung untersucht und feststellt, dass Lernen in solchen Fällen numerisch besonders einfach in Stoppprozessen berücksichtigt werden kann, gehen auch wir von einer multinomialen Verteilung der Testergebnisse aus, die gegebenenfalls über die A-priori-Verteilung zunehmend erlernt werden kann. Bei sich verändernder Verteilung über die Zeit ist allerdings ein Vergessenszeitfenster einzuführen, dessen Größe von einem Vertrauenskoeffizienten abhängt (vgl. [Jank76]).

4   Zusammenfassung

E-Learning erlaubt eine flexiblere Organsiation der Lernfortschrittskontrollen.
Damit wird es möglich, sequenziell stochastische Methoden zur Lernfortschrittskontrolle einzusetzen. Hierdurch· sollte bei gleicher Plausibilität der
Prüfungsaufwand reduzierbar sein. Wir haben versucht, existierende Verfahren
auf ihre Brauchbarkeit zu untersuchen. Sowohl einfach-sequenzielle als auch
blockweis-sequenzielle Verfahren können eingesetzt werden. Für all diese Verfahren ist es allerdings zweckmäßig und vielfach notwendig, positive Lernfort-
schritte mit einem Nutzenmaß zu bewerten. Darüber hinaus benötigt man –
durch empirisch ermittelte Häufigkeiten – geschätzte Wahrscheinlichkeiten.
Eine Veränderung dieser Wahrscheinlichkeiten kann allerdings im Sinne von
Bayes'schem Lernen unter Einführung eines Vergessenszeitfensters bei der
praktisch sehr gut einsetzbaren Multinomialverteilung flexibel fortgeschrieben
werden.

Quellenverzeichnis

[CRS71]
Chow, Y. S.; Robbins, H.; Siegmund, D.: Great Expectations: The Theory of Optimal Stopping. Houghton Mifflin Comp., Boston 1971.

[Degr70]
DeGroot, M. H.: Optimal Statistical Decisions. McGraw Hill, New York 1970.

[Educ04]
Education Provider. http://www.educationprovider.com/, Abruf am 2004-02-01.

[Fers75]
Ferschl, F.: Nutzen- und Entscheidungstheorie. Einführung in die Logik der Entscheidungen. Opladen 1975.

[JaHa85]
Janko, W. H.; Hartmann, J.: Flexible Informationsbeschaffung bei Alternativsuchproblemen. In: Ballwieser, W.; Berger, K.-H. (Hrsg.): Information und Wirtschaftlichkeit. Wiesbaden 1985, S. 199-228.

[Jank76]
Janko, W. H.: Stochastische Modelle in Such- und Sortierprozessen, Forschungsergebnisse aus dem Revisionswesen und der betriebswirtschaftlichen Steuerlehre. Bd. 3. Berlin 1976.

[JPT89]
Janko, W. H.; Pönighaus, R.; Taudes, A.: Der Nutzen von Büroautomation – Eine Fallstudie. In: Angewandte Informatik 10 (1989), S. 436-335.

[MaYa66]
Marschak, T.; Yahav, J. A.: A Sequential Selection of Approaches to a Task. In: Management Science, Series A (1966) 12.

[Mcqu64]
McQueen, J. B.: Optimal Policies for a Class of Search and Evaluation Problems. In: Management Science 10 (1964) 4.

[Rand68]
Randolph, P. H.: Optimal Stopping Rules for Multinomial Observations. In: Metrika 16 (1968).

[Stew81]
Stewart, T. J.: Optimal Selection from a Random Sequence with Observation Errors. In: Naval Research Logistics Quarterly 28 (1981) 3.

Augmented Reality basierte Informationssysteme

Gustav Pomberger, Wolfgang Narzt

Universität Linz
Institut für Wirtschaftsinformatik – Software Engineering
gustav.pomberger@jku.at
Institut für Pervasive Computing
wolfgang.narzt@jku.at

Inhalt

In diesem Beitrag wird die Idee, die Konzeption und die prototypische Realisierung eines ganz speziellen Informationssystems, das Autofahrer und Fußgänger auf völlig neuartige Weise dabei unterstützt, von einem Ausgangsort zu einem Zielort zu gelangen, beschrieben. Dieses Informationssystem zeichnet sich im Sinne der Gestaltungsaufgabe der Wirtschaftsinformatik dadurch aus, dass es gestützt auf neue Technologien ein neues Paradigma zur Informationspräsentation und neue Methoden zur Informationsproduktion bereitstellt.

1   Einleitung

Lutz J. Heinrich schreibt in einem Beitrag über Wirtschaftsinformatik (vgl. [HeSi03; Hein03]) im Informatik-Handbuch [RePo03]: *„Die Wirtschaftsinformatik befasst sich mit Informationssystemen und Informationsinfrastrukturen von Organisationen in Wirtschaft und Verwaltung. Sie versucht, diese Systeme zu erklären (Erklärungsaufgabe) und eine Theorie der Informationssysteme zu entwickeln, um auf der Grundlage dieser Erklärungen Aussagen über ihr Verhalten zu machen (Prognoseaufgabe). Ferner entwickelt sie Methoden, mit deren Hilfe Informationssysteme so konstruiert und verwendet werden können, dass die Erfüllung der Organisationsziele wirksam und wirtschaftlich unterstützt wird (Gestaltungsaufgabe).“* und er definiert Informationssystem als *„Ein Mensch/Aufgabe/Technik-System zum Beschaffen, Herstellen, Bevorraten und Verwenden von Information, kurz: ein System zur Informationsproduktion und Kommunikation für die Deckung von Informationsnachfrage."*

In diesem Beitrag wenden wir uns der Gestaltungsaufgabe der Wirtschaftsinformatik zu, und wir beschreiben die Idee, die Konzeption und die prototypische Realisierung eines ganz speziellen Informationssystems, das Autofahrer und Fußgänger auf völlig neuartige Weise dabei unterstützt, von einem Ausgangsort zu einem Zielort zu gelangen. Dieses Informationssystem entspricht nicht nur exakt der Heinrichschen Definition des Informationssystem-Begriffs, sondern zeichnet sich im Sinne der Gestaltungsaufgabe der Wirtschaftsinformatik auch dadurch aus, dass es gestützt auf neue Technologien ein neues Paradigma zur Informationspräsentation und neue Methoden zur Informationsproduktion bereitstellt.

2   Herkömmliche Informationsdarstellung in Navigations-Informationssystemen

Navigations-Informationssysteme oder kurz gesagt Navigationssysteme, deren Verbreitung stark zunimmt, bieten ihren Benutzern unterschiedliche Arten der Informationsdarstellung. Am häufigsten wird ein (flacher) Pfeil verwendet, der die aktuelle Fahrtrichtung und bevorstehende Manöver an Kreuzungspunkten anzeigt. Ergänzt wird diese Richtungsdarstellung meist durch eine sich dynamisch verändernde Entfernungsangabe zum nächsten Manöverpunkt (Abbildung 1, linkes Bild) und durch akustische Anweisungen. Alternativ dazu verwendet man nach dem aktuellen Stand der Technik auch Kartendarstellungen, in der die aktuelle Position und Orientierung des Fahrzeugs und die zu fahrende Route eingezeichnet sind (Abbildung 1, rechtes Bild).

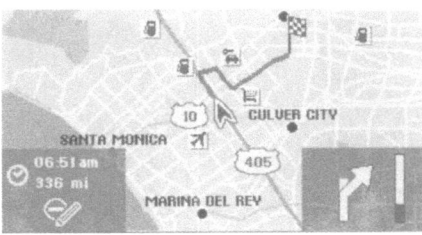

Abbildung 1: Herkömmliche Visualisierungstechniken für Navigationsinformationen

Die gezeigten Visualisierungstechniken haben einen gravierenden Schwachpunkt: Sie erfordern vom Benutzer die Fähigkeit zur Abstraktion, die grafische Metapher auf dem Navigationsdisplay in die reale Umgebung zu übersetzen. Auch wenn das Navigationssystem einen Pfeil zeigt, der nach links weist und zusätzlich eine Stimme den Fahrer anweist, in 100 Metern nach links abzubiegen, bleibt für den Fahrer immer noch das Problem abzuschätzen, welche Distanz 100 Meter tatsächlich ausmachen. Bei der Kartendarstellung aus der Vogelperspektive ist dieses Interpretationsproblem noch gravierender: Der Fahrer muss innerhalb kürzester Zeit (in der er den Blick von der Straße abwenden und auf das Navigationsdisplay richten kann) eine Unzahl an Informationen verarbeiten und umsetzen.

Die Beispiele zeigen, dass herkömmliche Visualisierungsverfahren nicht in vollem Umfang zufriedenstellend sind und dass sie keine natürliche und sichere Schnittstelle zwischen Mensch und Maschine repräsentieren.

3 Ein neuartiges Informationspräsentations-Paradigma

Wir fordern von einem modernen Navigationssystem, dass es dem Fahrer die zur Navigation notwendigen Informationen schnell und leicht verständlich zur Verfügung stellt. Um den Forderungen nach einer adäquaten, den Bedürfnissen des Fahrers und der Verkehrssicherheit entsprechenden Visualisierungskomponente gerecht zu werden, schlagen wir ein Verfahren vor, das digitale Navigationsinformationen auf einem durchsichtigen Display mit den Objekten der realen Welt scheinbar vermischt. Die Windschutzscheibe eines Fahrzeugs kann als ein solches Display dienen, und die Navigationsinformation kann in Form eines färbigen, semitransparenten Pfades über das unmittelbar vor dem Fahrzeug liegende Straßenbild der Realität gelegt werden.

Abbildung 2: Transparent gefärbter Straßenzug als Navigationsinformation

Betrachtet man die Bilder in Abbildung 2, werden die Vorteile dieser Informationsdarstellung schnell erkennbar: Ein virtuell (durchscheinend) eingefärbter Straßenzug, der die zu fahrende Route markiert, erfordert vom Fahrer keinerlei Abstraktionsfähigkeit und erleichtert das Verstehen der Navigationsinformation erheblich. Er lässt Unklarheiten bei Abbiegemanövern mit zwei unmittelbar hintereinander liegenden Kreuzungen erst gar nicht entstehen (Abbildung 2, linkes Bild); und er ermöglicht es dem Fahrer, Kreuzungen zu erkennen, die nicht im Blickfeld des Fahrers liegen, weil sie durch vorausfahrende Fahrzeuge, Straßenkuppen oder Baustellen verdeckt sind (Abbildung 2, rechtes Bild).

Abbildung 3: Intuitive und sichere Navigation

Das (lästige und fehlerträchtige) Mitzählen der Ausfahrten in Kreisverkehren – entsprechend den akustischen Anweisungen des Navigationssystems (zum Beispiel: „Nehmen Sie die zweite Ausfahrt") – entfällt (Abbildung 3, linkes Bild). Der wohl größte Vorteil aber liegt darin, dass der Fahrer zu jeder Zeit, neben der natürlichen Art der Darstellung der Navigationsinformation, das gesamte Verkehrsgeschehen im Blickfeld hat (Abbildung 3, rechtes Bild). Er ist nicht mehr mit der Interpretation der Datenflut auf dem Navigationsdisplay belastet und auch nicht mehr vom Verkehrsgeschehen abgelenkt. Dieses neue Informationsparadigma ist selbsterklärend, intuitiv verständlich, verlangt vom Fahrer kein besonderes Abstraktionsvermögen und schränkt ihn in seiner Wahrnehmung der aktuellen Verkehrssituation nicht ein. Die Gebrauchstauglichkeit (Usability) und Sicherheit von Navigationssystemen kann damit signifikant verbessert werden.

4 Lösungsansatz

Heute verfügbare Head-Up Displays, welche die Windschutzscheibe zur Projektion ausgewählter Daten verwenden, sind leider noch nicht in der Lage, die gesamte Fläche der Scheibe zu nutzen. Daher verwenden wir für die prototypische Realisierung unserer Idee das herkömmliche Navigationsdisplay, auf dem wir ein Live-Bild der vor dem Fahrzeug liegenden Straße, das von einer Video-Kamera aufgenommen wird, einblenden. Die semitransparente Route wird als generiertes Bild über das Live-Video-Bild gelegt. Der Ansatz zur technischen Realisierung des vorgestellten Informationsparadigmas ist also Augmented Reality, was sich auch im Namen des neuen Navigationssystems ausdrückt: INSTAR – Information and Navigation System Through Augmented Reality.

Die Idee, den der zu fahrenden Route entsprechenden Straßenzug auf dem Kamerabild einzufärben, legt die Vermutung nahe, dass es erforderlich ist, den Straßenzug im Live-Bild mittels Bildanalyseverfahren genau erkennen und extrahieren zu können, um ihn schließlich kontinuierlich einzufärben. Die dazu erforderlichen Algorithmen sind allerdings zu komplex und unausgereift, um im Straßengewirr einer Großstadt, beziehungsweise bei Wetter- und Tageszeit bedingt unterschiedlichen Sichtbedingungen verwertbare Ergebnisse in der verfügbaren Rechenzeit zu erzielen.

INSTAR verfolgt daher einen anderen Ansatz: Es verwendet lediglich die Daten, die ein herkömmliches Navigationssystem zur Verfügung stellt und berechnet daraus ein dreidimensionales Modell des zu fahrenden Straßenzuges so wie er aus der Fahrerperspektive aussehen würde. Das System benötigt dazu die aktuelle GPS-Position und Orientierung des Fahrzeugs, die berechnete Route und die Topographie der umgebenden Landschaft. Das Kamera-Bild des Live-Videos wird mit dem (aus dem berechneten virtuellen 3D-Straßenmodell) generierten transparenten Bild des Straßenzuges überlagert (siehe Abbildung 4).

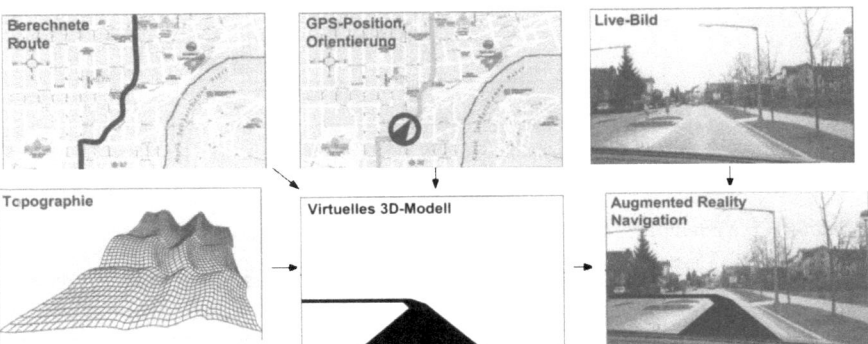

Abbildung 4: Lösungsansatz zur Ermittlung des AR-Pfades

5   Systemarchitektur

Um die Daten des Navigationssystems empfangen zu können, muss die IN-STAR Software eine Reihe von Schnittstellen implementieren (siehe Abbildung 5): Die meisten Navigationssysteme sind mit einem GPS-Empfänger ausgestattet, bieten jedoch häufig zusätzliche Sensoren zur Positionsbestimmung an, wie zum Beispiel Radumdrehungssensoren, um die Position auch dann annähernd bestimmen zu können, wenn kein GPS-Signal verfügbar ist (zum Beispiel in Hochhausgegenden oder Tunnels). Auch andere Drahtlos-Technologien zur Positionsermittlung, wie Indoor Tracking Systeme (ITS), finden in der Softwarearchitektur Berücksichtigung.

Die Orientierung des Fahrzeugs entstammt üblicherweise auch dem GPS-Signal, soll aber mit jeder beliebigen Technologie ermittelt werden können (Kompass, Gyrometer). Deshalb muss die Schnittstelle für die Orientierungsdaten ebenso generisch gestaltet sein wie jene für die Positionsdaten. Über eine weitere Schnittstelle wird die vom Navigationssystem berechnete Route zum INSTAR Kernel übertragen, der aus den nun verfügbaren Daten ein 3D-Bild der zu fahrenden Strecke errechnen kann. Dieses Bild wird schließlich über das Live-Bild der Kamera gelegt, dessen Signal über die Videoschnittstelle eingelesen wird.

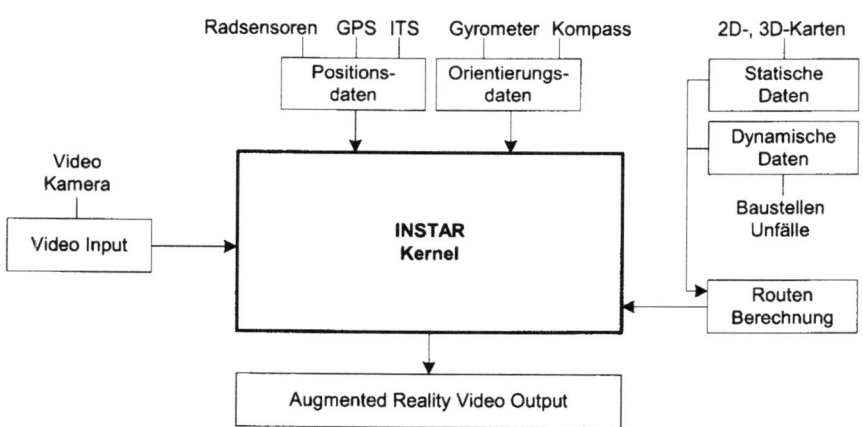

Abbildung 5: Systemüberblick und Schnittstellen

Abbildung 4 skizziert die Berechnung des dreidimensionalen Pfades nur ansatzweise. Tatsächlich erfordert diese Berechnung komplexe mathematische Verfahren: Die berechnete Route wird vom Navigationssystem in Form einer Punktesequenz im 3D-Raum geliefert. Man unterscheidet zwischen Shapepunkten, die den Verlauf einer Straße definieren, und Manöverpunkten, die auszuführende Aktionen an Kreuzungspunkten kennzeichnen (Abbildung 6, linkes Bild). Diese Punkte werden zum Beispiel mit kubischen Splines oder Nurbs verbunden und ergeben so das gewünschte dreidimensionale Modell der zu fahrenden Strecke (Abbildung 6, rechtes Bild). Die topographischen Daten kommen also nicht direkt vom Navigationssystem (so wie in Abbildung 4 gezeigt), sondern fließen indirekt über die Punktesequenz in die Berechnung mit ein.

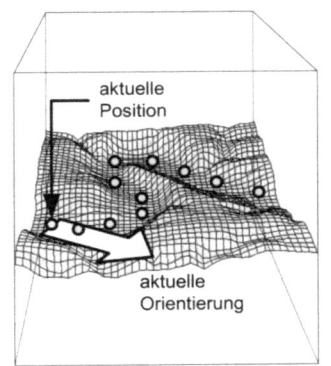 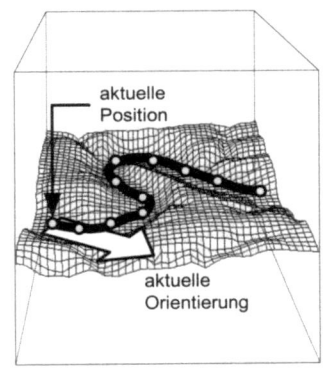

Abbildung 6: Die virtuelle Route ist ein 3D-Spline

Der Spline wird relativ zu einem fiktiven Ursprung in einem virtuellen Raum gebildet und muss unter Berücksichtigung der aktuellen Position und Orientierung mit entsprechenden Matrizenberechnungen so rotiert, verschoben und skaliert werden, dass er für den Betrachter so aussieht, als wäre er ein färbiges Stück der vor ihm liegenden Straße (siehe Abbildung 7).

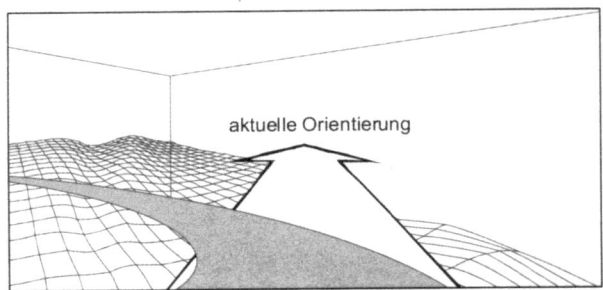

Abbildung 7: Die Route aus der Fahrerperspektive

Der berechnete Pfad wird in einer geeigneten Datenstruktur, einem Szenegraphen, im INSTAR Kernel gespeichert. Ein Szenegraph ist eine hierarchisch aufgebaute Baumstruktur, die in ihren Blättern elementare, geographische Formen speichert und diese in übergeordneten Knoten zu komplexeren Objekten

zusammenfasst. Darüber hinaus enthält ein Szenegraph auch Transformations-
knoten und kann dadurch untergeordnete Knoten beliebig in gedrehter, ver-
schobener oder skalierter Form speichern. Szenegraphen sind plattformunab-
hängig und werden von vielen gängigen Grafikbibliotheken zum Zeichnen
verwendet (vgl. [MüCo03]); dies war ausschlaggebend dafür, dass wir auch im
INSTAR Projekt darauf zurückgegriffen haben (siehe Abbildung 8).

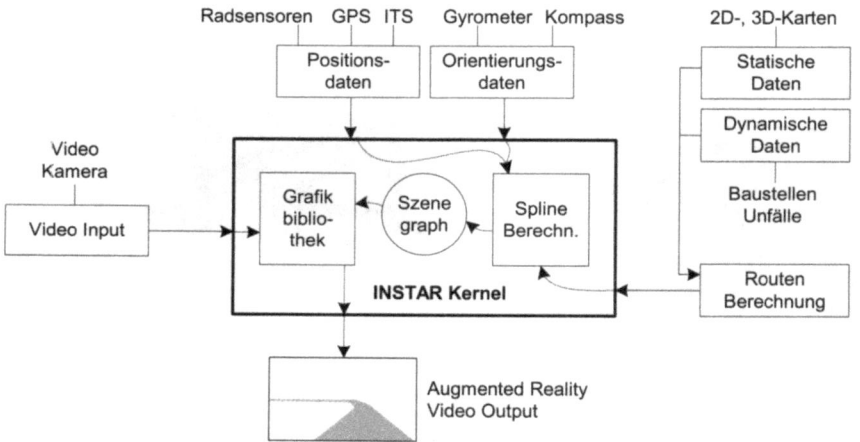

Abbildung 8: Generische Datenhaltung in einem Szenegraph

Diese Softwarearchitektur ermöglicht es dem Benutzer, die Endgeräte, auf denen die AR-Information dargestellt wird, beliebig auszutauschen. Da der Szenegraph von verschiedenen Renderern traversiert werden kann, besteht die
Möglichkeit, die transparente Route sowohl auf Notebooks, als auch auf PDAs
und auf herkömmlichen Navigationsdisplays zu visualisieren. Darüber hinaus
ist das System in der Lage, unterschiedliche Positionsdaten zu verarbeiten. Diese Eigenschaft erlaubt es dem Benutzer schließlich, das Navigationssystem aus
dem Fahrzeug herauszunehmen und als Personennavigationssystem zu verwenden (vgl. [NaPo03]).

6   Ergebnisse

Die prototypische Realisierung dieser neuen Art von Informationssystemen
erfolgte im Rahmen eines Kooperationsprojekts zwischen der Universität Linz
(Institut für Wirtschaftsinformatik – Software Engineering, Institut für Praktische Informatik), Siemens Corporate Technology in München und dem Ars
Electronica Futurelab in Linz. Die Software wurde in C++ für die Betriebssys-
teme Windows 2000/XP/CE entwickelt; als Grafikrenderer kamen OpenGL

bzw. PocketGL zum Einsatz, und für das Live-Bild der Straße montierten wir eine Firewire-Kamera hinter den Rückspiegel unseres Testfahrzeugs.

In der Anfangsphase des Projekts kam eine selbst entwickelte Simulationsumgebung zum Einsatz, mit der man bereits gefahrene Routen wiederholt und beliebig oft nachstellen konnte. Die dazu nötigen Daten (Position, Orientierung, usw.) und ein synchrones Video wurden zuvor aufgezeichnet. Abbildung 9 zeigt links ein OpenGL-Fenster mit einem semitransparenten Pfad, der über dem Video eingeblendet wurde, und rechts die Simulationsumgebung mit eingezeichneten Shape- und Manöverpunkten und der bereits gefahrenen Route.

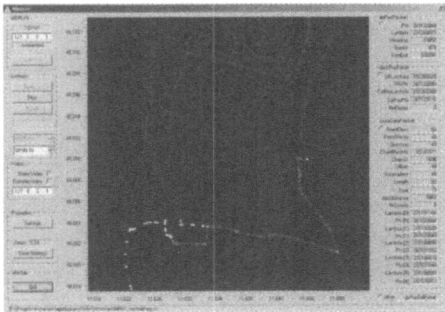

Abbildung 9: Simulationsumgebung

Nachdem der simulationsgestützte Entwicklungsprozess abgeschlossen war, wurde das INSTAR System in einem Fahrzeug installiert. Zur Berechnung des AR-Bildes musste zunächst noch ein Notebook im Testfahrzeug vorhanden sein, das seine Daten allerdings bereits direkt vom Navigationssystem des Fahrzeugs bezog. Schließlich konnte im März 2002 zum ersten Mal das neue Navigationssystem in der realen Welt erprobt und Erfahrungen mit dem neuen Visualisierungsparadigma gesammelt werden (Abbildung 10, linkes Bild).

Abbildung 10: Augmented Reality Displays im Fahrzeug

Das rechte Bild aus Abbildung 10 zeigt das INSTAR System auf einem PDA. Bereits durch prototypische Implementierung der Softwarearchitektur konnte bewiesen werden, dass die Endgeräte zur Visualisierung der AR-Information beliebig austauschbar sind.

7   Ausblick und geplante Weiterentwicklungen

Die Qualität der Visualisierung kann selbstverständlich noch weiter verbessert werden. Je natürlicher und intuitiver die Navigationsinformation vom Benutzer wahrgenommen werden kann, umso mehr Akzeptanz wird dieses neue Informationssystemparadigma erlangen und umso sicherer ist der Fahrzeuglenker im Straßenverkehr unterwegs.

Betrachten wir also die natürlichste Art, einen ortsunkundigen Lenker an ein Ziel zu lotsen: Er folgt jemandem, der den Weg kennt. Diese Tatsache führte uns zur Überlegung, ein virtuelles Follow-Me-Fahrzeug in einem angemessenen Abstand vor dem eigenen Fahrzeug einzublenden. Das virtuelle Follow-Me-Fahrzeug kann dem Fahrer erforderliche Brems- und Abbiegemanöver auf gewohnte Weise anzeigen (Aufleuchten der Bremslichter, Blinken) und – wenn das Navigationssystem mit einem Verkehrsleitsystem verbunden ist – durch eine Beschleunigung dem Fahrer signalisieren, dass zur Stauvermeidung eine Geschwindigkeitsänderung angebracht wäre (Abbildung 11, linkes Bild). Mit dieser Metapher kann noch ein weiterer Beitrag zur Erhöhung der Verkehrssicherheit geleistet werden, weil das Follow-Me–Fahrzeug vor Kreuzungen und engen Kurven bremst. Diese Informationen können konventionelle Navigationssysteme (aber auch die Augmented Reality Pfaddarstellung) nicht ausdrücken.

Abbildung 11: Alternative Visualisierungstechniken

In Zukunft soll die AR-Information nicht mehr auf einem kleinen Navigationsdisplay dargestellt, sondern (wie im rechten Bild aus Abbildung 11 gezeigt) direkt in die Windschutzscheibe des Fahrzeugs eingeblendet werden. Um allerdings nicht ständig den virtuellen Routenverlauf im Sichtfeld zu haben, soll dieser erst auf Verlangen, zum Beispiel durch einen Knopfdruck am Lenkrad, sichtbar gemacht werden.

Zukünftige Versionen könnten mit orts- und kontextsensitiven Informationen angereichert werden. Im Zusammenspiel mit externen Sensoren oder Smart Devices (vgl. [BeGe03]) könnten ausgewählte Objekte entlang der Route markiert und angezeigt werden. Das linke Bild aus Abbildung 12 zeigt ein Szenario, in dem aufgrund der Messung des aktuellen Tankinhalts (bei Unterschreitung einer Untergrenze) Tankstellen an der Route im Bild markiert werden und so der Fahrer aufmerksam gemacht wird. In Verbindung mit Drahtloskommunikationseinrichtungen und anderen Werkzeugen aus dem Bereich des Pervasive Computing (vgl. [DaGe02]) ist es sogar denkbar, weitere Informationen wie zum Beispiel den aktuellen Literpreis der gerade ins Blickfeld rückenden Tankstelle anzuzeigen.

Abbildung 12: Orts- und kontextsensitive Erweiterungen

Die Erweiterung um orts- und kontextbezogene Komponenten erschließt eine Fülle weiterer Anwendungen. Generell sind alle Objekte, die durch eine Position, einen Namen und ein Profil charakterisiert werden können, als virtuelle Annotationen von realen Situationen geeignet. Die vielfältige Palette reicht von Touristeninformationssystemen über Sicherheitssysteme bis hin zu Abenteuer-Spielen für Kinder und Jugendliche. Das rechte Bild aus Abbildung 12 zeigt ein Beispiel, in dem ein digitales Post-It Informationen für den Privatbedarf liefert.

8 Andere Ansätze

Immer mehr Forschungseinrichtungen, die sich mit Augmented Reality auseinander setzen, beschäftigen sich mit der Konzeption einfach verständlicher Informationsschnittstellen zwischen Mensch und Maschine. Das MARS Projekt (Mobile Augmented Reality System), vgl. dazu [HöFe99a; HöFe99b; HöFe01], ist ein Beispiel für die Entwicklung eines AR-basierten Informationssystems, bei dem der Benutzer (ausgestattet mit einem Head-Mounted-Display) innerhalb eines begrenzten Areals durch ortsgebundene, virtuelle Texte geleitet wird. Der zusätzlich notwendige Rucksack mit GPS-Empfänger und Computer beeinträchtigt jedoch die Bewegungsfreiheit des Benutzers, und auch das Head-Mounted-Display erscheint uns für eine natürliche Interaktion ungeeignet.

Eine Forschungseinrichtung der Universität Graz beschäftigt sich mit hybriden Positionierungstechniken für AR-Systeme (vgl. [RiLa02]). Zur Positionsbestimmung werden sowohl herkömmliche Positionsgeber als auch Bildanalyseverfahren herangezogen, und es wird versucht, durch deren Kombination die Genauigkeit der Positionierung zu verbessern. Augmented Reality scheint dabei nur eine untergeordnete Rolle zu spielen. Es ist eher Mittel zum Zweck, die Ergebnisse der hybriden Messtechniken zu visualisieren.

Das Thema Augmented Reality als Interaktionsschnittstelle zwischen Mensch und Maschine ist Schwerpunkt vieler Forschungsprojekte; Berichte dazu finden sich u.a. in [Azum99; BaKr01; ChDa00; FeTu01; JiNe01; Sato01].

9 Zusammenfassung

Die technischen und die ökonomischen Potenziale von Augmented Reality basierten Informationssystemen im Allgemeinen und des hier vorgestellten Informations- und Navigationssystems im Besonderen werden als hoch eingeschätzt. Das Paradigma zur Visualisierung von Navigationsinformation und zur Verbesserung der Mensch-Maschine-Kommunikation im Navigationsbereich wurde daher zum Patent angemeldet. Das Konzept ist einfach, verständlich und trägt zur Sicherheit im Straßenverkehr bei, weil der Fahrer zu jeder Zeit die Verkehrssituation beobachten kann, auch wenn er gerade auf das Navigationsdisplay blickt.

Die entwickelte Softwarearchitektur enthält generische Ansätze für Informationsvisualisierung, die es ermöglichen, die Grafikrenderer und damit die Endgeräte beliebig auszutauschen. Tests und prototypische Implementierungen haben sowohl die Umsetzbarkeit als auch den Nutzen dieses Konzept nachgewiesen.

Der Ausblick und die Überlegungen zur Weiterentwicklung von INSTAR zeigen, dass die Anwendungsmöglichkeiten noch bei weitem nicht ausgeschöpft sind.

Quellenverzeichnis

[Azum99]

Azuma, R. T. et al.: Tracking in Unprepared Environments for Augmented Reality Systems. In: Computers and Graphic 23 (1999) 6, S. 787-793.

[BaKr01]

Baus, J.; Kray, C.; Kruger, A.; Wahlster, W.: A Resource-Adaptive Mobile Navigation System. In: Proceedings of the International Workshop on IPNMD. Verona, Italy 2001.

[BeGe03]

Beigl, M.; Gellersen, H.-W.: Smart-Its: An embedded platform for Smart Objects. In: Smart Objects Conference. Grenoble, France 2003.

[ChDa00]

Cheverst, K.; Davies, N.; Mitchell, K.; Friday, A.; Efstratiou, C.: Developing a Context-Aware Electronic Tourist Guide: Some Issues and Experiences. In: Proceedings of CHI. Netherlands 2000.

[DaGe02]

Davies, N.; Gellersen, H.-W.: Beyond Prototype: Challenges in Deploying Ubiquitous Systems. In: IEEE Pervasive Computing 1 (2002), S. 26-35.

[FeTu01]

Ferrari, V.; Tuytelaars, T.; Van Gool, L.: Markerless Augmented Reality with A Real-Time Affine Region Tracker. In: Proceedings of the IEEE and ACM Int'l Symposium on Augmented Reality, vol. I, Los Alamitos, Kalifornien 2001, S. 87-96.

[HeSi03]

Heinrich, L. J.; Sinz, E.J.: Wirtschaftsinformatik. In: *Rechenberg, P.; Pomberger, G.:* Informatik-Handbuch, 3.A., München/Wien 2002, S. 1037.

[Hein03]

Heinrich, L. J.: Grundlagen der Wirtschaftsinformatik. In: *Rechenberg, P.; Pomberger, G.:* Informatik-Handbuch, 3.A., München/Wien 2002, S. 1041.

[HöFe99a]

Höllerer, T.; Feiner, S.; Pavlik, J.: Situated Documentaries: Embedding Multimedia Presentations in the Real World. In: IEEE Proceedings of ISWC '99 (International Symposium on Wearable Computers), San Francisco, Kalifornien 1999, S. 79-86.

[HöFe99b]

Höllerer, T.; Feiner, S.; Terauchi, T.; Rashid, G.; Hallaway, D.: Exploring MARS: Developing Indoor and Outdoor User Inter-faces to a Mobile Augmented Reality System. In: Computer and Graphics 23 (1999) 6.

[HöFe01]

Höllerer, T.; Feiner, S.; Hallaway, D.; Bell, B.: User Interface Management Techniques for Collaborative Mobile Augmented Reality. In: Computers and Graphics 25 (2001) 5, S. 799-810.

[JiNe01]
Jiang, B.; Neumann, U.: Extendible Tracking by Line Auto-calibration. In: Proceedings of the IEEE and ACM Int'l Symposium on Augmented Reality, Los Alamitos, Kalifornien 2001, S. 97-103.

[MüCo03]
Müller, A.; Conrad, S.; Kruijff, E.: Multifaceted Interaction with a Virtual Engineering Environment Using a Scenegraph-Oriented Approach. In: Proceedings of the 11th International Conference in Central Europe on Computer Graphics, Visualization and Computer Vision. Czech Republic 2003.

[NaPo03]
Narzt, W.; Pomberger, G.; Ferscha, A.; Kolb, D.; Müller, R.; Wieghardt, J.; Hörtner, H.; Lindinger, C.: Pervasive Information Acquisition for Mobile AR-Navigation Systems. In: 5th IEEE Workshop on Mobile Computing Systems & Applications. Monterey, Kalifornien 2003.

[RiLa02]
Ribo, M.; Lang, P.; Ganster, H.; Brandner, M.; Stock, C.; Pinz, A.: Hybrid Tracking for Outdoor Augmented Reality Applications. In: IEEE Computer Graphics and Applications, 2002.

[RePo03]
Rechenberg, P.; Pomberger, G.: Informatik-Handbuch, 3.A., München/Wien 2002.

[Sato01]
Satoh, K. et al.: A Hybrid Registration Method for Outdoor Augmented Reality. In: Proceedings of the Int'l Symposium on Augmented Reality, Los Alamitos, Kalifornien 2001, S. 67-76.

Top-Management und Informationstechnologie: Ein Verhältnis mit Unbehagen? Beobachtungen und ein Plädoyer

Hermann Sikora

RACON Software GmbH
GRZ IT Center Linz GmbH
LOGIS IT Service GmbH
sikora@grz.at

Inhalt

Der Beitrag behandelt die Fragestellung des Verhältnisses zwischen der inneren Einstellung von Top-Führungskräften gegenüber der Informationstechnologie (IT) und der Positionierung der IT im Unternehmen. Ausgehend von einer Schilderung der Themenstellung definiert der Beitrag eine Manager-Typologie, mit der Einstellungs- und Handlungsmuster gegenüber der IT exemplarisch beschrieben und interpretiert werden. In einem Konflikt-Portfolio wird modellhaft dargestellt, welches Konflikt- und Risikopotenzial im Führungsalltag bestehen kann, wenn die innere Einstellung gegenüber der IT nicht verträglich ist mit der Positionierung der IT im Unternehmen, unabhängig davon, ob diese Positionierung Ergebnis eines expliziten strategischen Prozesses oder einer impliziten evolutionären Entwicklung ist. Die Kenntnis dieser Einstellungen und deren Konsequenzen kann bei der Bewältigung von Aufgaben der Personalauswahl des IT-Managements, bei Assessments und Audits sowie bei der Gestaltung von Strategie- und Kulturwechsel-Prozessen von großer Bedeutung sein.

1   Motivation und Zielsetzung

Die strategische Positionierung der IT in Unternehmen und deren operative
Umsetzung im Rahmen des IT-Managements haben bedeutenden Einfluss auf
den Unternehmenserfolg, insbesondere dann, wenn die IT eine unmittelbare
Basis für die Effizienz und Effektivität der unternehmerischen Wertschöpfungsprozesse hat. Die nachhaltige Etablierung des Information Managements
und des Information Engineerings sowohl in Wissenschaft als auch Praxis ist
ein Beleg für diese Schlüsselrolle der IT.

Diese große Bedeutung brachte der IT aber nicht nur Sympathien ein. Insbesondere auf der Ebene des Top-Managements sind immer wieder mehr oder
weniger explizit artikulierte Vorbehalte festzustellen, die ihre Ursache zumeist
in einem Unbehagen haben, das aus einem indifferenten „Gefühl des Ausgelie-
fertseins" entsteht.

Forschungsbefunde, die sich mit dem Thema von Einstellungs- und Hand-
lungsmustern von Managern gegenüber der IT beschäftigen, sind selten. Fachlich verwandte Veröffentlichungen und Studien beschäftigen sich schwer-
punktmäßig mit den Themen *Senior Management Involvement*, *Risk
Management* und *Process Modelling* als kritische Erfolgsfaktoren im Zusammenhang mit dem Management von Software-Projekten und -Produkten (z.B.
[Boeh89; Boeh91; BoGr01; CoEd01; SEI-03]).

Ziel dieses Beitrags ist die Entwicklung einer Manager-Typologie und die
Modellierung eines Frameworks in Form eines Portfolios, mit dem diese Typologie mögliche Positionierungen der IT in Unternehmen gegenüberstellt werden kann und damit Konfliktpotenziale identifiziert werden können.

Der Nutzen dieses Frameworks/Portfolios besteht in erster Linie in der Be-
wusstmachung dieses bislang noch wenig beachteten Themas an sich und der
Anwendung bei (Self-)Assessments und Audits, im Rahmen der Personalent-
wicklung und -auswahl, des Team Buildings, der Konfliktbewältigung, des Risk
Managements sowie bei Strategie- und Kulturwechsel-Prozessen. Darüber hinaus kann es als Basis für weitere Forschungsarbeiten, insbesondere empirische
Studien, dienen. Der Untertitel *„Beobachtungen und ein Plädoyer"* bringt zum
Ausdruck, dass die im Beitrag getroffenen Feststellungen, erwähnten Beispiele
und die Modellierung auf der mehr als 10jährigen Erfahrung des Autors als
Führungskraft und Dienstleister basieren. Der Anspruch einer empirischen Stu-
die wird nicht erhoben.

2   Unbehagen in Führungsetagen gegenüber der IT

Zu Beginn des PC-Computings in den 1980er Jahren hatten Topmanager oftmals bereits Personal Computer (PCs) auf ihren Schreibtischen – in vielen Fällen jedoch mehr als Statussymbol der Modernität denn als Werkzeug der Produktivität. Als die PCs die Bürowelt flächig erobert hatten, ließen sich „echte"
Topmanager gerne daran erkennen, dass sich *keine* PCs (mehr) auf ihren

Schreibtischen fanden. Im Zeitalter des World Wide Web fanden PCs mit Internet-Zugang rasch wieder den Weg auf die Schreibtische der Topmanager zurück.

Unabhängig von diesen „Aussagen durch Verhalten" stehen viele Topmanager (Geschäftsführer/Vorstände, Aufsichts-/Verwaltungsräte) in ihrer täglichen Führungsarbeit der IT scheinbar „grundsätzlich skeptisch" gegenüber, ohne die Gründe für die Skepsis konkret begründen zu können. Die moderne IT erzeugt bei vielen Managern ein Gefühl des Unbehagens, wenn nicht sogar der (unausgesprochenen) inneren Ablehnung. Die IT wird oft als „notwendiges Übel" und nicht als strategische Disziplin oder taktisches Werkzeug empfunden. Dass diese Skepsis operativ nicht umgesetzt werden kann, ist klar – zu sehr sind Unternehmen heute von der IT abhängig, was das Gefühl des Unbehagens nicht mindert.

Das oftmals zu beobachtende Fehlen explizit formulierter IT-Strategien als integraler Bestandteil von Unternehmensstrategien lässt Schlüsse über die Positionierung des Themas IT im Unternehmen zu, da die Ausarbeitung von Strategien Aufgabe der Führungsebene ist. [HePo99] haben sich ausführlich mit dem Thema „Entwickeln von Informatik-Strategien" und den möglichen Gründen für das Fehlen expliziter IT-Strategien beschäftigt. Der gegenständliche Beitrag beschäftigt sich mit jener Facette des übergeordneten Themas „IT-Management", die bei der Bestellung von Top-Führungskräften, insbesondere von IT-Vorständen, oftmals ausser Acht gelassen wird oder nur am Rande Beachtung findet: Das mögliche Konfliktpotenzial, das entsteht, wenn die innere Einstellung der Führungskraft gegenüber der IT nicht verträglich ist mit der Positionierung der IT im Unternehmen, unabhängig davon, ob diese Positionierung Ergebnis eines expliziten strategischen Prozesses oder einer impliziten evolutionären Entwicklung ist. Die Kenntnis dieser Einstellungen kann aber bei der Bewältigung von Aufgaben des IT-Managements von grossem Nutzen sein, wenn es z.B. um die Ausarbeitung einer IT-Strategie, die Identifikation von Aufgaben des IT-Managements oder die Bestellung von IT-Personal geht.

Zu Beginn des 21. Jahrhunderts haben erstmals Vertreter der mit Computer und (Unterhaltungs-) Elektronik aufgewachsenen „Generation X" (vgl. [Coup92]) massiven und weltweiten Einfluss auf die Zukunft der IT, indem sie in den Führungsebenen von IT-Unternehmen prominente Aufgaben und Rollen übernehmen. Wie werden Vertreter dieser Generation in Bezug auf die IT in den Führungsebenen von *Nicht*-IT-Unternehmen, also den IT-Konsumenten, wirken? Ist es überhaupt (ausschliesslich) eine Generationenfrage oder (auch) eine Frage „des Typs", also der inneren Einstellung?

2.1   IT als Vertrauensfrage

Nach wie vor gibt es nur wenige Informatiker oder Wirtschaftsinformatiker in Top-Führungspositionen, obwohl mit der „Internet-Revolution" die bedeutendste Umwälzung der IT der letzten Jahrzehnte stattfindet, die auf viele Unternehmen bedeutenden Einfluss hat und haben wird. Wer besetzt die Führungspositionen? Es sind die Eigentümer(vertreter) bzw. Aufsichts-/Verwaltungsräte, die von ihrem Werdegang her in der Regel keine inhaltliche Beziehung zur Informatik aufweisen. Dies ist nicht als Vorwurf zu werten, sondern als Gegebenheit der wirtschaftsgeschichtlichen Entwicklung zu analysieren. Selbst bei grossen Unternehmen ist nach wie vor zu beobachten, dass es keinen eigenständigen und damit strategisch definierten IT-Vorstandsbereich gibt, auch wenn immer öfter die Position eines „Chief Information Officers" (CIO) geschaffen wird (vgl. [Ecka97]). Die Informatik wird stattdessen einem anderen Bereich „angehängt", beispielsweise dem Rechnungswesen oder der Organisation.

Aus der Sicht vieler Führungskräfte hat sich die IT nicht „vertrauenseinflössend" entwickelt, auch wenn gleichzeitig die Möglichkeiten und Potenziale der IT gesehen werden. Von Führungskräften genannte Gründe für deren Unsicherheit in der Einschätzung der IT sind beispielsweise:

⇒ *Unberechenbarkeit:*
  Die Schnelligkeit der technischen Entwicklung ist so rasant, dass selbst Fachleute immer wieder überrascht werden. Nicht-Fachleute haben keine Chance, selbständig ein Nutzenurteil für den eigenen, spezifischen Einsatzbereich zu fällen, was ein tendenziell negatives Gefühl der Unberechenbarkeit entstehen lässt.

⇒ *Enttäuschte Erwartungshaltungen:*
  IT kann oftmals die in sie gesetzten Erwartungshaltungen nicht oder nur teilweise erfüllen: Informatik-Systeme sind in der Regel sehr komplex, schwierig und aufwändig zu entwickeln, mühsam einzuführen und zu pflegen. Natürlich gibt es dafür nachvollziehbare Gründe, aber es ist verständlich, wenn der erzielte Return on Investment als zu niedrig eingestuft wird – sofern überhaupt ein direkter, messbarer Zusammenhang erkannt wird. IT-Diagnoseverfahren können als erster Schritt im Rahmen der Etablierung eines strategischen IT-Controllings eingeführt werden (vgl. [HePo01; HeHä97; HäHe97; Thor03]).

⇒ *Inhomogener Arbeitsmarkt:*
  Wenn auch mit stark abnehmender Tendenz sind nach wie vor nicht wenige IT-Arbeitnehmer fachliche Quereinsteiger oder Autodidakten, die zwar durchaus gute Arbeit leisten, aber auch mit hochgesteckten Erwartungen konfrontiert werden. Treffen diese Arbeitnehmer in kritischen Projektsituationen auf ausgebildete und erfahrene Informatiker und Wirtschaftsinformatiker, entstehen Wahrnehmungen der Inhomogenität, die möglicherweise gar keine negativen Konsequenzen haben, bei den beobachtenden Führungskräften allerdings ein Gefühl der Unsicherheit hinterlassen.

Führungskräfte sind schlussendlich auch als Privatpersonen mit der IT konfrontiert, die alle Bereiche des Lebens erobert hat. Im Rückblick wurde durch das letztendlich doch überschätzte „Jahr 2000"-Problem breiten Bevölkerungsschichten diese Tatsache erstmals in ihrer vollen Tragweite vor Augen geführt. Auch wenn die vielen Jahr 2000-Projekte aufgrund entsprechender Vorbereitungen gut bewältigt werden konnten, blieb doch ein schaler Nachgeschmack bei den IT-Konsumenten und damit auch Führungskräften (vorher: *„Warum ist es überhaupt so weit gekommen?"*, nachher: *„Warum wurde uns so eine Angst eingejagt?"*).

Wie äussert sich das Unbehagen gegenüber der IT im betrieblichen Alltag? Der Autor kann aus eigener, wiederholter Beobachtung berichten, dass dieses Unbehagen nur in Ausnahmefällen explizit und im grösseren Kreis artikuliert wird – man befürchtet, als Modernitätsverweigerer zu gelten. Umgekehrt wird in kleineren, informellen Kreisen damit „angegeben", sich mit diesen Themen nicht in der Tiefe zu beschäftigen. Manche Führungskräfte sind sogar stolz darauf, *„sich bei den Blechtrotteln nicht auszukennen"*. Damit einhergehend entsteht natürlich auch großes Unbehagen bei den für die IT zuständigen Führungskräften: Es ist demotivierend, wenn der Vorstandsvorsitzende bei jeder Gelegenheit jovial daran erinnert, dass die IT *„lediglich* eine untergeordnete Hilfsdisziplin" sei.

2.2   IT zwischen „Hilfsdisziplin" und Strategiefaktor

Dass die IT vom Grundsatz her als „Hilfsdisziplin" für die einzelnen Unternehmensbereiche fungiert, ist eine zulässige Sichtweise. Die IT hat dafür Sorge zu tragen, dass beispielsweise das Rechnungswesen funktioniert, die Basis für Data-Warehouse-Anwendungen zur Verfügung steht und der Vertrieb aktiv unterstützt wird. Der Fertigungsbereich ist existenziell davon abhängig, dass die IT die exakten Steuerungsdaten zum richtigen Zeitpunkt an die entsprechenden Maschinen liefert. Büroarbeitsplätze können nur dann funktionieren, wenn ein lokales Netzwerk den raschen Zugriff auf Daten ermöglicht, die auf zentralen Büroautomations-Servern abgelegt sind. Diese Beispiele lassen sich beliebig fortsetzen.

Es ist aber für die Zukunft der Unternehmen – vor allem großer, internationaler Unternehmen – gefährlich, die Rolle der IT auf die der ausschließlichen Hilfsdisziplin zu verkürzen. Die Internet-Revolution macht wie nur wenige IT-Entwicklungen zuvor klar, dass die IT ein strategisches Werkzeug der unternehmerischen Entwicklung darstellt.

Wird die IT immer lediglich als Hilfsdisziplin positioniert, läuft man Gefahr, Veränderungsprozesse, die heute massgeblich von den Möglichkeiten der modernen IT bestimmt oder zumindest begleitet werden, nicht in der für die Erhaltung der Wettbewerbsfähigkeit notwendigen Struktur und Geschwindigkeit implementieren zu können. Das damit verbundene Verpassen von Chancen oder halbherzige Umsetzen neuer Wertschöpfungsketten muss dann Jahre später mit einer „Rückbesinnung auf die Kernkompetenzen" kompensiert werden – manchmal eine Umschreibung dafür, dass es nicht gelungen ist, neue Geschäftsfelder strategisch zu definieren, taktisch umzusetzen und operativ nachhaltig zu betreiben oder bestehende Geschäftsfelder auf der Basis von State-of-the-Art IT-Entwicklungen neu zu gestalten.

Betrachtet man – unabhängig von der Branche – die Entwicklung erfolgreicher Start-Up-Unternehmen der letzten Jahre, so ist ihnen oftmals eines gemein: Die IT spielt nicht nur die Rolle einer Hilfsdisziplin, sondern war von Beginn an Teil des strategischen Rückgrats der Geschäftsidee, nach dem Motto: *„Information Strategy and Economics: Linking Information Systems to Business Performance"* (vgl. [PaTr89]). Der Mittelpunkt der Geschäftsidee der Dell Computer Corporation ist *nicht* der Computer, sondern die Minimierung und Optimierung der Bearbeitungsschritte zwischen Bestellung und Lieferung *mittels* IT – der Direktvertrieb. Begann der Medizinstudent Michael Dell im November 1983 in seinem Apartment weltweit zusammengekaufte Computerteile zu PCs zusammenzubauen und per Kleinanzeigen und Telefon erfolgreich zu vertreiben, so gehört Dell heute zu den grössten PC-Lieferanten weltweit und zu den (noch immer wenigen) erfolgreichen Pionieren des Internet-Vertriebs. Durch den strategischen Einsatz der IT ist es Dell gelungen, in einer Zeit, in der der PC-Markt bereits übersetzt war, von Null weg innerhalb von 15 Jahren die Marktführer massiv zu gefährden und selbst zum Key Player zu werden. Dabei darf eines nicht vergessen werden: Dell ist kein High-Tech-Unternehmen im eigentlichen Sinne. Es ist eine Firma, die High-Tech-Produkte auf der Basis modernster IT-Strukturen vertreibt – Dell ist also genau betrachtet ein IT-Konsument.

Dell ist ein sehr gutes Beispiel dafür, dass es nicht von der Größe eines Unternehmens abhängt, ob man in neuen Geschäftsfeldern in die Liga der Key Player aufsteigen kann. Entscheidend ist die Existenz einer IT-Unternehmenskultur, die das Fundament für das Erkennen und Nutzen von Gründerzeiten darstellt. Gerade die Beispiele Customer Relationship Management (CRM) und Supply Chain Management (SCM) zeigen, dass „IT-Mega-Themen" aus der Betriebswirtschaft heraus starten und sich strategisch den Möglichkeiten der modernen IT bedienen können.

Aber selbst bedeutenden IT-Unternehmen „passiert es" immer wieder, dass IT-Entwicklungen nicht strategisch gesehen werden. Ein prominentes Beispiel dafür ist IBM Ende der 1970er, Anfang der 1980er Jahre, als man die Entwicklung des IBM PCs betriebssystem-seitig Microsoft und mikroprozessor-seitig Intel überließ – und dies, obwohl IBM zu diesem Zeitpunkt größter Prozessor- und Betriebssystem-Hersteller der Welt war. Es wäre informatikhistorisch von grossem Interesse, nach welchem Muster die diesbezüglichen Entscheidungen in der IBM-Führungsetage gefällt wurden. Es müssen auch indifferente Vorbehalte gegen diese „junge Entwicklung" im Spiel gewesen sein, denn aufgrund des grossen Erfolges von Apple Computer (mit dem Modell Apple II) war klar, dass dem Mikrocomputer eine bedeutende Zukunft zukommen wird. Strategisch gut positioniert ist hingegen die konsequente Ausrichtung der heutigen IBM mit der „e-business"-Marke. Relativ frühzeitig ist es gelungen, das Thema gegenüber den Kunden in der Positionierung ganzheitlich zu besetzen und eine Neuausrichtung des Unternehmens durchzuführen, ohne die eigenen Stärken dabei aufzugeben. Bemerkenswerterweise wurde diese Neuausrichtung unter dem damaligen CEO Louis Gerstner eingeläutet, der zuvor Topmanager in der Nahrungsmittelindustrie war und ohne ausgeprägten IT-Background auf den IBM-Vorstandsvorsitz berufen wurde.

2.3   Einstellung zur IT

Allgemein ist die gesellschaftliche Akzeptanz der Informatik als Schlüsseltechnologie in den USA größer als in Europa, ebenso wie die Fehlertoleranz gegenüber Software. Dies bedeutet nicht, dass dieser Zugang per se besser oder schlechter ist – dass er aber starke wirtschaftliche Impulse für Unternehmen aller Grössenordnungen gebracht hat, ist unbestritten und beispielsweise durch die Vielzahl an facheinschlägigen Start-Up-Unternehmen belegt. Sicher werden viele dieser Firmen wieder verschwinden; das Bewusstsein, die geschaffenen Strukturen und neue Geschäftsprozesse werden aber bleiben.

Umgekehrt kann auch ein zwiespältiges Image von Informatikern beobachtet werden. Einerseits werden sie als Innovatoren und Werteschöpfer der Zukunft gesehen, andererseits gibt es auch das hartnäckige Klischee des in sich gekehrten Programmierers, der sich auf Kosten der Firma auf technischem Wege unentbehrlich macht. Viele Topmanager haben Probleme, sich ein Bild der Arbeit ihres IT-Personals zu machen, Leistung objektiv zu bewerten oder Entwicklungen abzuschätzen. Das Vorhandensein einer langfristigen und detaillierten IT-Strategie ist die Ausnahme (vgl. [HePo99]).

Der Druck der gut ausgebildeten, der IT und ihren Möglichkeiten offen gegenüberstehenden Mitarbeiterbasis auf die Führungsebenen der Unternehmen wird steigen. Die Entwicklung hin zum ubiquitären Computing ist eine der bestimmenden Faktoren, die damit verbundenen mobilen Endgeräte (Mobiltelefone, Personal Digital Assistants, Pocket Computer) sind ihre Träger. Die Führungskollektive werden junge Informatiker brauchen, da in Anbetracht der Geschwindigkeit der Veränderung anlassbezogene Begleitungen durch externe Berater nicht ausreichen werden. Die IT muss in Führungsetagen vorbehaltlos strukturell verankert werden. Es reicht nicht, die IT als Anhängsel an einen anderen Geschäftsbereich zu definieren. Die Situation erinnert daran, dass es relativ lange gedauert hat, bis Wirtschaftswissenschaftler in Führungsetagen Juristen gleichgesetzt wurden und auch das entsprechende Sozialimage erhielten.

3   Eine Typologie für Einstellungs- und Handlungsmuster von Führungskräften gegenüber der IT

Auch wenn es das weitverbreitete Klischee gibt, dass die Einstellung zur IT eine Generationenfrage ist, wird im folgenden nicht eine am Alter, sondern *am Typ orientierte Definition von Führungskräften in ihrer Einstellung zur IT* gegeben. Empirische Untersuchungen standen bei der Definition der Typologie (noch) nicht im Mittelpunkt. Die Typologie ist deskriptiv und basiert auf einer Vielzahl situationsbezogener Beobachtungen des Autors im Rahmen von (Groß-) Projekten in den letzten zehn Jahren. Die reine Ausprägung eines Typs steht nicht im Vordergrund. Vielmehr ist eine *Typdefinition als Sammlung bestimmter Einstellungs- und Handlungsmuster* zu verstehen, welche die Analyse konkreter Situationen erleichtern soll. In der Praxis wird man neben „typischen" Vertretern oftmals Überlappungen und Mischtypen konstatieren.

Neben dieser Manager-Typologie wird ein Framework in Form eines Portfolios modelliert, mit dem diese Typologie möglichen Positionierungen der IT in Unternehmen gegenübergestellt wird und damit Konfliktpotenziale im Führungsalltag identifiziert werden können. Mit „Führungsalltag" wird primär das Linienmanagement in einem Unternehmen bezeichnet, da im Projektmanagement andere Konfliktkategorien und Rahmenbedingungen gelten. Der Begriff wurde gewählt, da es insbesondere im personellen Bereich Konflikte gibt, die nicht eindeutig einer der beiden Management-Kategorien zugeordnet werden können.

Abbildung 1 zeigt dieses Portfolio mit den im folgenden diskutierten Führungskräfte-Typen A, B und C. Die x-Achse bezeichnet die *innere Einstellung der Führungskraft zur IT* (subjektive Prägung), die y-Achse die *Positionierung der IT im Unternehmen*. Die y-Achse repräsentiert damit die „IT-Entwicklungsstufen" eines Unternehmens, die als Reifegrade hinsichtlich der Rolle und der Verankerung der IT im Unternehmen (IT-Unternehmenskultur) interpretiert werden können. In der Darstellung symbolisieren die dunkleren Grautöne die Kompatibilität zwischen subjektiver Prägung und Positionierung der IT im Unternehmen und damit ein niedriges Konfliktpotenzial. Das Konfliktpotenzial (symbolisiert durch die mit fließenden Grenzen versehenen helleren Bereiche) steigt mit der Entfernung von diesen Kompatibilitätsfeldern.

Die Beschreibung der Manager-Typen gliedert sich jeweils in folgende Abschnitte:

⇒   Grundsätzliche Charakteristik;
⇒   Interpretation;
⇒   Auswirkung auf die IT-Unternehmenskultur;
⇒   Interpretation der Portfolio-Felder (Abbildung 1).

Die ersten drei Abschnitte beschreiben den Typus verbal und bringen Beispiele, der jeweils letzte Abschnitt stellt den Zusammenhang mit dem Portfolio in Abbildung 1 modellhaft dar.

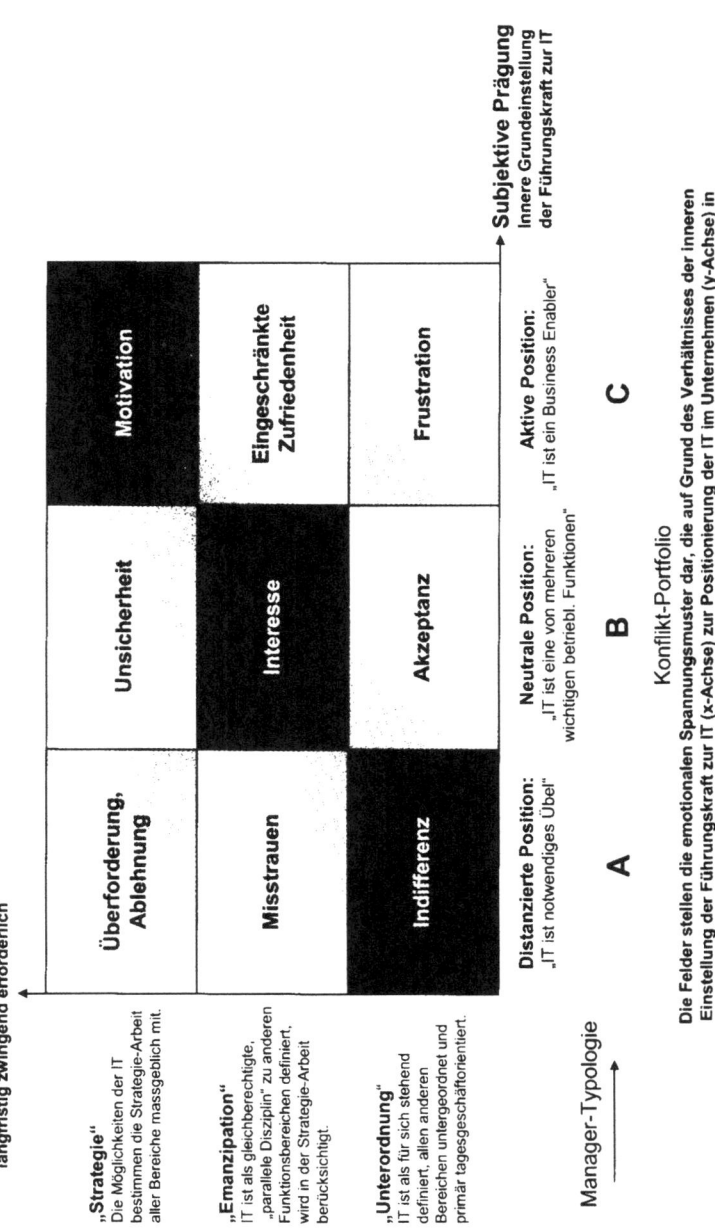

Abbildung 1: Konflikt-Portfolio

3.1   Manager des Typs „A"

3.1.1   Grundsätzliche Charakteristik

Manager des A-Typs sind hierarchiebewusste Führungskräfte traditioneller Prägung. Der A-Typ sieht keine unmittelbare Veranlassung, sich mit der IT als strategischer Disziplin zu beschäftigen und delegiert die IT en bloc entweder als inhaltlichen Zusatz an einen bestehenden Führungsbereich oder zur Gänze an die zweite Führungsebene.

Im Extremfall empfindet der A-Typ gegenüber der IT, die ihm in Entstehungsgeschichte, Möglichkeiten und Konsequenzen fremd ist, deutliches Unbehagen, das nach außen hin zumeist nur im engen Kreis Gleichgesinnter oder während betrieblicher Krisensituationen artikuliert wird. Beispielhafte, zugespitzte Aussagen in diesem Zusammenhang sind:

⇒ *„Ich beschäftige mich bewusst nicht mit der IT, dazu habe ich wichtigere Dinge zu tun. Dafür habe ich meine Leute, die berichten mir."*

⇒ *„Wir sind natürlich modern. Die IT wird aber einem scharfen Controlling unterzogen, damit klar ist, wohin sich die IT zu entwickeln hat."*

⇒ *„Die IT ist sicher nicht unsere Kernkompetenz und darauf sind wir auch stolz."*

Interpretation

Hinter diesen und ähnlichen Aussagen, die dazu dienen sollen, *„die IT auf dem Boden zu halten"*, verbirgt sich möglicherweise auch die Angst, die ständig wachsenden Möglichkeiten der IT könnten dazu führen, dass das Bild der souveränen Führungskraft beeinträchtigt werden bzw. dass die IT einer abstrakten „obersten Kontrolle" durch die Führungskraft entgleiten könnte. Die IT wird als notwendiges Übel empfunden, im Extremfall kommt es zur totalen inneren Ablehnung mit entsprechenden Konsequenzen für den betrieblichen Alltag. Der A-Typ hat Mühe, seine Unbehagen zu verbergen, unkonventionelle „IT-Freigeister" werden nicht zugelassen. Berufsbilder wie z.B. der des „Ethical Hackers" werden als Bedrohung für die eigene Unternehmenskultur empfunden.

Das Unbehagen wird durch die ständig steigenden Möglichkeiten der IT immer grösser, da es damit immer schwieriger wird, sich ihr nicht zu stellen, d.h. die „Verweigerung" wird immer schwieriger. IT-Probleme innerhalb des Unternehmens können in letzter Konsequenz nicht mehr inhaltlich gestaltet werden, auch wenn die Führungskraft allgemein über grosse Führungserfahrung verfügt.

Auswirkung auf die IT-Unternehmenskultur

Da die IT nicht strategisch positioniert ist, wird IT-bezogen nur wenig mehr als das für das Tagesgeschäft operational Notwendige gemacht. Das Unternehmen ist damit für IT-Mitarbeiter, die fachlich auf dem Stand der Technik bleiben möchten, nicht attraktiv. Besonders in „IT-Gründerzeiten", in denen es gilt, neue Themen der IT (z.B. boom-artige Etablierung des Personal Computers, Networking, Internet-Revolution, Mobile Computing) zu identifizieren, bewerten und ggf. zum Nutzen des Unternehmens aufzugreifen, verliert das Unternehmen personalmässig an Konkurrenzfähigkeit nach innen (Halten von qualifizierten IT-Mitarbeitern) und aussen (Rekrutierung neuer Wissensträger).

Stehen grössere Technologiesprünge bevor oder gilt es, solche nachzuholen, werden Unternehmensberater engagiert, denen relativ viel Vertrauen im Vergleich zu den eigenen IT-Führungskräften entgegengebracht wird. Die IT-Strategiearbeit wird als anlassbezogenes Zeitpunktthema betrachtet, das man an Dritte im Sinne eines Outsourcings vergeben kann. Sie wird nicht als Zeitraumthema in dem Sinne gesehen, dass man zwar mit externer Unterstützung einen IT-Strategieprozess starten oder begleiten lassen kann (z.B. zum Zweck der Qualitätssicherung), der dann aber nachhaltig im Unternehmen als „lebende Materie" institutionalisiert und damit entsprechend seiner Wertigkeit positioniert werden muss.

Aus eigener Kraft entstehen in Folge keine neuen, von den aktuellen Möglichkeiten der IT getragenen Geschäftsprozesse, welche die Wettbewerbsfähigkeit nach außen steigern können.

Interpretation der Portfolio-Felder des A-Typs (Abbildung 1)

Ist die IT im Unternehmen untergeordnet positioniert, wird der A-Typ in seinem Leitungshandeln indifferent reagieren. Bei einer emanzipierten Positionierung hat der A-Typ Schwierigkeiten, die IT für seinen Bereich strategisch zu berücksichtigen, was zum Misstrauen gegenüber der IT führt. Die „Strategie"-Positionierung führt zu einer Überforderung des A-Typs, er lehnt diese daher ab, innerbetriebliche (Führungs-) Konflikte sind die Konsequenz.

3.2 Manager des Typs „B"

3.2.1 Grundsätzliche Charakteristik

Dem B-Typ sind in den zentralen Bereichen die Möglichkeiten der IT für das Unternehmen bewusst. Langfristig steht der B-Typ der IT neutral gegenüber und nominiert jemanden aus der zweiten Führungsebene, sich konkret mit der Materie zu beschäftigen. Unbehagen gegenüber der IT empfindet der B-Typ ggf. punktuell (einzelthemenbezogen), sieht sich aber in der eigenen Rolle durch die IT nicht bedroht.

3.2.2 Interpretation

Die IT wird als notwendiger und wichtiger Faktor in der Tagesarbeit empfunden, wie z.B. auch das Rechnungswesen, das Marketing, die Haustechnik. Grundsätzlich ablehnende Aussagen gegenüber der IT gibt es keine, allerdings auch keine, die eine explizite strategische Verankerung der IT erkennen lassen würden.

Auswirkung auf die IT-Unternehmenskultur
In der IT gibt es relativen Freiraum, solange man sich im Rahmen des Tagesgeschäftes bewegt. Aufgrund des fehlenden strategischen Ansatzes entstehen nur dann neue, von der IT getragene Geschäftsprozesse, wenn sie sich im Rahmen der Möglichkeiten oder nur wenig darüber hinausgehend im Zuge des Tagesgeschäftes entwickeln, zumeist auf Grund von Einzelinitiativen. Werden neue Geschäftsfelder definiert oder bestehende einem Re-Engineering unterworfen, nimmt der B-Typ die IT mit ihren Mitarbeitern dazu, sobald die strategischen Eckpfeiler fixiert sind und es um die operative Umsetzung geht – nicht vorher. Umgekehrt lässt der B-Typ die strategische Rückkoppelung zu: Stellt sich am konkreten Beispiel heraus, dass neue IT-Möglichkeiten Einfluss auf die beschlossenen strategischen Eckpfeiler haben, werden die neuen Erkenntnisse eingearbeitet.

Obwohl er um die Wichtigkeit der IT für die Unternehmensstrategie weiss, nimmt der B-Typ dennoch nur in Ausnahmefällen Informatiker in Führungspositionen.

Interpretation der Portfolio-Felder des B-Typs (Abbildung 1)
Ist die IT im Unternehmen „untergeordnet" positioniert, wird der B-Typ dies grundsätzlich akzeptieren, gleichzeitig aber in seinem Leitungshandeln Verbesserungspotenziale in der IT-Positionierung identifizieren und für seinen Bereich umzusetzen versuchen. Bei einer „emanzipierten" Positionierung betrachtet der B-Typ die IT als für seinen Bereich optimal positioniert und trachtet danach, deren Potenziale auszuschöpfen. Die „Strategie"-Positionierung führt zur Unsicherheit, was dies für sein Leitungshandeln im Sinne der strategischen Positionierung der IT für seinen Bereich bedeutet. Coaching zu den spezifischen Möglichkeiten ist erforderlich, ansonsten läuft der B-Typ Gefahr, objektiv oder subjektiv „den Anschluss im Führungsteam" zu verlieren.

3.3   Manager des Typs „C"

3.3.1   Grundsätzliche Charakteristik

Der C-Typ steht der IT nicht nur grundsätzlich positiv gegenüber, sondern positioniert sie als festen Bestandteil der strategischen Entwicklung des Unternehmens. Eine isolierte Betrachtung der IT als einen für sich stehenden Bereich oder „parallele Disziplin" zu anderen betrieblichen Funktionsbereichen ist ihm fremd.

Traditionell geprägten Hierarchien steht der C-Typ zu Beginn seiner Laufbahn neutral bis distanziert gegenüber. Er hat ihr gegenüber ggf. das Unbehagen, dass sie sich als Hemmschuh für eine dynamische Unternehmensentwicklung herausstellen könnte. Im Laufe seiner Entwicklung integriert der C-Typ die Vorteile einer hierarchischen Aufbauorganisation mit den notwendigen Freiräumen für eine durch die IT massiv unterstützte Ablauforganisation und Produkt-/Dienstleistungsentwicklung. Er ordnet einer horizontalen Fachkarriere im Unternehmen für seine Mitarbeiter ebensolche Bedeutung zu wie der vertikalen Führungskarriere entlang der Linienorganisation. „IT-Freigeister" haben darin ebenso ihren Platz wie an traditionelle Führungsstrukturen gewohnte Mitarbeiter. Der C-Typ holt sich Informatiker und Wirtschaftsinformatiker vertrauensvoll in sein Umfeld und geht auch riskante Projekte ein. Er erkennt Gründerzeiten mit den damit verbundenen Chancen frühzeitig.

In *Nicht*-IT-Unternehmen erkennt man den C-Typ daran, dass er gezielt und frühzeitig auf neue IT-Entwicklungen zugeht. Dabei ist er nicht notwendigerweise oder immer ein Pionier, hat aber Sorge, wenn er nicht zu den Early Followers gehört. Er ist nicht notwendigerweise Informatiker oder Wirtschaftsinformatiker, ist aber IT-mässig qualifiziert und hat ein natürliches, ganzheitlich gewachsenes Verständnis für die IT und den sich ergebenden Marktchancen – egal, ob nach aussen in Form von Produkten bzw. Dienstleistungen oder nach innen in Form einer ständigen Optimierung der Ablauforganisation.

3.3.2   Interpretation

Vom B-Typ unterscheidet ihn, dass er die IT nicht als „parallele Disziplin" zu anderen Firmenbereichen betrachtet, im Gegenteil. Jeder Unternehmensbereich wird von Beginn an mit und durch die IT entwickelt. Natürlich ist dem C-Typ klar, dass beispielsweise die psychologischen und persönlichkeitsorientierten Voraussetzungen eines Vertriebsleiters seit Jahrzehnten ident sind und ein Verkäufer kein IT-Experte sein muss, aber der C-Typ wird die Vertriebskanäle untrennbar von der IT und mit der IT entwickeln, um Wettbewerbsvorteile und Hebelwirkungen zu erzielen. Als Beispiel können die Entwicklungen im Bereich Customer Relationship Management / One-to-One Marketing (vgl. [PeRo97; PeRo99]) genannt werden.

Auswirkung auf die IT-Unternehmenskultur
Die Möglichkeiten der IT bestimmen die Strategiearbeit massgeblich mit. Die IT wird nicht als Hilfsmittel oder „parallele Disziplin" empfunden, sondern ist integraler Bestandteil der Unternehmensführung und -entwicklung in allen Bereichen. Bei der Auswahl und Führung der Mitarbeiter wird darauf geachtet, dass sie diese Geisteshaltung mitbringen bzw. entwickeln.

Naheliegenderweise findet man den C-Typ in allen erfolgreichen IT-Unternehmen, egal, ob Blue Chips oder rasant wachsende Start-Up-Unternehmen. Durch sein distanziertes Verhältnis zu traditionellen Unternehmenshierarchien mit den damit verbundenen Abläufen läuft der C-Typ in IT-Start-Up-Unternehmen aber mitunter Gefahr, strukturelle Notwendigkeiten zu vernachlässigen und sich nur auf IT-Innovationen zu verlassen.

Interpretation der Portfolio-Felder des C-Typs (Abbildung 1)
Ist die IT im Unternehmen „untergeordnet" positioniert, kann der C-Typ dies für sein Leitungshandeln nicht akzeptieren, Frustration und offene Konflikte im Führungsteam sind die Folge. Bei einer „emanzipierten" Positionierung betrachtet der C-Typ dies aus einer Perspektive der eingeschränkten Zufriedenheit. Er wird danach trachten, die Positionierung der IT durch Initiativen in seinem Bereich aktiv zu fördern. Die „Strategie"-Positionierung betrachtet der C-Typ als „logische, motivierende Positionierung" für sein Leitungshandeln.

4   Resümee und Plädoyer

Viele (Top-)Führungskräfte haben gegenüber der IT ein Verhältnis mit Unbehagen, das oftmals mit der Kombination der extrem schnellen Entwicklung der IT mit dem immer weitreichenderen Einfluss auf alle Geschäftsbereiche begründet ist. Die Reaktionen im Führungsverhalten basieren auf unterschiedlichen Wertungen der IT, wobei die Bandbreite von der Einschätzung als notwendiges Übel bzw. „Hilfsdisziplin" bis hin zur Wertung als Strategiefaktor mit dem Ziel der Stärkung der Wettbewerbsfähigkeit reicht.

Die Einstellung von Führungskräften gegenüber der IT bestimmt in letzter Konsequenz die IT-Unternehmenskultur und damit auch die Frage, wie schnell sich ein Unternehmen den rasanten Entwicklungen stellen und Veränderungsprozesse einleiten kann.

Mit der in diesem Beitrag definierten, pragmatischen Manager-Typologie und dem zugehörigen Konflikt-Portfolio soll bewusst gemacht werden, dass bei der Zusammenstellung von Führungsteams die „IT-Grundeinstellung" jedes einzelnen explizit in Bezug auf die herrschende (IT-)Unternehmenskultur beachtet werden sollte. Typologie und Portfolio können beispielsweise im Rahmen von Personal-, Strategie- und Kulturwechsel-Prozessen in Verbindung mit zugehörigen Instrumenten angewendet werden, aber auch als Basis für weitere Forschungsarbeiten – beispielsweise empirische Studien – dienen.

Der Autor plädiert für eine Unternehmenskultur, die der Bedeutung der IT als strategischem Faktor der Unternehmensentwicklung strukturell Rechnung trägt. Dazu gehört die Verankerung des IT-Strategieprozesses in den Unternehmensstrategie-Prozess und auch die Berufung von (Wirtschafts-) Informatikern in die obersten Führungs- und Entscheidungsebenen. Insbesondere in Phasen von „IT-Gründerzeiten" (Entstehen und Etablieren neuer IT-Paradigmen, z.B. Internet Computing, Mobile Computing) gilt es, (1) diese möglichst rasch zu erkennen, (2) Auswirkungen auf das Unternehmen abzuschätzen und (3) Potenziale für das Unternehmen im Sinne der Erhaltung bzw. Steigerung der Wettbewerbsposition zu nutzen. Eine Führungsmannschaft ohne facheinschlägig versierte und erfahrene Personen ist dabei *langfristig* in einer schlechten Ausgangsposition: Der Aufbau einer Unternehmenskultur, welche die IT als aufbau- und ablauforganisatorischen Fixpunkt strategisch und operativ explizit berücksichtigt, braucht Jahre und kann auch mit der Begleitung noch so erfahrener externer Experten nicht „über Nacht" bewältigt werden.

Quellenverzeichnis

[Boeh89]
Boehm B.: Software Risk Management, Los Alamitos, California 1989.

[Boeh91]
Boehm B.: Software Risk Management: Principles and Practices. In: IEEE Software, January 1991, S. 32-41.

[BoGr01]
Boehm B.; Grünbacher P.; Briggs R.: Developing Groupware for Requirements Negotiations: Lessons Learned. In: IEEE Software, May/June 2001, S. 46-55.

[CoEd01]
Cooper R.; Edgett S.; Kleinschmidt E.: Portfolio Management for New Product Development: Results of an Industry Practices Study. In: R&D Management, October 2001, Vol. 31, No. 4, S. 361-380.

[Coup92]
Coupland, D.: Generation X : Tales for an Accelerated Culture. St. Martin's Press, New York 1992.

[Ecka97]
Eckardt C.: Digital Business und die Zukunft des CIO – Bedrohung und Chance? In: *Heinrich L. J.; Häntschel I.; Pomberger G.:* Diagnose der Informationsverarbeitung. Konzept und Fallstudie. S. 67-76.

[HäHe97]
Häntschel I.; Heinrich L. J.; Pomberger G.: Metriken für die IV-Diagnose. In: *Krallmann H. (Hrsg.):* Wirtschaftsinformatik '97, Heidelberg 1997, S. 293-310.

[HeHä97]
Heinrich L. J.; Häntschel I.; Pomberger G.: Diagnose der Informationsverarbeitung. Konzept und Fallstudie. In: CONTROLLING 3/1997, S. 196-203.

[HePo99]
Heinrich L. J.; Pomberger G.: Entwickeln von Informatik-Strategien. Vorgehensmodell und Fallstudien. Technical Report TR-SE-99.17, Beitrag zur Festschrift Stucky, September 1999.

[HePo01]
Heinrich L. J.; Pomberger G.: Erfolgsfaktorenanalyse – Instrumente für das strategische IT-Controlling. In: *Heilmann H. (Hrsg.):* Strategisches IT-Controlling. HMD 217 Praxis der Wirtschaftsinformatik, Heidelberg, Februar 2001, S. 19-28.

[PaTr89]
Parker M. M.; Trainor H. E.; Benson R.J.: Information Strategy and Economics. Linking Information Systems Strategy to Business Performance, Prentice Hall, Englewood Cliffs/NJ 1989.

[PeRo97]
Peppers D.; Rogers M.: The One to One Future: Building Relationships One Customer at a Time, Bantam Doubleday Dell 1997.

[PeRo99]
Peppers D.; Rogers M.: Enterprise One to One: Tools for Competing in the Interactive Age, Doubleday 1999.

[SEI-03]
Software Engineering Institute: The Product Line Practice (PLP) Initiative. http://sei.cmu.edu/plp/plp_init.html, Abruf am 2003-03-09.
[Thor03]
Thorp J.: The Information Paradox: Realizing the Business Benefits of Information Technology, Revised Edition, Toronto/New York 2003.

Asymmetrische Information und Service Level Agreements

René Riedl

Universität Linz
Institut für Wirtschaftsinformatik – Information Engineering
rene.riedl@jku.at

Inhalt

Der Beitrag geht von der These aus, dass Informationen in Outsourcing-Beziehungen asymmetrisch zugunsten der Anbieter verteilt sind. Nimmt man an, dass sich Outsourcing-Anbieter opportunistisch verhalten, so resultiert aus dieser Informationsasymmetrie für den Leistungsnehmer die Gefahr einer Unterschreitung des geforderten Service Levels. Da ohne effektive Service Level Agreements (SLAs) weder ein den Anforderungen des Leistungsnehmers entsprechendes Niveau der Dienstleistungen festgelegt noch deren Einhaltung überwacht und der Leistungsprozess gesteuert werden kann, werden im Beitrag Überlegungen darüber angestellt, ob SLAs einen wirksamen Beitrag zur Entschärfung der drei Informationsasymmetrietypen Hidden Information, Hidden Action und Hidden Intention leisten können.

1   Problemstellung

Outsourcing ist eine Form der zwischenbetrieblichen Aufgabenteilung, die sich aufgrund ihrer längerfristigen Ausrichtung von rein marktlichen Kunden-Lieferanten-Beziehungen unterscheidet. [Hirs03] vertritt die Auffassung, dass der Wirtschaftsinformatik eine Vorreiterrolle in der wissenschaftlichen und praktischen Auseinandersetzung mit der Outsourcing-Thematik zukommt. Eine mögliche Ursache hierfür ist die bereits Mitte der 1960er Jahre einsetzende wissenschaftliche Diskussion der Materie, die unter den Schlagwörtern „Daten-verarbeitung außer Haus", „gemeinsame Computerbenutzung" und „zwischen-betriebliche Kooperation bei der Datenverarbeitung" geführt wurde; erwähnt seien hier die Arbeiten [Mert66] und [Hein69].

[LaHi93, 242] vertreten die Auffassung, dass der Outsourcing-Anbieter nicht als Partner seiner Kunden angesehen werden sollte; sie sehen im Outsour-cing-Vertrag das zentrale Instrument zur Risikosteuerung: „The first step to a successful outsourcing arrangement is to realize that *outsourcing vendors are not partners because profit motives are not shared* [...] *The contract is the only mechanism that establishes a balance of power in the outsourcing relationship.*" [Clem00, 18] untermauern diese Sichtweise: "Empirical validation of the need for tight contracts is shown [...] clients that had loose arrangements with IT vendors viewed the relationship as a failure, while clients with tight contracts were much happier with the service they received."

Nach [Hein04, 592] ist ein Service Level Agreement (SLA[1]) ein Vertrag zwischen Dienstleistungsnehmer und Dienstleistungsgeber, in dem die Parame-ter der Dienstleistung und deren Qualitätsniveau einschließlich Nebenabreden (z.B. Vereinbarung von Preisen) festgelegt sind. [Kart98, 1.6] definiert SLA als „[...] formal negotiated agreement which helps to identity expectations, clarify responsibilities, and facilitate communication between a service provider and its customers." [Eugs02, 71; HoDü99, 14; Scho02, 13] konkretisieren diese Begriffserklärungen, sie postulieren, dass die Quantifizierbarkeit der Dienstleis-tungen und die Metriken zu deren Messung notwendige Voraussetzungen eines *effektiven* SLA sind. Vertragliche Vereinbarungen sind aus der Sicht des Leis-tungsnehmers effektiv, wenn sie dazu beitragen, dass der Outsoucing-Anbieter im Interesse des Leistungsnehmers handelt, und wenn sie durch eine unabhän-gige Instanz (z.B. Gericht) verifizierbar sind (vgl. [Clem00, 18]).

[ElKa04, 129; HeRi03, 88; Kart98, 1.4] fordern, dass die Entwicklung von SLAs als kooperativer Prozess zwischen Leistungsnehmer und Leistungsgeber gestaltet werden sollte, weil die vertraglichen Vereinbarungen dann die Interes-sen beider Parteien reflektieren. Outsourcing-Anbieter verfügen im Vergleich zu Leistungsnehmern aus Erfahrung häufiger über Kenntnisse hinsichtlich der Entwicklung von SLAs, weil ihr Dienstleistungsangebot nach Form und Inhalt

---

[1] Der Begriff wird in diesem Beitrag (wie auch in der Fachliteratur) im Singular und Plural verwen-det.

den Charakter von SLAs hat. In der Praxis wird bei der Entwicklung von SLAs oftmals nicht prozessorientiert vorgegangen; der Outsourcing-Anbieter legt dem Leistungsnehmer einen Mustervertrag vor, der mangels Know-How zum Vertragsgegenstand und finanziellen Mitteln für das Engagement von Experten (z.B. IT-Beratern, Juristen) ohne Artikulierung der eigenen Anforderungen an die Leistung unterzeichnet wird (vgl. [Wolb03, 74]). Wird angenommen, dass sich der Outsourcing-Anbieter opportunistisch verhält, dann gefährden die aus der Unterzeichnung des Mustervertrages resultierenden ineffektiven SLAs den Erfolg des Outsourcing. Opportunismus wird nach [Will90, 54] wie folgt definiert: „ [...] die Verfolgung des Eigeninteresses unter Zuhilfenahme von List [...] Allgemeiner gesagt, bezieht sich Opportunismus auf die unvollständige oder verzerrte Weitergabe von Informationen, insbesondere auf vorsätzliche Versuche irrezuführen, zu verzerren, verbergen, verschleiern oder sonstwie zu verwirren."

2 Zielsetzung

Ziel des Beitrags ist es, zu ergründen, ob SLAs aus der Sicht des Leistungsnehmers zur Entschärfung der drei Informationsasymmetrietypen Hidden Information, Hidden Action und Hidden Intention beitragen können. Die *Prinzipal-Agenten-Theorie* bildet den Rahmen der Untersuchung (vgl. [PrZe85; Terb95, 30; WeAd95, 49]). Ihr Erkenntnisziel ist die Analyse und Gestaltung von vertraglich geregelten Austauschbeziehungen zwischen einem Prinzipal (Leistungsnehmer) und einem Agenten (Outsourcing-Anbieter). Charakteristische Probleme der Outsourcing-Beziehung werden untersucht und Instrumente (z.B. Anreizsysteme) identifiziert, die zur Problemlösung einen wirksamen Beitrag leisten können. Beispielhaft werden zu einzelnen theoretischen Ausführungen Textpassagen eines Mustervertrages eines deutschen IT-Dienstleisters wiedergegeben, der im Text als Outsourcing AG bezeichnet wird. Die Textpassagen werden kommentiert, um das in der Praxis häufig verbreitete Phänomen herauszuarbeiten, dass die Vertragsklauseln eines Mustervertrages fast ausschließlich zu Gunsten der Outsourcing-Anbieter formuliert sind. Es folgt im Beitrag die explizite Berücksichtigung von *Unsicherheit*, die inhärenter Bestandteil vieler Outsourcing-Beziehungen ist. Es wird gezeigt, dass ein dynamisches Umfeld die Formulierung effektiver SLAs erschwert. Abgeschlossen wird der Beitrag durch die Erläuterung der Rolle von *Vertrauen* in Outsourcing-Beziehungen.

3 Einbettung der Problemstellung in die Outsourcing-Forschung

Nach [Lee02, 199f.] lassen sich die Forschungsaktivitäten des IT-Outsourcing zu sieben Forschungsbereichen („research issues") zusammenfassen, die in Abbildung 1 dargestellt sind. Die Problemstellung dieses Beitrags ist dem Bereich „Contracts (formal)" zuzuordnen. [Marc02, 283] umschreibt diesen Bereich: „The legalistic perspective on IS outsourcing focuses on contractual clauses, negotiation processes, conflict resolution and amendments. What is implied in this perspective is that the contract is what ensures successful outcomes."

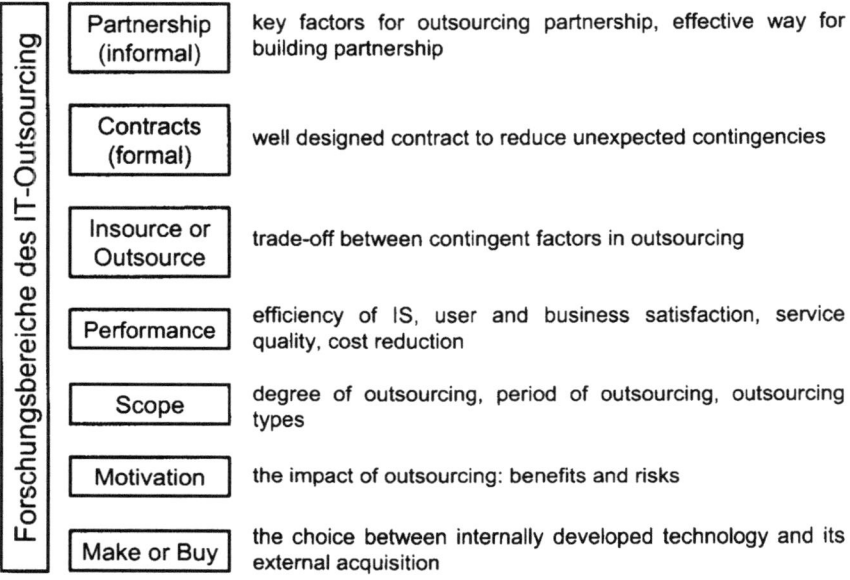

Abbildung 1: IT-Outsourcing-Forschungsbereiche (in Anlehnung an [Lee02, 200])

Wie in Abbildung 1 dargestellt, untersuchen die sieben „research issues" zum Teil recht unterschiedliche Facetten des IT-Outsourcing. Es verwundert daher nicht, dass in der Fachliteratur eine Vielzahl an Referenztheorien beschrieben sind, die zur Erforschung des Untersuchungsgegenstands herangezogen werden können; beispielsweise ziehen [Dibb01, 680] nach Analyse der einschlägigen Fachliteratur den Schluss, dass neun Referenztheorien zur Anwendung kommen. Die Prinzipal-Agenten-Theorie (Agency Theory), die eine dieser neun Theorien ist, wird die konzeptionelle Grundlage der folgenden Ausführungen sein, weil ihr Erkenntnisziel – wie bereit erwähnt – einen wirksamen Beitrag zur Formulierung effektiver SLAs leisten kann.

4   Prinzipal-Agenten-Theorie

Ausgangspunkt der folgenden Überlegungen ist die Delegation einer Entscheidung, die dadurch gekennzeichnet ist, dass eine ausführende Partei (der Agent) von einer anderen Partei (dem Prinzipal) die Erledigung einer Aufgabe übertragen bekommt. [PrZe85, 2] definieren eine Prinzipal-Agenten-Beziehung wie folgt: „Whenever one individual depends on the action of another, an agency relationship arises. The individual taking the action is called the agent. The affected party is the principal." Nach [Jost01, 1] sind zeitliche, physische oder kognitive Restriktionen des Prinzipals und/oder komparative Stärken des Agenten die Ursache solcher Delegationsentscheidungen.

Eine Prinzipal-Agenten-Beziehung ist üblicherweise durch sechs Merkmale gekennzeichnet (vgl. [WeAd95, 49]):

1. Es existieren zwei Individuen, Prinzipal und Agent, die in einer Welt mit unsicheren Erwartungen eigennützige Ziele verfolgen.
2. Zwischen den Akteuren besteht ein Interessenskonflikt.
3. Die Risikoneigung des Prinzipals wird als neutral, die des Agenten als risikoavers[2] unterstellt.
4. Der Agent verfügt über Entscheidungsfreiheit, wobei seine Handlungen nicht nur sein eigenes Nutzenniveau, sondern auch das des Prinzipals beeinflusst.
5. Der Agent besitzt gegenüber dem Prinzipal einen Informationsvorsprung.
6. Das beobachtbare Leistungsergebnis wird von den Handlungen des Agenten zwar beeinflusst, nicht aber vollständig determiniert, weil exogene Faktoren wirksam sind.

Prinzipal-Agenten-Beziehungen sind nach [Spre90, 566] durch drei *Informationsasymmetrietypen* gekennzeichnet, die im IT-Outsourcing meist in Kombination auftreten. Der Leistungsnehmer nimmt diese Informationsasymmetrie als Verhaltensunsicherheit wahr.

In der Fachliteratur wird zwischen feststehenden (z.B. Qualifikation, Kompetenz, Fähigkeiten, Talent) und nicht feststehenden (z.B. Anstrengung, Fairness, Fleiß, Sorgfalt) Verhaltensmerkmalen unterschieden (vgl. [Spre90, 565]). Erstere unterliegen kurzfristig nicht dem Willen des Outsourcing-Anbieters, letztgenannte schon.

Verhaltensmerkmale werden auch nach dem Zeitpunkt ihrer Beobachtbarkeit klassifiziert (vgl. Abbildung 2). Verhaltensmerkmale des Outsourcing-Anbieters können für den Leistungsnehmer vor Vertragsabschluss (ex ante), während der Vertragslaufzeit (ex post) bzw. weder ex ante noch ex post beobachtbar sein (vgl. [Spre90, 566]).

---

[2] Bei Prinzipal-Agenten-Beziehungen wird davon ausgegangen, dass der Agent nur für einen einzigen Prinzipal arbeitet. Das Risiko eines unsicheren Erlöses ist deshalb hoch. Die Annahme der Risikoaversion des Agenten ist deshalb durch die fehlende Möglichkeit der Risikodiversifikation begründet (vgl. [Clem00, 32]). Da Outsourcing-Anbieter ihre Leistungen für eine Vielzahl von Kunden erstellen, ist die Annahme eines risikoaversen Agenten nicht notwendigerweise aufrecht zu halten.

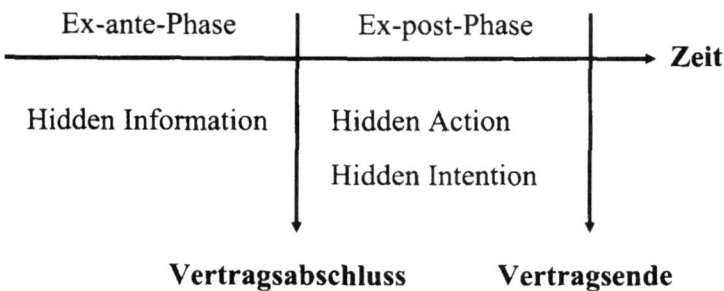

Abbildung 2: Chronologie einer Prinzipal-Agenten-Beziehung [Ried03, 89]

Im Folgenden wird die dem jeweiligen Informationsasymmetrietyp zugrunde liegende Problematik erläutert, um darauf aufbauend die Rolle von SLAs zu ihrer Lösung darzulegen.

5   Application Service Providing

Den folgenden Ausführungen ist eine bestimmte Form des IT-Outsourcing zugrunde gelegt, *Application Service Providing (ASP)*, die von Praktikern häufig als Software-Miete bezeichnet wird. In Anlehnung an [Hein04, 75] wird ASP wie folgt definiert: Application Service Providing bzw. Application Service Provider ist eine Dienstleistung bzw. ein Dienstleister, der Kunden gegen Entgelt Standardsoftware ohne bzw. mit einem geringen Umfang an Customizing zur Verfügung stellt (sog. one-to-many-approach) und in einem Service-Rechenzentrum betreibt. Der Dienstleister sorgt für die Software-Lizenz, die Wartung und die Aktualisierung der Software und stellt in geeigneter Form Unterstützung zur Verfügung (Benutzerservice). Der Zugriff durch die Benutzer erfolgt über verschiedene Verbindungen (insbesondere Internet und Standleitungen sowie Satellitenverbindung).

Aus der Vielzahl und der Verschiedenartigkeit der von einem ASP auszuführenden Tätigkeiten leitet sich der Schluss ab, dass die *ASP-Wertschöpfung* ein komplexer und komplizierter Prozess ist. Nach [MüLe03, 369] wird unter Wertschöpfung der Prozess des Schaffens von Mehrwert als Resultat einer Eigenleistung verstanden, die eine Differenz zwischen dem Wert der Abgabeleistungen und der übernommenen Vorleistungen schafft. Mehrwert entsteht dadurch, dass durch Bearbeitung Fähigkeiten und Ressourcen eines Unternehmens zum Einsatz kommen. Ein Unternehmen ist demnach ein System untereinander vernetzter Wertschöpfungsprozesse, die so konzipiert sein sollten, dass die angestrebte Leistung geschaffen wird.

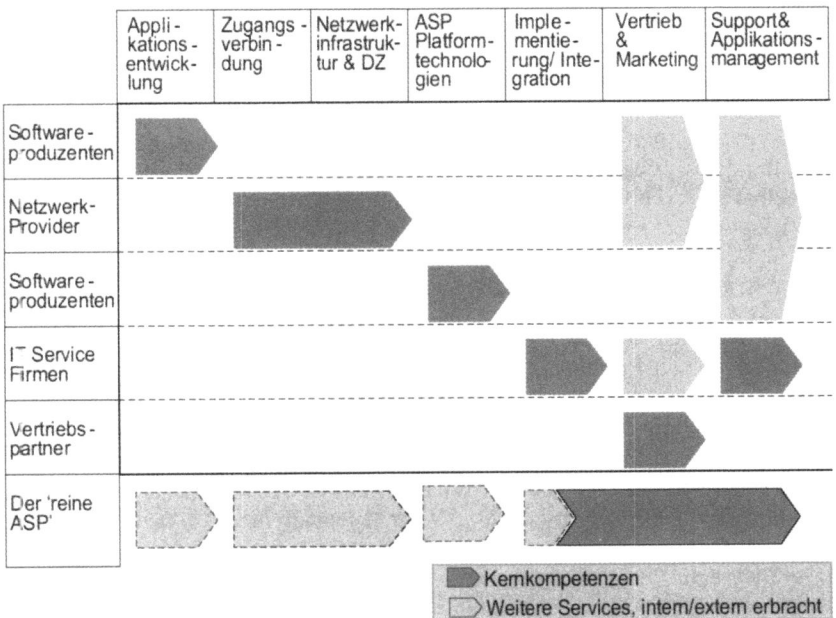

	Appli-kations-entwick-lung	Zugangs-verbin-dung	Netzwerk-infrastruk-tur & DZ	ASP Platform-technolo-gien	Imple-mentie-rung/ Inte-gration	Vertrieb & Marketing	Support& Applikations-management
Software-produzenten							
Netzwerk-Provider							
Software-produzenten							
I⁻ Service Firmen							
Vertriebs-partner							
Der 'reine ASP'							

Kernkompetenzen
Weitere Services, intern/extern erbracht

Abbildung 3: ASP-Wertschöpfung [Günt01, 556; Pico00, 47]

In Abbildung 3 sind horizontal sieben Wertschöpfungsstufen dargestellt, verti-kal sind unterschiedliche Marktteilnehmer angeführt. In der aus dieser Eintei-lung resultierenden Matrix sind die jeweiligen Kernkompetenzen sowie die zusätzlich erbrachten Services verschiedener Markteilnehmer dargestellt. Auf-grund der Komplexität und Kompliziertheit der ASP-Wertschöpfung ist es für ein einzelnes Unternehmen kaum möglich, alle zur Leistungserstellung und -abgabe notwendigen Aktivitäten selbst zu verrichten.

6   Hidden Information

6.1   Hidden-Information-Problematik

Bei der Bestimmung der Leistungsfähigkeit des ASPs wird für den Leistungs-nehmer das Problem asymmetrischer Informationsverteilung offenkundig. Der ASP kennt seine eigenen qualitätsdeterminierenden Verhaltensmerkmale (z.B. Fähigkeiten) besser als der Leistungsnehmer, für den Qualitätsunsicherheit vorherrscht. Dieser Informationsvorsprung eröffnet dem ASP die Chance, sein Nutzenniveau auf Kosten des Leistungsnehmers durch eine täuschende und unvollkommene Selbstdarstellung (z.B. eine falsche Darstellung der Qualifikationen, Kompetenzen, Fähigkeiten) zu erhöhen. Der Leistungsnehmer wird aufgrund der täuschenden und unvollkommenen Selbstdarstellung des ASPs falsche Erwartungen an die Leistungsfähigkeit haben. Aufgrund der hohen Erwartungen wird nach [Beer98, 44] eine entsprechend hohe Entlohnung im Outsourcing-Vertrag vereinbart. [Clem00, 27] beschreiben die Problematik: „With the difficulties in assessing competencies before contracting, clients rely on vendors to reveal their abilities honestly. This provides vendors with strong incentives to misrepresent their abilities to win lucrative contracts."

6.2   SLAs als Lösung der Hidden-Information-Problematik

[Nels70; DaKa73] entwickelten einen Erklärungsansatz, der drei verschiedene Eigenschaften von Produkten bzw. Dienstleistungen unterscheidet: Such-, Erfahrungs- und Vertrauensqualitäten. Als Suchqualitäten werden solche Eigenschaften bezeichnet, die der Nachfrager vor dem Kauf des Produkts bzw. der Inanspruchnahme der Dienstleistung beurteilen kann. Erfahrungsqualitäten können erst nach dem Kauf des Produkts oder während der Inanspruchnahme der Dienstleistung beurteilt werden. Vertrauensqualitäten können selbst nach dem Kauf des Produkts bzw. der Inanspruchnahme der Dienstleistung nicht beurteilt werden.

Ein Großteil der Teilleistungen der von einem ASP erbrachten Gesamtleistung kann vom Leistungsnehmer während ihrer Inanspruchnahme beurteilt werden (z.B. die Verfügbarkeit der ausgelagerten Applikation). Die von einem ASP erbrachte Leistung kann folglich als Kontraktgut (zukünftiges Leistungsversprechen) betrachtet werden; [Günt01, 557] sehen daher in der Formulierung von SLAs eine Möglichkeit, das Qualitätsrisiko auf den ASP zu übertragen.

Speziell für kleine und mittlere Unternehmen – die von Experten als Hauptzielgruppe von ASPs angesehen werden (vgl. [Groh02, 18]) – ist die Formulierung von SLAs eine kaum zu bewältigende Aufgabe. Zudem ist die Durchsetzung vertraglicher Ansprüche vor Gericht kostspielig und risikoreich. Bislang liegt in Deutschland, Österreich und der Schweiz kein höchstrichterlicher Rechtsspruch vor, der klärt, um welche Art von Vertrag (Miet-, Dienst- oder Werkvertrag) es sich bei ASP-Kontrakten handelt (vgl. [BrWa02, 98; RDB04]). Da sich aber aus der Vertragsart Rechte und Pflichten der Parteien ableiten, ist selbst durch die Unterzeichnung eines ASP-Vertrages – dessen wesentlicher Bestandteil SLAs sind – nicht vollständig geklärt, wie sich die Risikoverteilung in der konkreten Vertragsbeziehung gestaltet (vgl. [BrWa02, 98; Schr00]).

[Clem00, 66] weisen darauf hin, dass speziell beim IT-Outsourcing das Verfassen vollständiger Verträge unmöglich ist: „An inherent difficulty of IT outsourcing is the inability to construct a comprehensive contract. Identifying all possible contingencies and specifying appropriate actions in each contingency is beyond the scope of any reasonable contract." [Tiro94, 29] sieht in hohen Transaktionskosten eine zentrale Ursache unvollständiger Verträge, weil:

⇒ die Prognose aller für die Vertragsbeziehung relevanten Umweltentwicklungen teuer ist;

⇒ die Formulierung von effektiven Vertragsvereinbarungen mit hohen Kosten verbunden ist;

⇒ die Kosten zur Durchsetzung von Verträgen vor Gericht hoch sind.

7   Hidden Action

7.1   Hidden-Action-Problematik

In einer solchen Situation kann der Leistungsnehmer nicht beurteilen, ob die vom ASP gewählte Handlungsalternative die beste Alternative zur Verwirklichung seiner Interessen ist. Der Leistungsnehmer hat keine genaue Kenntnis der Handlungsalternative und des tatsächlichen Leistungsverhaltens des ASPs. Eindeutig beobachten kann der Leistungsnehmer nur das aus den Handlungen des ASPs resultierende Ergebnis (z.B. die Verfügbarkeit der ausgelagerten Applikation). Dem Leistungsnehmer ist es aus der Beobachtung des Ergebnisses jedoch nicht möglich, sichere Rückschlüsse auf die vom ASP gewählten Handlungen zu ziehen. Ursache dieser fehlenden Rückschlussmöglichkeit ist die Tatsache, dass das beobachtbare Ergebnis nicht nur von den Handlungen des ASPs abhängt, sondern auch von exogenen Einflussfaktoren. Die beschränkte Beobachtbarkeit des Verhaltens des ASPs führt zu einer Reduzierung seiner Leistung (*shirking*) und/oder zur Nutzung von Ressourcen für eigennützige Zwecke (*moral hazard*).

[Arro85, 38] sieht in der Anstrengung des Agenten (ASP) die bedeutenste Form von Hidden Action: „The most typical hidden action is the effort of the agent. Effort is a disutility to the agent, but it has value to the principal in the sense that it increases the likelihood of a favorable outcome [...] the probability of achieving an outcome that exceeds any given level is higher with higher effort." Der ASP kann beispielsweise nicht qualifizierte Mitarbeiter im Leistungserstellungsprozess einsetzen, obwohl im Vertrag der Einsatz von qualifizierten Fachkräften vereinbart wurde (vgl. [Clem00, 30]).

Eine Ursache der Hidden-Action-Problematik liegt in der *Ressourcenplastizität*, d.h. dem Grad der Gestaltungsfreiheit beim Einsatz von Ressourcen (vgl. [AlWo88, 69]). Je größer die Plastizität von Ressourcen, desto größer ist der Handlungsspielraum des ASPs und vice versa. Nach [Sche99, 41] ist die menschliche, *nicht* operative Arbeitsleistung[3] durch eine hohe Plastizität gekennzeichnet. Erstellt eine Marketingagentur (Agent) für einen Kunden (Prinzipal) ein Vertriebskonzept, das jedoch nicht den gewünschten Verkaufserfolg bringt, so ist es dem Kunden nicht möglich, die Ursache des Misserfolgs ein-

---

[3] Ein Beispiel für eine operative Tätigkeit ist die Fließbandarbeit.

deutig festzustellen. Einerseits ist es möglich, dass sich die Agentur opportunistisch verhalten hat (z.B. geringes Anstrengungsniveau), andererseits könnten
aber exogene Faktoren (z.B. schlechte Konjunktur) für das Vertragsergebnis
verantwortlich sein.

7.2   SLAs als Lösung der Hidden-Action-Problematik

[Hax65, 74] thematisierte bereits im Jahr 1965 die Bedeutung expliziter und
impliziter Verhaltensnormen. Explizite Verhaltensnormen schreiben dem Agenten eindeutig vor, welche Aufgaben er erledigen soll und in welcher Weise;
anders formuliert könnte man sagen: WAS hat WIE zu erfolgen? Der Leistungsnehmer könnte dem ASP im SLA einen Katalog mit Weisungen vorgeben,
der für alle möglichen Situationen im Leistungserstellungsprozess vorgibt, welche Handlungen durchzuführen sind. Lagert ein Unternehmen Informationsver-
arbeitungsaufgaben aus, weil die Kenntnisse über den Ablauf des Leistungserstellungsprozesses intern nicht vorhanden sind (in der Fachliteratur spricht man
vom Schließen von Know-How-Lücken), dann ist die Formulierung expliziter
Verhaltensnormen nicht möglich.

Die von [Simo61] beschriebene *begrenzte Rationalität* von Menschen – die
von [Clem00, 17] mit „not knowing everything you need to know" umschrieben
wird – trägt ebenfalls dazu bei, dass es dem Leistungsnehmer kaum möglich ist,
einen vollständigen Katalog expliziter Verhaltensnormen für die vom ASP
durchzuführenden Aufgaben zu formulieren. [Will90, 52] schreibt dazu: „Wenn
die Denkfähigkeit der knappe Faktor ist [...] dann ist bei Ansprüchen an dieselbe offensichtlich höchste Zurückhaltung geboten."

Mit der steigenden Komplexität der vom Agenten auszuführenden Aufgabe
wird die Problematik der begrenzten Rationalität verschärft, folglich ist es für
ASP-Kunden nicht möglich, den gesamten Leistungserstellungsprozess durch
explizite Verhaltensnormen vorzugeben. Dieser Umstand wird besonders deutlich, wenn man sich die in Abbildung 3 dargestellte ASP-Wertschöpfung vor
Augen hält.

Mit der zunehmenden Komplexität der vom Agenten durchzuführenden
Aufgabe steigt die Bedeutung von *impliziten Verhaltensnormen*. Der Prinzipal
gibt hierbei dem Agenten ein Ziel vor, der nach eigenem Ermessen darüber
entscheidet, welche Handlungen durchgeführt werden, um das Ziel zu erreichen. Unter Ziel wird in Anlehnung an [Hein04, 738] eine normative Aussage
eines Entscheidungsträgers (hier der Prinzipal) verstanden, die einen anzustre-
benden und damit zukünftigen Zustand der Wirklichkeit beschreibt. Die Zielformulierung beinhaltet die Angabe des Zielinhalts (was wird angestrebt), des
Zielmaßstabs (wie wird der Zielinhalt quantifiziert), des Zielausmaßes (welche
Quantität des Zielmaßstabs wird angestrebt) und des zeitlichen Bezugs der Zielerreichung (Zeitrahmen, bis zu dessen Ende das angestrebte Zielausmaß erreicht

werden soll). [Laux90, 4] empfiehlt die Vorgabe impliziter Verhaltensnormen besonders dann, wenn:

⇒ der Prinzipal nur wenig Informationen und/oder Fähigkeiten zur Beurteilung der für die Aufgabenerfüllung relevanten Handlungsalternativen hat;

⇒ der Agent über einen guten Informationsstand verfügt und befähigt ist, eine vage Verhaltensnorm im Sinne (des Zieles) des Prinzipals adäquat zu präzisieren bzw. zu interpretieren;

⇒ der Agent motiviert ist, im Sinne des Prinzipals zu agieren und/oder

⇒ die Kosten der Formulierung von Verhaltensnormen und der Information über ihren Inhalt mit zunehmender Genauigkeit steigen.

Im Folgenden ist ein Beispiel für eine implizite Verhaltensnorm angeführt.

Vertragstext (Beispiel für eine implizite Verhaltensnorm)
Installation:
Outsourcing AG übernimmt im Rahmen dieses Servicevertrages folgende Arbeiten kostenneutral:
▪ Physische Installation der Data Center Hardware.
▪ Installation des Betriebssystems und erforderlicher Managementtools.
▪ Einbindung des Systems in die Outsourcing AG Netzwerkstruktur.
Kommentar:
Im untersuchten Vertrag ist lediglich der Zielinhalt angegeben. Angaben zum Zielmaßstab, Zielausmaß und zeitlichen Bezug der Zielerreichung sind im Kontrakt nicht vorhanden, was dem ASP Handlungsspielräume eröffnet, die opportunistisch zu Lasten des Leistungsnehmers ausgenutzt werden können.

Ob und wie ein ASP die gesetzten Verhaltensnormen befolgt, hängt nicht nur davon ab, inwieweit er aufgrund seiner Fähigkeiten im Stande ist, die Verhaltensnormen zu befolgen, sondern auch von seiner Motivation, die Normen zu erfüllen. Die Motivation hängt ihrerseits davon ab, welche Konsequenzen der ASP für sich selbst bei alternativen Verhaltensweisen erwartet und wie er diese Konsequenzen subjektiv beurteilt.

[Laux90, 6] fordert die Schaffung *positiver Anreize*. Einerseits wird dadurch erreicht, dass der Agent mehr leistet, als nur das „notwendige Minimum", um gerade nicht sanktioniert zu werden (z.B. aufgrund fahrlässiger Handlungen); andererseits wird die Kontrolle der Handlungen und/oder die Überprüfung des Vertragsergebnisses vom Agenten nicht als unangenehm empfunden. Nach [Laux90, 7] besteht ein Anreizsystem aus drei Basiselementen:

⇒ Welche Art der Belohnung soll gewährt werden?

⇒ Welche Bemessungsgrundlage soll einer Belohnung zugrunde gelegt werden?

⇒ Welche funktionale Beziehung soll zwischen der Höhe der Belohnung und der Ausprägung der Bemessungsgrundlage bestehen?

Der Leistungsnehmer kann neben der Schaffung positiver Anreize zudem Einfluss auf das Verhalten des ASPs nehmen, indem er ihn kontrolliert und den ASP im Falle „schlechter" Leistung *negativ sanktioniert.* Beispielsweise kann der ASP bei Nichteinhaltung vereinbarter Zielwerte mit Vertragsstrafen oder Schadenersatzpauschalen belegt werden (vgl. [Schr00, 165]). Diese werden grundsätzlich bei großen negativen Abweichungen mit umfangreichen negativen wirtschaftlichen Folgen für den Leistungsnehmer eingesetzt werden. Weichen die Istwerte geringfügig negativ von den Sollwerten ab, so kann beispielsweise eine Reduzierung des Entgelts für den Anbieter in den SLAs vereinbart werden. Die vertragliche Ausgestaltung könnte so aussehen: Im Kooperationsvertrag wird eine Rabattstaffel für die SLAs festgeschrieben, die Preise für die akzeptable Schwankungsbreite der Leistungen festlegt. Auf der folgenden Seite ist die im untersuchten Vertrag enthaltene Rabattstaffel angeführt.

Die zur Feststellung eines vereinbarten Ergebnisses (z.B. Verfügbarkeit der ausgelagerten Applikation von 99,99 %) notwendigen Kontrollsysteme sind die Grundlage für die Einführung von Anreiz- und/oder Sanktionssystemen. Im ASP-Kontext wird anstelle der Bezeichnung Kontrollsystem häufig der Terminus *Service-Level-Management-Werkzeug* verwendet (vgl. [Stur00, 211f.]). Darunter versteht man ein Software-Produkt mit automatisierten Funktionen zur Überwachung des Leistungsverhaltens der Systemkomponenten wie beispielsweise Server, Datenbanken, Netzwerk oder Clientgeräte (Monitoringfunktion), zur Erstellung von Reports zur Darstellung des Leistungsverhaltens der Systemkomponenten (Reportingfunktion) und zur Prognose des zukünftigen Leistungsverhaltens der Systemkomponenten (Prognosefunktion). [Clem00, 70] erläutern die Bedeutung solcher Werkzeuge: „IT enables comprehensive monitoring, allowing for more complex contracts, including more contingencies. By reducing bounded rationality inherent in outsourcing arrangements, IT allows clients to purchase services when vendor shirking may be problematic. Multiple metrics, such as down-time, number of failures or errors, time to repair failures, and cost per unit services can all be continuously monitored using computers, allowing parties to write more comprehensive contracts [...] that provide stronger incentives for desired behavior."

Vertragstext (Beispiel für eine Rabattstaffel)

Unterschreitet die Outsourcing AG schuldhaft eine in diesem Servicevertrag zugesagte Verfüg-barkeit, so gewährt die Outsourcing AG dem Auftraggeber eine Gutschrift für die nicht verfügba-re Leistung in folgender Höhe:

Überschreitung der zulässigen Nichtverfügbarkeit*		Höhe der Gutschrift bezogen auf eine Monatsvergütung
von	bis	
> 0 %	100 %	10 %
> 100 %	200 %	25 %
> 200 %	300 %	50 %
> 300 %	400 %	75 %
> 400 %		100 %

* Die zulässige Nichtverfügbarkeit (NV_{max}) ist definiert als: $NV_{max} = 100\ \% - V_{min}$ (V_{min} = Vereinbarte Verfügbarkeit)

Kommentar:

Der ASP sichert dem Leistungsnehmer zwar eine Reduzierung des Leistungsentgelts für den Fall der Nichteinhaltung vereinbarter Service Levels zu, Vertragsstrafen bzw. Schadenersatzpauscha-len sind im Kontrakt jedoch nicht enthalten. Für den Leistungsnehmer resultiert daraus die Gefahr, dass die aus der Nichtverfügbarkeit des Enterprise-Resource-Planning(ERP)-Systems entstehen-den finanziellen Belastungen (z.B. Pönalzahlungen an Kunden aufgrund der Nichteinhaltung vereinbarter Liefertermine) selbst zu tragen sind.

[SzKl93, 199] beschreiben eine andere Art der negativen Sanktion: den *Abbruch bzw. die Fortführung des Vertrages*. Bei dieser Anreizgestaltung wird wie folgt vorgegangen: Weichen die Istwerte positiv von den Sollwerten ab, bzw. sind die Istwerte gleich den Sollwerten, so wird der Vertrag um eine Periode verlängert. Weichen hingegen die Istwerte negativ von den Sollwerten ab, so wird der Vertrag abgebrochen – dies ist in der Regel bei großen negativen Abweichungen mit umfangreichen negativen wirtschaftlichen Folgen für den Leistungsnehmer der Fall – oder nach Ablauf der Vertragslaufzeit nicht mehr verlängert. Im Folgenden sind die im untersuchten Vertrag angeführten Kündi-gungsklauseln angeführt.

Vertragstext (Beispiel für ein vorzeitiges Kündigungsrecht)

Jede Vertragspartei hat das Recht, bei Vorliegen folgender Gründe, den Vertrag schriftlich zu kündigen:

(1) die andere Vertragspartei trotz vorangegangener schriftlicher Abmahnung, in der die Ver-tragsverletzung im einzelnen beschrieben und eine angemessene Frist zur Behebung unter Anordnung der Kündigung im Falle des Scheiterns gesetzt wurde, ihre Verpflichtungen wei-terhin schuldhaft nicht erfüllt und die Fortsetzung des Vertrages der kündigenden Partei nicht zugemutet werden kann;

(2) trotz Mahnung Verzug mit zwei monatlichen Zahlungsraten vorliegt, oder

(3) gegen eine Vertragspartei ein Insolvenzverfahren eröffnet oder die Eröffnung mangels Masse abgelehnt wird.

Fortsetzung Vertragstext (Beispiel für ein vorzeitiges Kündigungsrecht)
Kommentar: Eine detaillierte Beschreibung von Tatbeständen, die eine Kündigung bewirken, ist nur zu Gunsten des ASPs im Vertrag enthalten; siehe (2). Aus der Sicht des Leistungsnehmers wäre es vorteilhaft, zusätzlich zu der unter (1) angeführten Formulierung eine Liste detailliert beschriebener Tatbestände in den Vertrag aufzunehmen, die eine Kündigung des Kontraktes ermöglichen (z.B. die Abweichung der Istwerte von den Sollwerten überschreiten einen bestimmten Grenzwert).

8   Hidden Intention

8.1   Hidden-Intention-Problematik

In einer solchen Situation kann der Leistungsnehmer zwar beurteilen, ob die vom ASP gewählte Handlungsalternative die beste Alternative zur Verwirklichung seiner Interessen ist. Dem Leistungsnehmer ist es durch die Erbringung von Vorleistungen in Form von beziehungsspezifischen Investitionen nicht möglich, opportunistisches Verhalten des ASPs zu sanktionieren. In der Fachliteratur wird ein solcher Sachverhalt als *hold up* bezeichnet (vgl. [Spre90, 568]). Der Grund hierfür ist, dass es bei Transaktionen, die von Investitionen in dauerhafte, transaktionsspezifische Ressourcen gestützt werden, zu einer restriktiven Bindung an den Vertragspartner kommt, nach [Will90, 61] als *Lock-in-Effekt* bezeichnet. Beispielsweise bindet sich ein Leistungsnehmer, der sein ERP-System an einen ASP ausgelagert hat, weil die Remigration des Systems – unabhängig davon, ob diese zurück in das Unternehmen oder zu einem anderen Dienstleister erfolgt – aufwendig ist und die ursprünglichen Investitionen in die Migration zum ASP verloren wären.

8.2   SLAs als Lösung der Hidden-Intention-Problematik

In der Fachliteratur zu Entlohnungssystemen im IT-Outsourcing existieren Ansätze, welche die Entlohnung des Anbieters am Markterfolg des Kunden ausrichten. Ein Anbieter, dessen Entlohnung beispielsweise an den Umsatz seines Kunden gekoppelt ist, würde sich durch opportunistisches Verhalten – das zu Leistungsstörungen beim Kunden führt – selbst schädigen, weil ihm dadurch Einnahmen entgehen. [Plat98] beschreibt das *Risk-Sharing-Pricing*, das wie folgt funktioniert: Ausgangspunkt seiner Überlegungen ist die Feststellung, dass Outsourcing-Anbieter die Verrechnung ihrer IT-Services in der Regel nicht an den Markterfolg des Kunden koppeln. [Plat98, 22] formuliert die These, dass die Leistung der IT den Markterfolg beeinflusst; folglich ist eine Koppelung der dem Outsourcing-Anbieter zustehenden Vergütung an den Markterfolg seiner Kunden gerechtfertigt.

In Abbildung 4 ist durch die horizontale Gerade [1] dargestellt, dass ein Outsourcing-Anbieter die Verrechnung der erbrachten Leistung *nicht* an den Markterfolg seines Kunden koppelt, sondern dass die Verrechnung der Leistung des Outsourcing-Anbieters zu einem Fixpreis erfolgt (z.B. monatliche Gebühr pro Benutzer). Fällt der Umsatz des Kunden (Kurve [3]), so wird sein Unternehmensgewinn geschmälert, weil die IT-Kosten konstant bleiben (Remanenzeffekt). Gelingt es dem Kunden, den Outsourcing-Anbieter dazu zu bewegen, die Vergütung der erbrachten Leistung am Umsatz des Kunden auszurichten (Kurve [2]), so trägt der Anbieter das Risiko, dass sich fallende Umsätze des Kunden negativ auf dessen Unternehmensgewinn auswirken ($RIS_{Anbieter}$). Umgekehrt profitiert jedoch der Anbieter von steigenden Umsätzen des Kunden; er wird höhere Einnahmen erzielen als bei Fixpreisen – der Kunde bezahlt in diesem Fall mehr (RIS_{Kunde}).

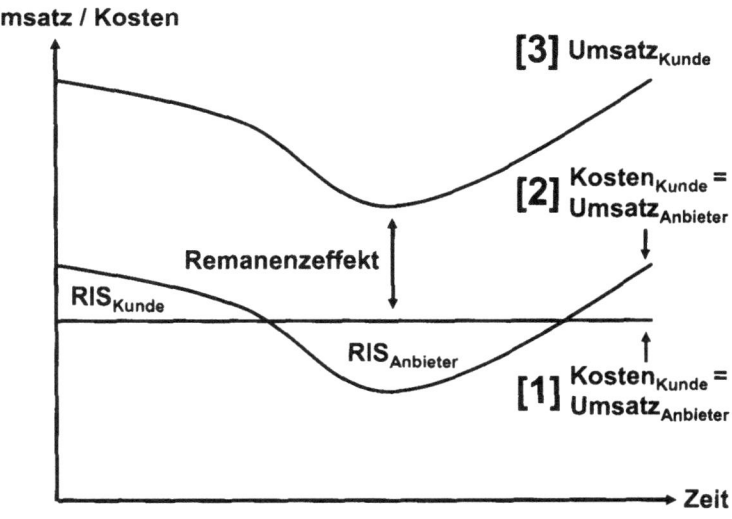

Abbildung 4: Risk-Sharing-Pricing (in Anlehnung an [Strn03, 18])

Für den Outsourcing-Anbieter birgt die Koppelung seiner Einnahmen an den Umsatz des Kunden ein enormes Risiko, weil er für eine schlechte Vertriebspolitik des Kunden, aber auch für exogene Einflüsse (z.B. schlechte Konjunktur) anteilig verantwortlich gemacht wird. Risikoaverse Outsourcing-Anbieter werden daher dieses Verrechnungsmodell nicht akzeptieren. [Plat98, 25] schlägt daher vor, die Vergütung der IT-Services nicht nur an den Umsatz des Kunden zu koppeln, sondern auch an technische Verrechnungsgrößen (z.B. Verfügbarkeiten, Antwortzeiten), deren Ausprägungen zu einem großen Teil von der Leistungsfähigkeit und -bereitschaft des Outsourcing-Anbieters abhängen.

9 Unsicherheit

Auf die Bedeutung von Unsicherheit bei wirtschaftlichen Austauschprozessen hat [Haye45, 524] bereits im Jahr 1945 hingewiesen: „Das ökonomische Problem der Gesellschaft ist vor allem eines der Anpassung an Veränderungen der besonderen Umstände von Zeit und Raum." Zum Zeitpunkt der Vertragsgestaltung ist es nicht möglich, zukünftige Anforderungen an den Vertragsgegenstand – beispielsweise aufgrund technologischer Veränderungen – vorherzusehen (*Umweltunsicherheit*). [Dibb01, 685] schreiben: „Es lässt sich argumentieren, dass sich die zukünftigen Anforderungen an IV-Funktionen, die einem starken Einfluss durch technologischen Wandel und Innovationen ausgesetzt sind, in Verträgen mit Anbietern nur unpräzise spezifizieren lassen. Die Folge sind hohe Unsicherheiten in der Vertragsgestaltung und daraus resultierend mögliche hohe nachvertragliche Anpassungskosten."

[Marc02, 299f.] stellt ein Modell vor, das auf der Basis der Ausprägungen von drei Bestimmungsfaktoren (Umweltunsicherheit, Genauigkeit bei der Vertragsformulierung und Flexibilität bei der Vertragsinterpretation) verschiedene Typen von Outsourcing-Beziehungen beschreibt (vgl. Abbildung 5).

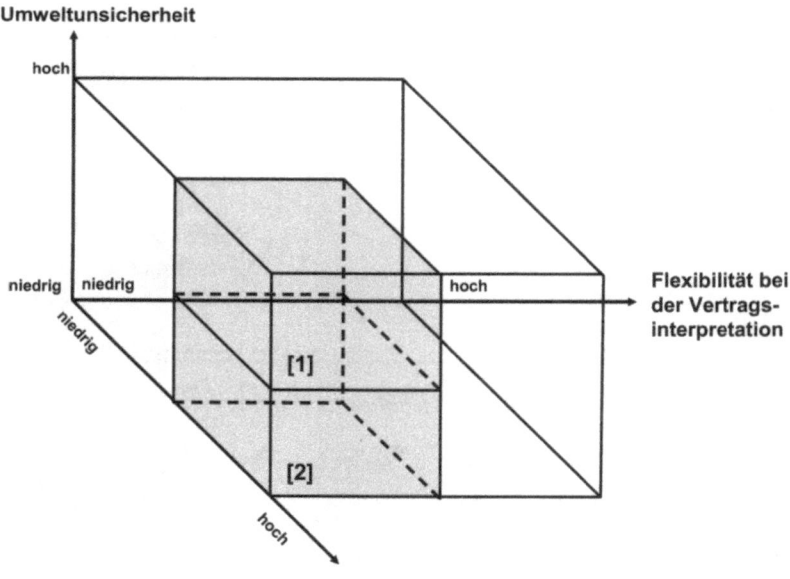

Abbildung 5: Typen von Outsourcing-Beziehungen (in Anlehnung an [Marc02, 304])

[Marc02, 296f.] erklärt die drei Bestimmungsfaktoren wie folgt:

⇒ Umweltunsicherheit

„ [...] if the company was in a turbulent business environment facing a lot of competition, several new products, the introduction of new technologies, and/or difficulty in defining measures of IS activities, it would be described as representing high uncertainty."

⇒ Genauigkeit bei der Vertragsformulierung

„The assessment of contractual definition was based on the contract's degree of detail within each clause, the number of clauses written into it, and its length [...] A tight contract had more clauses, more details and fewer years."

⇒ Flexibilität bei der Vertragsinterpretation

„Interpretative flexibility refers to the degree to which the partners were flexible in the interpretation of the details and spirit of the contract. An assessment of high interpretive flexibility was made when a company relied upon few contractual details and was extremely flexible in its interpretations, trying to accommodate both parties."

Für diese Arbeit sind zwei der insgesamt acht möglichen Kombinationen des Rechtecks von besonderem Interesse. Bisher wurde argumentiert, dass ein Leistungsnehmer darauf achten sollte, bei der Vertragsformulierung möglichst genau zu sein. Damit wurde auch gleichzeitig implizit unterstellt, dass der Leistungsnehmer bei der Vertragsinterpretation sehr strikt vorgeht. Im Rechteck (Abbildung 5) wird daher im Folgenden der vordere linke Teil betrachtet.

Die Lage im Quadranten [1] bezeichnet [Marc02, 303] als *"untenuous position"* (uneinnehmbare Stellung). Damit bringt die Autorin zum Ausdruck, dass es nicht sinnvoll ist, bei hoher Umweltunsicherheit sehr genau bei der Vertragsformulierung, aber gleichzeitig sehr strikt in der Vertragsinterpretation zu sein: „It is nonsensical to write a detailed contract for an uncertain situation and then interpret those details strictly [...] it certainly is a position that is not recommended.

Die Lage im Quadranten [2] bezeichnet [Marc02, 304] als *"tight contract useful"*. Im Vergleich zum vorher untersuchten Fall herrscht hier niedrige Umweltunsicherheit vor. Verändern sich also externe Einflussfaktoren (z.B. Technologien) nur langsam, dann ist es aus der Sicht des Leistungsnehmers zweckmäßig, einen detaillierten Vertrag zu verhandeln und diesen auch strikt zu interpretieren, d.h. ihn „bei Bedarf aus der Schublade zu holen", um damit die Bereitschaft zu signalisieren, die aus dem Kontrakt ableitbaren Rechtsansprüche notfalls auch gerichtlich durchzusetzen.

10 Vertrauen

Vertrauen reduziert die Komplexität von Entscheidungssituationen (vgl. [Te-Wi92, 409]), die insbesondere durch die Dynamik der Umwelt und durch die begrenzte Rationalität der Vertragsparteien hervorgerufen wird. [Schm00, 2] sieht im Vertrauen und in vertraglichen Vereinbarungen komplementäre Mechanismen zur Verringerung von Verhaltensrisiken. Das in den Vertragspartner gesetzte Vertrauen ist die Grundlage einer strategischen Partnerschaft zwischen dem Outsourcing-Anbieter und dem Leistungsnehmer (vgl. [Clem00, 66]): „The conceptual view that fosters mutual trust as part of a long-term relationship, even if the contractual terms of resolving future contingencies are implicit, is an important ingredient for successful outsourcing contracts."

[Beer98, 271] ist der Auffassung, dass Vertrauen ein Mechanismus zur Begrenzung opportunistischen Verhaltens in Outsourcing-Beziehungen ist: „Als Vorleistung gebrachtes Vertrauen und als solches signalisiertes Vertrauen kann den anderen Transaktionspartner dazu verpflichten, auch Vertrauen in die Transaktionsbeziehung einzubringen." Die entscheidende Frage, die sich der Outsourcing-Anbieter und der Leistungsnehmer stellen, lautet: Wie kann Vertrauen aufgebaut werden?

[Schm00, 4] vertritt die Ansicht, dass Erwartungen in das Verhalten einer anderen Person bzw. Organisation Ursache des Vertrauens sind. Die Erwartungsbildung erfolgt durch die Aufnahme und Interpretation von *Signalen*. Vertrauensbildende Signale eines ASPs sind beispielsweise die Veröffentlichung erfolgreicher Referenzprojekte, die Abgabe von Leistungsgarantien als Vertragsbestandteil oder der Erwerb von Zertifikaten. Beispielsweise ist der US-amerikanische ASP *USinternetworking* (www.usi.net) in fünf verschieden Bereichen der Leistungserstellung und -abgabe zertifiziert (Stand: März 2004). Die Zertifikate attestieren jeweils ein bestimmtes Niveau an Prozess- und/oder Produktqualität im IT-Umfeld (z.B. Compaq Signature Service Provider, ein Zertifizierungsprogramm, das eine Evaluierung der Dienstleistungsqualität über alle ASP-Wertschöpfungsbereiche beinhaltet). Ein vertrauensbildendes Signal des Leistungsnehmers wäre der Verzicht auf Vertragsstrafen im Outsourcing-Vertrag; [PoLa02, 258] schreiben: „ [...] the use of formal contracts or formal controls within the firm signal an initial distrust of the other party, and therefore undermines the creation of trust and the display of cooperation."

[HeRi03] beschreiben ein Phasenmodell zur Entwicklung von SLAs, das ebenfalls einen wirksamen Beitrag zum Aufbau von Vertrauen in einer Outsourcing-Beziehung leisten kann. Im Entwicklungsprozess sind folgende Aufgaben durchzuführen:

⇒ Erfassung des Dienstleistungsprozesses mit allen beteiligten Organisationseinheiten und verantwortlichen Personen bei beiden Vertragsparteien und die Rolle dieser Personen im Dienstleistungsprozess (Identifikationsphase);

⇒ Definition der Service Level Requirements sowie der zur Planung, Überwachung und Steuerung der Dienstleistungsprozesse erforderlichen Kennzahlen (Vorschlags- und Abstimmungsphase);

⇒ Festlegung der Service Levels, der zu ihrer Messung erforderlichen Messgrößen, der zur Messung vorgesehenen Messmethoden und Werkzeuge sowie der Serviceebenen-Managementprozesse (Implementierungsphase);

⇒ Nutzbarmachung der SLAs und der Serviceebenen-Managementprozesse (Einführungsphase);

⇒ Optimierung der Serviceebenen-Managementprozesse (Wartungsphase). Dazu wird die Einhaltung der Service Levels durch den Outsourcing-Anbieter überwacht (Monitoring) und an den Leistungsnehmer kommuniziert (Reporting). Zudem werden regelmäßig Reviews durchgeführt, um Veränderungen der Rahmenbedingungen der Vertragsbeziehung (z.B. Technologiewechsel) rechtzeitig zu erkennen oder Veränderungen der Leistungsnehmeranforderungen (z.B. eine höhere Verfügbarkeit) zu artikulieren und entsprechende Veränderungsprozesse zu initiieren.

11 Zusammenfassung

In diesem Beitrag wurden drei verschiedene Informationsasymmetrietypen vorgestellt, um Überlegungen darüber anzustellen, ob SLAs einen wirksamen Beitrag zu ihrer Entschärfung leisten. Den Ausführungen wurde eine bestimmte Form des IT-Outsourcing, nämlich ASP, zugrunde gelegt. Im Folgenden werden die wesentlichen Erkenntnisse dieses Beitrags dargestellt:

⇒ Die Hidden-Information-Problematik kann durch SLAs nur eingeschränkt entschärft werden, weil die Durchsetzung vertraglicher Ansprüche vor Gericht kostspielig und risikoreich ist und das Verfassen vollständiger Verträge unmöglich ist.

⇒ Die Hidden-Action-Problematik kann durch SLAs, die ein hohes Maß an expliziten Verhaltensnormen enthalten, aufgrund der Komplexität und Kompliziertheit des Leistungserstellungsprozesses, nicht gelöst werden.

⇒ SLAs, die ein hohes Maß an impliziten Verhaltensnormen enthalten, sind dann geeignet, die Hidden-Action-Problematik zu entschärfen, wenn sie für den Outsourcing-Anbieter positive Anreize schaffen, im Interesse des Leistungsnehmers zu handeln, oder wenn sie den Outsourcing-Anbieter im Falle „schlechter" Leistung negativ sanktionieren (z.B. Vertragsstrafen).

⇒ Die Hidden-Intention-Problematik kann durch SLAs entschärft werden, welche die Vergütung des Outsourcing-Anbieters am Markterfolg (z.B. Umsatz) des Kunden ausrichten, weil sich der Outsourcing-Anbieter durch opportunistisches Verhalten – aufgrund entgangener Einnahmen – selbst schädigen würde.

⇒ Bei hoher Umweltunsicherheit (z.B. kurze Technologielebenszyklen) ist es nicht sinnvoll, bei der Vertragsformulierung sehr genau zu sein und gleichzeitig die SLAs sehr strikt zu interpretieren.

⇒ Von den Vertragspartnern signalisiertes Vertrauen reduziert die durch die Umweltunsicherheit hervorgerufene Komplexität der Outsourcing-Beziehung. In der Fachliteratur wird daher die Meinung vertreten, dass Vertrauen und vertragliche Vereinbarungen komplementäre Mechanismen zur Verringerung von Verhaltensrisiken sind.

Quellenverzeichnis

[AlWo88]
Alchian, A.; Woodward, S.: The Firm is Dead – Long Live the Firm. A Review of Oliver E. Williamson's The Economic Institutions of Capitalism. In: Journal of Economic Literature, Jg. 26, March 1988, S. 65-79.

[Arro85]
Arrow, J. K.: The Economics of Agency. In: *Pratt, W.; Zeckhauser, R. J.:* Principals and Agents – The Structure of Business. Boston 1985, S. 37-51.

[Beer98]
Beer, M.: Outsourcing unternehmensinterner Dienstleistungen. Wiesbaden 1998.

[BrWa02]
Brehm, B; Wallstab, F.: Wirtschaftsrechtliche Aspekte des Einsatzes von E-Procurement- Systemen im Kontext von Application Service Providing. In: HMD – Praxis der Wirtschaftsinformatik 228/2002, S. 94-103.

[Clem00]
Clemons, E. K.; Hitt, L. M.; Snir, E. M.: A Risk Analysis Framework for IT Outsourcing, 2000. http://opimweb.wharton.upenn.edu/eli/Outsourcing.pdf. Abruf am 2001-08-16.

[DaKa73]
Darby, M. R.; Karni, E.: Free Competition and an Optimal Amount of Fraud. In: Journal of Law end Economics, 16. Jg. (1973), S. 67-88.

[Dibb01]
Dibbern, J.; Güttler, W.; Heinzl, A.: Die Theorie der Unternehmung als Erklärungsansatz für das selektive Outsourcing der Informationsverarbeitung – Entwicklung eines theoretischen Bezugsrahmens. In: Zeitschrift für Betriebswirtschaft, 71. Jg. (2001), H. 6, S. 675-700.

[ElKa04]
Ellis, A.; Kauferstein, M.: Dienstleistungsmanagement – Erfolgreicher Einsatz von prozessorientiertem Service Level Management. Berlin/Heidelberg 2004.

[Eugs02]
Eugster, J.; Vecchia, M. D.; Vecchia, M. D.: Management-Entscheide zu Outsourcing, Managed Hosting und ASP. Rheinfelden 2002.

[Groh02]
Grohmann, W. (Hrsg.): Application Service Providing – Software auf Mietbasis: Kosten sparen. Vorteile nutzen. Köln 2002.

[Günt01]
Günther, O.; Tamm, G.; Hansen, L.; Meseg, T.: Application Service Providers – Angebot, Nachfrage und langfristige Perspektiven. In: WIRTSCHAFTSINFORMATIK 43 (2001) 6, S. 555-567.

[Hax65]
Hax, H.: Die Koordination von Entscheidungen. Köln et al. 1965.

[Haye45]
Hayek, F. A.: The Use of Knowledge in Society. American Economic Review, Vol. 35, No. 4. (Sept.), S. 519-530.

[Hein69]
Heinrich, L. J.: Gemeinsame Computerbenutzung in der Industrie – Datenverarbeitung außer Haus. Wiesbaden 1969.

[Hein04]
Heinrich, L. J.; Heinzl, A.; Roithmayr, F.: Wirtschaftsinformatik-Lexikon. 7.A., München/Wien 2004.

[HeRi03]
Heinrich, L. J.; Riedl, R.: Phasenmodell zur Entwicklung von Serviceebenen-Vereinbarungen. In: HMD – Praxis der Wirtschaftsinformatik 231/2003, S. 88-96.

[Hirs03]
Hirschheim, R.: Perspectives on Information Systems Outsourcing. In: WIRTSCHAFTSINFORMATIK 45 (2003) 2, S. 111-114.

[HoDü99]
Hofmann, P.; Dülfer, G.: Sicherheit in Outsourcing-Partnerschaften – Management effektiver Service Level Agreements. In: Connection, Ausgabe 18, Mai 1999. Schriftenreihe von Connector Gesellschaft für Kommunikation und Beratung mbH. http://www.connector.de. Abruf am 2002-06-15.

[Jost01]
Jost, P.-J. (Hrsg.): Die Prinzipal-Agenten-Theorie in der Betriebswirtschaftslehre. Stuttgart 2001.

[Kart98]
Karten, N.: How to Establish Service Level Agreements – Handbook. 1998.

[LaHi93]
Lacity, M. C.; Hirschheim, R.: Information Systems Outsourcing – Myths, Metaphors and Realities. Chichester et al. 1993.

[Laux90]
Laux, H.: Risiko, Anreiz und Kontrolle – Principal-Agent-Theorie – Einführung und Verbindung mit dem Delegationswert-Konzept. Berlin et al. 1990.

[Lee02]
Lee, J.-N.; Huynh; M. Q.; Kwok, R. C.; Pi, S.-M.: Current and Future Directions of IS Outsourcing. In: *Hirschheim, R.; Heinzl, A.; Dibbern, J.:* Information Systems Outsourcing – Enduring Themes, Emergent Patterns and Future Directions. Berlin et al. 2002, S. 195-220.

[Nels70]
> *Nelson, P.:* Information and Consumer Behaviour. In: Journal of Political Economy, 78. Jg. (1970), S. 311-329.

[Marc02]
> *Marcolin, B. L.:* Spiraling Effect of IS Outsourcing Contract Interpretations. In: *Hirschheim, R.; Heinzl, A.; Dibbern, J.:* Information Systems Outsourcing – Enduring Themes, Emergent Patterns and Future Directions. Berlin et al. 2002, S. 277-310.

[Mert66]
> *Mertens, P.:* Die zwischenbetriebliche Kooperation und Integration bei der automatisierten Datenverarbeitung. Meisenheim am Glan 1966.

[MüLe03]
> *Müller-Stewens, G.; Lechner, C.:* Strategisches Management – Wie strategische Initiativen zum Wandel führen. 2.A., Stuttgart 2003.

[Pico00]
> *Picot, A.; Buttermann, A.; Walters, R.:* Erfolgsfaktoren für Application Service Providing. In: Information Management & Consulting (2000): Application Service Providing, S. 45-51.

[PoLa02]
> *Poppo, L.; Lacity, M. C.:* The Normative Value of Transaction Cost Economics: What Managers Have Learned About TCE Principles in the IT Context. In: *Hirschheim, R.; Heinzl, A.; Dibbern, J.:* Information Systems Outsourcing – Enduring Themes, Emergent Patterns and Future Directions. Berlin et al. 2002, S. 253-276.

[Plat98]
> *Plath, C.:* Risk-Sharing-Pricing – Vergütungssysteme im IT-Oursourcing. In: Diebold Management Report Nr. 3 (1998), S. 21-26.

[PrZe85]
> *Pratt, J. W.; Zeckhauser, R. J.:* Pricipals and Agents – An Overview. In: *Pratt, J. W.; Zeckhauser, R. J.:* Principals and Agents – The Structure of Business. Boston 1985, S. 1-35.

[RDB04]
> *Rechtsdatenbank:* http://ris.aco.net/rdb/. Suchbegriff: „application neben service neben provid*", Abruf am 2004-04-15.

[Sche99]
> *Schenk-Mathes, H.:* Gestaltung von Lieferbeziehungen bei Informationsasymmetrie. Wiesbaden 1999.

[Schm00]
> *Schmidtchen, D.:* Vertrauen und Recht: eine ökonomische Analyse. CSLE Diskussionsbeitrag 2000-04, Februar 2000.

[Scho02]

Scholderer, R.: Messung und Einhaltung von SLAs mittels einer dritten unabhängigen Instanz. G-NE group for net-intelligence GmbH, Karlsruhe 2002. http://www.g-ne.de/aktuelles/slaforum.html. Abruf am 2002-03-04.

[Schr00]

Schrey, J.: Ein Wegweiser für effektive vertragliche Regelungen – Fehlende gesetzliche Regelungen erfordern Absprachen. In: Bernhard, M. G.; Lewandowski, W.; Mann, H. (Hrsg.): Service-Level-Management in der IT – Wie man erfolgskritische Leistungen definiert und steuert. Düsseldorf 2000, S. 153-172.

[Simo61]

Simon, H. A.: Administrative Behaviour – A Study of Decision-making Processes in Administrative Organization. 2.A., New York 1961.

[Spre90]

Spremann, K.: Asymmetrische Information. In: Zeitschrift für Betriebswirtschaft 60 (1990), S. 561-586.

[SzKl93]

Szyperski, N.; Klein, S.: Informationslogistik und virtuelle Organisation. In: Die Betriebswirtschaft, 53. Jg., H. 2, 1993, S. 187-208.

[Strn03]

Strnadl, C. F.: IT Outsourcing – State-of-the-Art and beyond. Präsentationsunterlagen vom Mangement-Forum IT Outsourcing – Zwischen Kostenreduktion und Partnerschaft. Wien, 2003-04-23.

[Stur00]

Sturm, R.; Morris, W.; Jander, M.: Foundations of Service Level Management. Indianapolis 2000.

[Terb95]

Terberger, E.: Agency-Theorie. In: Corsten, H.: Lexikon der Betriebswirtschaftslehre. München/Wien 1995, S. 30-35.

[TeWi92]

Tewes, U.; Wildgrube, K.: Psychologie-Lexikon. München/Wien 1992.

[Tiro94]

Tirole, J.: The Theory of Industrial Organization. 7.A., Cambridge 1994.

[WeAd95]

Weiber, R.; Adler, J.: Informationsökonomisch begründete Typologisierung von Kaufprozessen. In: Schmalenbachs Zeitschrift für betriebswirtschaftliche Forschung, Jg. 47, Januar 1995, S. 43-65.

[Will90]

Williamson, O. E.: Die ökonomischen Institutionen des Kapitalismus – Unternehmen, Märkte, Kooperationen. Tübingen 1990.

[Wolb03]

Wolberson, J. E.: Eine Managementdisziplin für eine serviceorientierte EDV. In: *Bernhard, M. G.; Mann, H.; Lewandowski, W.; Schrey, J. (Hrsg.):* IT-Outsourcing und Service-Mangement – Praxisbeispiele – Strategien – Werkzeuge. Düsseldorf 2003, S. 73-102.

Herausgeber und Autoren

Thomas Auinger, Mag.
Universitätsassistent
Universität Linz
Institut für Wirtschaftsinformatik – Information Engineering
Altenberger Straße 69, 4040 Linz, Österreich
thomas.auinger@jku.at
http://www.ie.jku.at

Volker Bach, PD Dr.
SAP AG
Neurottstraße 16, 69190 Walldorf, Deutschland
volker.bach@sap.com
http://www.sap.com/germany/

Reiner Buchegger, Mag. Dr. a. Univ.-Prof.
Universität Linz
Institut für Volkswirtschaftslehre
Abteilung für Ökonomische Theorie und Quantitative Wirtschaftsforschung
Altenberger Straße 69, 4040 Linz, Österreich
reiner.buchegger@jku.at
http://www.econ.jku.at/

Kerstin Fink, Mag. Dr. a. Univ.-Prof.
Universität Innsbruck
Institut für Wertprozessmanagement, Abteilung Wirtschaftsinformatik
Universitätsstraße 15, 6020 Innsbruck, Österreich
kerstin.fink@uibk.ac.at
http://iwis1.uibk.ac.at/wi/

Armin Heinzl, Dipl.-Kfm. Dr. Prof.
Universität Mannheim
Lehrstuhl für Wirtschaftsinformatik I
Schloss, 68131 Mannheim, Deutschland
heinzl@uni-mannheim.de
http://www.bwl.uni-mannheim.de/wifo1/ger/

Wolfgang Janko, Dkfm. Dr. o. Univ.-Prof.
Wirtschaftsuniversität Wien
Abteilung Informationswirtschaft
Augasse 2-6, 1090 Wien, Österreich
wolfgang.janko@wu-wien.ac.at
http://wwwai.wu-wien.ac.at/

Maximilian Kobler, Dipl.-Wirtsch.-Inf.
Wissenschaftlicher Mitarbeiter
Universität Linz
Institut für Wirtschaftsinformatik – Information Engineering
Altenberger Straße 69, 4040 Linz, Österreich
maximilian.kobler@jku.at
http://www.ie.jku.at

Angelika Mittelmann, Dipl.-Ing. Dr.
voestalpine Stahl GmbH
Abteilung FPO/Organisationsentwicklung
VOEST-ALPINE Straße 3, 4031 Linz, Österreich
angelika.mittelmann@voestalpine.com
http://www.voestalpine.com/stahl/

Wolfgang Narzt, Dipl.-Ing. Dr.
Wissenschaftlicher Mitarbeiter
Universität Linz
Institut für Pervasive Computing
Altenberger Straße 69, 4040 Linz, Österreich
wolfgang.narzt@jku.at
http://www.soft.uni-linz.ac.at/

Gustav Pomberger, Dipl.-Ing. Dr. o. Univ.-Prof.
Universität Linz
Institut für Wirtschaftsinformatik – Software Engineering
Altenberger Straße 69, 4040 Linz, Österreich
gustav.pomberger@jku.at
http://www.se.jku.at/

Günter Preuner, Dipl.-Ing. Dr.
Universitätsassistent
Universität Linz
Institut für Wirtschaftsinformatik – Data & Knowledge Engineering
Altenberger Straße 69, 4040 Linz, Österreich
guenter.preuner@jku.at
http://www.dke.jku.at/

René Riedl, Mag.
Universitätsassistent
Universität Linz
Institut für Wirtschaftsinformatik – Information Engineering
Altenberger Straße 69, 4040 Linz, Österreich
rene.riedl@jku.at
http://www.ie.jku.at

Friedrich Roithmayr, Mag. Dr. o. Univ.-Prof.
Universität Innsbruck
Institut für Wertprozessmanagement, Abteilung Wirtschaftsinformatik
Universitätsstraße 15, 6020 Innsbruck, Österreich
friedrich.roithmayr@uibk.ac.at
http://iwisl.uibk.ac.at/wi/

Michael Schrefl, Dipl.-Ing. Dr. o. Univ.-Prof.
Universität Linz
Institut für Wirtschaftsinformatik – Data & Knowledge Engineering
Altenberger Straße 69, 4040 Linz, Österreich
michael.schrefl@jku.at
http://www.dke.jku.at/

Hermann Sikora, Mag. Dipl.-Ing. Dr.
Geschäftsführer und Direktor der GRZ IT Gruppe
(RACON Software GmbH, GRZ IT Center Linz GmbH, LOGIS IT Service GmbH)
Goethestraße 80, 4020 Linz, Österreich
sikora@grz.at
http://www.grz.at/

Volker Stix, Dr.
Universitätsassistent
Wirtschaftsuniversität Wien
Abteilung Informationswirtschaft
Augasse 2-6, 1090 Wien, Österreich
volker.stix@wu-wien.ac.at
http://wwwai.wu-wien.ac.at/

Claudia Thonabauer, Mag. Dr.
Universitätsassistentin
Universität Linz
Institut für Wirtschaftsinformatik – Information Engineering
Altenberger Straße 69, 4040 Linz, Österreich
claudia.thonabauer@jku.at
http://www.ie.jku.at

Stefan Wittenbeck, Dipl.-Kfm.
Mitarbeiter
Universität Mannheim
Lehrstuhl für Wirtschaftsinformatik I
Schloss, 68131 Mannheim, Deutschland
wittenbeck@uni-mannheim.de
http://www.bwl.uni-mannheim.de/wifo1/ger/

If you have any concerns about our products,
you can contact us on
ProductSafety@springernature.com

In case Publisher is established outside the EU,
the EU authorized representative is:
Springer Nature Customer Service Center GmbH
Europaplatz 3, 69115 Heidelberg, Germany

Printed by Libri Plureos GmbH
in Hamburg, Germany